„Wo Gott ist, da ist Zukunft"

Zentrale Themen im Denken von
Joseph Ratzinger / Benedikt XVI.

Inhaltsverzeichnis

4

Kirche auf dem Weg in die Zukunft

Wo Gott ist, da ist Zukunft

Zentrale Themen im Denken von Joseph Ratzinger / Benedikt XVI.

Liebe Leserin, lieber Leser,

seit 1958 ist Joseph Ratzinger ein Lehrer der Theologie. Diese eigene innere Orientierung hat er zu keiner Zeit aufgegeben. Dabei wollte er niemals einfach akademischer Lehrer sein – seine Forschung und Lehre waren stets davon bestimmt, die geistliche Dimension der Theologie für seine Hörer fruchtbar zu machen. Als Lehrer der Theologie ist er deshalb bis heute immer auch ein Lehrer des Glaubens.

Dieses Ineinander von wissenschaftlicher Theologie und geistlicher Auferbauung prägt das Lebenswerk von Joseph Ratzinger / Papst Benedikt XVI. in vielfältiger Weise. Wir möchten mit diesem Buch einen Einblick in sein vielfältiges Schaffen bieten. Die Beiträge ordnen sich um drei seiner zentralen Themen:

- Eine entscheidende Frage ist für Joseph Ratzinger immer die Beziehung und Wechselwirkung zwischen Religion, Kultur und Gesellschaft gewesen. Hier hat er vielfältige Begegnungen gewagt und bis heute keine Diskussion gescheut.

- Zugleich ist Theologie für ihn stets Wegweisung für die Kirche. Theologisches Nachdenken als Nachdenken über die Gegenwart Gottes in dieser Welt ist für Papst Benedikt stets auch Sicherung der Eckpunkte kirchlichen Handelns.

- Daraus ergibt sich fast von selbst die Frage nach der Zukunft der Kirche bzw. nach dem Weg der Kirche in die Zukunft. Ein dritter Themenkreis will seine Gedanken zu diesem Anliegen zusammenfassen.

Das Motto, das wir dem Besuch des Papstes in seinem Heimatland gegeben haben, spiegelt auf eigene Weise diese drei Anliegen wider: „Wo Gott ist, da ist Zukunft" – Gott selbst ist die Zukunft, unsere Zukunft, weil er immer neu auf uns zukommt.

Und wir Menschen? Bereits in seiner „Einführung in das Christentum" aus dem Jahr 1978 beschreibt Joseph Ratzinger „Glaube als Stehen und Verstehen" und verweist mit diesem Wortpaar auf den Glauben als ein gnadenhaftes Empfangen des eigenen Lebens wie des Lebenssinnes von Gott her. Gott und Mensch begegnen sich in je neuer Weise.

Ich wünsche Ihnen bei der Lektüre der verschiedenen Beiträge geistlichen Gewinn für Ihren eigenen Glauben und ein tieferes Verstehen jener Botschaft, in deren Namen und Auftrag Papst Benedikt XVI. uns diesen September besuchen wird und für die jede und jeder einzelne Christ mit seinem Reden und Handeln steht.

Ihr

✝ Robert Zollitsch
Erzbischof

Auseinandersetzung mit dem Relativismus

Religion – Staat – Gesellschaft im Denken Joseph Ratzingers

Karsten Kreutzer

Welche Rolle spielt Religion in einer pluralistischen Gesellschaftsordnung wie der unseren? Wie ist das Verhältnis von Staat und Religion unter den Bedingungen der Moderne aus katholischer Perspektive zu denken? Wie stellt sich der Staat in einer freiheitlich-demokratischen Grundordnung zur Kirche, aber auch zu den anderen Religionen und ihren religiösen Wahrheitsansprüchen? Gibt es grundlegende Werte und Normen in einem demokratischen Staat, die der Entscheidung der Mehrheit entzogen sind und sein müssen, damit Demokratie im ungünstigsten Fall nicht zur Diktatur der Mehrheit wird? Und wenn dem so ist, wie kommt es dann in einer demokratischen und weltanschaulich pluralen Gesellschaft zu solchen Werten und Normen?

Das sind Fragen, mit denen sich der Theologe Joseph Ratzinger während seiner Zeit als Professor, als Erzbischof von München und Freising, als Kardinal und Präfekt der römischen Kongregation für die Glaubenslehre und schließlich als Papst immer wieder und in verschiedenen Zusammenhängen befasst hat. Struktur und Abfolge der folgenden Ausführungen orientieren sich an einem Textauszug, den Joseph Ratzinger erstmals 1992 in der Zeitschrift „Communio" unter dem Titel „Die Bedeutung religiöser und sittlicher Werte in der pluralistischen Gesellschaft" veröffentlicht hat. Hier wird dieser Text in der Fassung des Sammelbands „Wahrheit, Werte, Macht"[1] zitiert. Die einzelnen Gedankenschritte werden durch Äußerungen aus dieser und weiterer Veröffentlichungen des Autors ergänzt und erläutert.

Eine formal-dogmatische Bemerkung sei vorausgeschickt: Sämtliche zitierten Aussagen sind solche des Theologen Ratzinger und haben keinen lehramtlichen Charakter, auch wenn sie in die Kardinals-Zeit fallen.

Sie stellen sozusagen die persönliche Meinung dieses Gelehrten dar und tragen so weit, wie ihre Argumente Überzeugungskraft haben. Einen Anspruch auf lehramtliche Verbindlichkeit für die Kirche erheben sie nicht.

Weltanschauliche Neutralität des modernen Staates

„1. Der Staat ist nicht selbst Quelle von Wahrheit und Moral: Nicht aus einer ihm eigenen, auf Volk oder Rasse oder Klasse oder sonst eine Größe gegründeten Ideologie, und auch nicht auf dem Weg über die Mehrheit kann er Wahrheit selbst aus sich hervorbringen. Der Staat ist nicht absolut.
2. Das Ziel des Staates kann aber nicht in einer bloßen inhaltslosen Freiheit liegen; um eine sinnvolle und lebbare Ordnung des Miteinander zu begründen, braucht er ein Mindestmaß an Wahrheit, an Erkenntnis des Guten, die nicht manipulierbar ist. Andernfalls wird er, wie Augustinus sagt, auf die Stufe einer gut funktionierenden Räuberbande herabsinken, weil er wie diese nur vom Funktionalen her bestimmt wäre und nicht von der Gerechtigkeit, die gut ist für alle.“[2]

Einerseits hält Joseph Ratzinger mit diesen beiden Aussagen an der weltanschaulichen Neutralität des modernen Verfassungsstaates in einer pluralen Gesellschaft fest; dies geschieht nicht zuletzt aufgrund der vielfältigen negativen Erfahrungen des 20. Jahrhunderts mit seinen unterschiedlichen, den Staat prägenden und auch zerstörenden Ideologien. Der Staat besitzt aus sich heraus keine Entscheidungskompetenz darüber, was wahr und gut ist bzw. was als wahr und gut zu gelten hat. Der moderne Staat ist in Fragen der Moral und der Wahrheit, und somit auch in Fragen der Religion, nicht kompetent. Um der Freiheit des Einzelnen willen können Wahrheit und Moral nicht aus einer staatlich vertretenen Ideologie abgeleitet werden, wie dies im Nationalsozialismus und Kommunismus der Fall war, allerdings können sie auch nicht dem Mehrheitsprinzip unterliegen, soll der Einzelne nicht durch die Mehrheit in seinen religiösen und sittlichen Überzeugungen beschnitten werden. Ratzinger votiert somit einerseits für einen weltanschaulichen Pluralismus von staatlicher Seite als Garant der individuellen Freiheit, der methodisch relativistisch angelegt ist, d. h., er plädiert dafür, dass für den Staat alle sittlichen und religiösen Anschauungen prinzipiell gleich gültig und unentscheidbar sind. Dazu führt er aus:

„Die Achtung der Freiheit jedes einzelnen scheint uns heute ganz wesentlich darin zu bestehen, daß die Wahrheitsfrage nicht vom Staat entschieden wird: Wahrheit, also auch die Wahrheit über das Gute, erscheint nicht als gemeinschaftlich erkennbar. Sie ist strittig. Der Versuch, allen aufzuerlegen, was einem Teil der Bürger als Wahrheit erscheint, gilt daher als Knechtung der Gewissen: Der Begriff Wahrheit ist in die Zone der Intoleranz und des Antidemokratischen gerückt. Sie ist kein öffentliches, sondern nur ein privates Gut bzw. ein Gut von Gruppen, aber eben nicht des Ganzen. Anders ausgedrückt: Der moderne Begriff von Demokratie scheint mit dem Relativismus unlöslich verbunden zu sein; der Relativismus aber erscheint als die eigentliche Garantie der Freiheit, gerade auch ihrer wesentlichen Mitte – der Religions- und Gewissensfreiheit. Das ist heute uns allen durchaus einsichtig."[3]

Der Staat vor der Wahrheitsfrage

Andererseits ist der Ausschluss der Wahrheits- und Wertfrage von der demokratischen Mehrheitsentscheidung aber nur die eine Seite der Medaille des modernen Staates. Die andere Seite ist die der grundlegenden Werte und Prinzipien einer freiheitlichen und demokratischen Gesellschaft, Werte, die diese Gesellschaft und Demokratie erst ausmachen und zusammenhalten, die einer demokratischen Entscheidung vorausliegen, die individuelle Freiheit ermöglichen, aber auch begrenzen und vom Staat garantiert werden. Auch in diesen Fragen der Grundwerte und -normen, insbesondere bei den Menschenrechten, auf denen die freiheitliche Demokratie aufruht, ist die Wahrheitsfrage aufgeworfen, wie Ratzinger zu Recht feststellt. Daher fährt er in seiner oben zitierten Argumentation unmittelbar fort:

„Trotzdem stellt sich bei näherem Zusehen die Frage, ob es nicht doch einen nichtrelativistischen Kern auch in der Demokratie geben müsse: Ist sie denn nicht letztlich um die Menschenrechte herum gebaut, die unverletzlich sind, so daß gerade ihre Gewährung und Sicherung der tiefste Grund ist, warum Demokratie als nötig erscheint? Die Menschenrechte unterliegen nicht ihrerseits dem Pluralismus- und Toleranzgebot, sie sind der Inhalt der Toleranz und der Freiheit. [...] Das bedeutet, daß ein Grundbestand an Wahrheit, nämlich an sittlicher Wahrheit, gerade für die Demokratie unverzichtbar zu sein scheint. Wir sprechen dabei heute lieber von Werten als von Wahrheit, um nicht mit dem Toleranzgedanken und dem demokratischen Relativismus in Konflikt zu geraten. Aber der eben gestellten Frage kann

man durch diese terminologische Verschiebung nicht ausweichen, denn die Werte beziehen ihre Unantastbarkeit daraus, daß sie wahr sind und wahren Forderungen des menschlichen Wesens entsprechen."⁴

Gerade die Unantastbarkeit der Menschenwürde und die unbedingte, keiner Abstimmung unterworfene Gültigkeit der Menschenrechte wirft die Frage nach der Begründung dieser grundlegenden vorpolitischen und vordemokratischen Prinzipien und Rechtsnormen auf. Sind sie lediglich gesetztes Recht, versehen mit einer Schutzklausel, etwa der der Grundrechte des deutschen Grundgesetzes, die der Gesetzgeber auf diese Weise der zukünftigen demokratischen Entscheidung entzogen hat? Aber mit welchem Recht hat er dies dann getan? Oder sind sie prinzipiell der demokratischen Willensbildung und damit auch der Rechtsetzung entzogen, weil sie vom Menschen nicht er-, sondern lediglich gefunden werden, und dies noch einmal unabhängig von der Frage nach der kulturbedingten und geschichtlichen Ausprägung der Menschenrechte?

Philosophischer Relativismus versus Naturrechts-Denken

Im Disput der heutigen politischen Philosophie um das rechte Verständnis von Demokratie und die Begründung der Grundwerte macht Ratzinger zwei grundsätzlich widerstreitende Positionen aus, einerseits den philosophischen Relativismus, der mit einem Rechtspositivismus (Recht ist nur dasjenige, welches gesetzt ist, darüber hinaus gibt es kein Recht) einhergeht, und andererseits die klassische Metaphysik im Gefolge Platons, die sich mit biblischen Wurzeln zum Naturrechts-Denken der christlichen Tradition verbunden hat:

„Auf der einen Seite finden wir die radikal relativistische Position, die den Begriff des Guten (und damit erst recht den des Wahren) aus der Politik ganz ausscheiden will, weil freiheitsgefährdend. ‚Naturrecht' wird als metaphysikverdächtig abgelehnt, um den Relativismus konsequent durchzuhalten: Es gibt danach letztlich kein anderes Prinzip des Politischen als die Entscheidung der Mehrheit, die im staatlichen Leben an die Stelle der Wahrheit trete. Recht könne nur rein politisch verstanden werden, das heißt Recht sei, was von den dazu befugten Organen als Recht gesetzt wird. Demokratie wird demgemäß nicht inhaltlich, sondern rein

formal definiert: als ein Gefüge von Regeln, die Mehrheitsbildung, Machtübertra-
gung und Machtwechsel ermöglichen. Sie bestünde dann wesentlich im Mecha-
nismus von Wahl und Abstimmung. Dieser Auffassung steht die andere These
gegenüber, daß die Wahrheit nicht Produkt der Politik (der Mehrheit) ist, sondern
ihr vorangeht und sie erleuchtet: Nicht die Praxis schafft Wahrheit, sondern die
Wahrheit ermöglicht rechte Praxis. Politik ist dann gerecht und freiheitsfördernd,
wenn sie einem Gefüge von Werten und Rechten dient, das uns von der Vernunft
gezeigt wird. Gegenüber dem ausdrücklichen Skeptizismus der relativistischen und
positivistischen Theorien finden wir hier also ein Grundvertrauen in die Vernunft,
die Wahrheit zeigen kann."[5]

Wenn die radikalen Relativisten hingegen der Auffassung sind, dass Wahrheit
und Moral von der Politik produziert werden, so rücken sie nach Ratzinger
„trotz des von ihnen gesuchten Primats der Freiheit in die Nähe der Totalitären.
Die Mehrheit wird dann zu einer Art von Gottheit, gegen die es keine Appellation
mehr geben kann."[6] Diese relativismus-kritische Haltung formuliert Ratzinger
angesichts des fortschreitenden Drucks einer säkularen Aufklärungskultur
in Europa, wie er sie im Gespräch mit dem italienischen Senatspräsidenten und bekennenden Atheisten Marcello Pera und in Übereinstimmung mit
diesem diagnostiziert, im Jahr 2004 noch schärfer:
„In letzter Zeit fällt mir immer mehr auf, daß der Relativismus – je mehr er zur
allgemein angenommenen Denkform wird – zur Intoleranz tendiert und in einen
neuen Dogmatismus umschlägt."[7] Der Relativismus beginne sich *„als eine Art*
neuer ‚Konfession' zu etablieren [...], die den religiösen Überzeugungen ihre Grenzen
zieht und sie alle dem Über-Dogma des Relativismus zu unterwerfen sucht."[8]
Vor diesem Hintergrund ist auch die Redewendung von der *„Diktatur des*
Relativismus" zu verstehen, die Ratzinger erstmals in seiner Predigt am 18.
April 2005 im Petersdom als Dekan des Kardinalskollegiums zur Eröffnung
des Konklaves, aus dem er dann selbst als Papst Benedikt XVI. hervorgegangen ist, gebraucht hat.[9] Der Relativismus ist für ihn also nicht deshalb ein
religionsfeindlicher Kampfbegriff, weil er als politische Methode in der pluralistischen Gesellschaft gebraucht wird, sondern weil er in der westlichen
Kultur zur philosophisch-politischen Weltanschauung und damit selbst zum
Bekenntnis avanciert, das sich über die religiösen Bekenntnisse stellt. Wenn
alles relativ ist, dann ist alles gleich gültig und eben auch alles gleichgültig,
mit einer Ausnahme, nämlich der Auffassung, dass alles relativ ist; nur diese

12

Auffassung soll noch absolute Gültigkeit besitzen. Diesem philosophischen Relativismus steht das klassische Naturrecht gegenüber. Das Naturrecht ist nach Kardinal Ratzinger die Argumentationsfigur, mit der die katholische Kirche „*in Gesprächen mit der säkularen Gesellschaft und mit anderen Glaubens- gemeinschaften an die gemeinsame Vernunft appelliert und die Grundlagen für eine Verständigung über die ethischen Prinzipien des Rechts in einer säkularen plu- ralistischen Gesellschaft sucht*"[10]. Aber, so gesteht er im Januar 2004 in einem Dialog mit Jürgen Habermas, dem bedeutenden Vertreter der Frankfurter Schule, in der Katholischen Akademie in Bayern ein, „*dieses Instrument ist leider stumpf geworden*"[11]. Übrig geblieben seien die Menschenrechte. Ledig- lich die Menschenrechte haben in der Moderne vom ehemals viel umfangrei- cheren Naturrecht noch Überzeugungskraft: „*Sie sind nicht verständlich ohne die Voraussetzung, dass der Mensch als Mensch, einfach durch seine Zugehörig- keit zur Spezies Mensch, Subjekt von Rechten ist, dass sein Sein selbst Werte und Normen in sich trägt, die zu finden, aber nicht zu erfinden sind.*"[12]

Die Menschrechte gründen nach Ratzinger damit in einer ontologischen Bestimmung, also in einer Seinsweise des Menschen, die einer nochmali- gen Entscheidung des Menschen über sich selbst entzogen ist. Sie sind dem Menschen einfach durch sein Menschsein vorgegeben. Man kann an dieser Stelle kritisch nachfragen, ob eine solche metaphysische Begründung der Menschenrechte heute als Argumentationsfigur noch gesellschaftlich über- zeugen kann, jedenfalls mehr überzeugen, als das „*stumpf gewordene*" Natur- recht insgesamt, und ob es daher nicht anderer, weniger ontologisch vor- aussetzungsreicher Begründungsfiguren für die Menschenrechte braucht. Solche nicht-metaphysischen Figuren werden in der Rechtsphilosophie auch diskutiert, etwa die sogenannte „Transzendentalpragmatik"[13] Karl-Otto Apels, die argumentiert, dass man keinem Menschen ein Recht absprechen kann, das man zugleich selbst in Anspruch nimmt, ohne sich dabei selbst zu widersprechen. Damit unterwirft sich die Vernunft nicht einfach dem Mehr- heitsprinzip. Dies ist aber nicht der Argumentationshorizont, in dem sich Kardinal Ratzinger bewegt.

Das demokratische Mehrheitsprinzip lässt allerdings angesichts der Heraus- forderung der Menschenrechte, wie auch immer man diese zu begründen versucht, und darauf besteht Joseph Ratzinger zu Recht, „*immer noch die Frage nach den ethischen Grundlagen des Rechts übrig, die Frage, ob es nicht das gibt, was nie Recht werden kann, also das, was immer in sich Unrecht bleibt, oder*

umgekehrt auch das, was seinem Wesen nach unverrückbar Recht ist, das jeder
Mehrheitsentscheidung voraus geht und von ihr respektiert werden muss."[14]

Vorpolitische Grundlagen des säkularen Staates

Kommen wir zurück zu seinen Thesen zum Verhältnis von Religion und Staat
in dem Text von 1992. Dieser schließt nach These Nr. 2 folgendermaßen an:

„3. Der Staat muß demgemäß das für ihn unerläßliche Maß an Erkenntnis und
Wahrheit über das Gute von außerhalb seiner selbst nehmen."[15]

Bevor wir der Frage nachgehen, was Ratzinger mit diesem *„Außerhalb seiner*
selbst" des Staates meint, wollen wir uns seine – man könnte sagen – anti-
laizistische Position im Spiegel der Sicht eines anderen bekannten Autors,
der die deutsche rechtsphilosophische Debatte der vergangenen Jahrzehnte
geprägt hat, noch etwas verdeutlichen. Mit der Auffassung über den modernen freiheitlichen und säkularen Staat positioniert sich Ratzinger in unmittel-
barer Nähe zum sogenannten Böckenförde-Theorem. Der ehemalige deutsche Bundesverfassungsrichter Ernst-Wolfgang Böckenförde, ein bekennen-
der Katholik, hat bereits 1976 folgendes Paradox des Staates formuliert:
„Der freiheitliche, säkularisierte Staat lebt von Voraussetzungen, die er selbst nicht
garantieren kann. Das ist das große Wagnis, das er, um der Freiheit willen,
eingegangen ist. Als freiheitlicher Staat kann er einerseits nur bestehen,
wenn sich die Freiheit, die er seinen Bürgern gewährt, von innen her, aus
der moralischen Substanz des Einzelnen und der Homogenität der Gesell-
schaft, reguliert. Anderseits kann er diese inneren Regulierungskräfte nicht
von sich aus, das heißt, mit den Mitteln des Rechtszwanges und autoritativen
Gebots zu garantieren versuchen, ohne seine Freiheitlichkeit aufzugeben."[16]
Man könnte auch folgendermaßen formulieren: Der moderne freiheitliche
Staat gründet auf der moralischen Überzeugungskraft von Religionen und
Weltanschauungen seiner freien Bürger, die er selbst nicht hervorbringen,
noch erzwingen kann, die er aber zu seinem moralischen Bestand zwingend
braucht.

Die Religionen als moralische Quelle des Staates

Ratzinger setzt seinen Argumentationsgang fort mit These vier, die etwas umfangreicher ausfällt und dadurch schon einiges an Erläuterung enthält.

„4. Dieses ‚Außerhalb' könnte günstigstenfalls die reine Einsicht der Vernunft sein, die etwa von einer unabhängigen Philosophie zu pflegen und zu hüten wäre. Praktisch aber gibt es eine solche reine, von der Geschichte unabhängige Vernunftevidenz nicht. Metaphysische und moralische Vernunft wird nur in historischem Zusammenhang wirksam, hängt von ihm ab und überschreitet ihn zugleich. Faktisch haben alle Staaten aus ihnen vorausliegenden religiösen Überlieferungen, die zugleich moralische Erziehung waren, die moralische Vernunft erkannt und angewandt. Die Vernunftoffenheit und das Maß an Erkenntnis des Guten ist freilich in den historischen Religionen sehr verschieden, wie auch die Art des Miteinander von Staat und Religion verschieden ist. Die Versuchung zur Identifizierung und damit zur religiösen Verabsolutierung des Staates, die zugleich die Religion korrumpiert, ist in der ganzen Geschichte anwesend. Aber es gibt durchaus auch positive Modelle einer Beziehung zwischen religiös gegründeter moralischer Erkenntnis und staatlicher Ordnung.“[17]

Ratzinger weist mit diesen Ausführungen darauf hin, dass Moralität nicht aus einer reinen, geschichtsunabhängigen Vernunft erwächst. Weder das metaphysisch argumentierende Naturrecht noch eine positivistische und säkularistische Rationalität der aufgeklärten Moderne sind reine Vernunftwahrheit, sondern enthalten immer auch weltanschauliche Gehalte, die den geschichtlichen Religionen und Weltanschauungen entstammen. Der Staat ist somit zur Gewinnung seiner moralischen Grundlagen auf diese geschichtlichen Größen, vor allem die Religionen und Weltanschauungen, angewiesen, die freilich in unterschiedlicher Weise fähig sind, diese Grundlagen bereitzustellen.

Der christliche Glaube – die „*am meisten universale und rationale religiöse Kultur*"

„5. Als am meisten universale und rationale religiöse Kultur hat sich der christliche Glaube erwiesen, der auch heute der Vernunft jenes Grundgefüge an moralischer Einsicht darbietet, das entweder zu einer gewissen Evidenz führt oder wenigstens einen vernünftigen moralischen Glauben begründet, ohne den eine Gesellschaft nicht bestehen kann."[18]

Die Position, dass der christliche Glaube die „*am meisten universale und rationale religiöse Kultur*" darstelle, ist sicher eine steile These und steht hier recht unvermittelt. Es lassen sich aber zwei Argumentationswege dingfest machen, auf denen Ratzinger zu dieser Einschätzung kommt. Der erste Weg ist der des Faktischen. Ein Blick in die kulturelle Vielfalt der heutigen Welt zeigt nach Joseph Ratzinger einerseits, dass die sich universal wähnende westliche säkulare Kultur zwar keineswegs universal, stattdessen vielmehr an bestimmte kulturelle Kontexte gebunden ist. Gleichwohl seien aber die beiden prägenden Kulturen des Westens, die säkulare Rationalität und der christliche Glaube, die beiden weltbestimmenden Faktoren: „*Beide bestimmen die Weltsituation in einem Maß wie keine andere der kulturellen Kräfte.*"[19] Daher seien sie auch heute wechselseitig aufeinander verwiesen und dazu berufen, in den interkulturellen Dialog einzutreten. Vernunft und Glaube sind nach Ratzinger dazu aufgefordert, sich gegenseitig zu begrenzen, zu reinigen und zu heilen, um sich gemeinsam gegen die „*Pathologien in der Religion*" und gegen die „*Pathologien der Vernunft*" zu stellen.[20]
Dies leitet über zum zweiten Argumentationsweg für Ratzingers These, dass der christliche Glaube sich als die „*am meisten universale und rationale Kultur*" erweise. Dieser zweite Weg ist ein geistesgeschichtlicher. Ratzinger ist der Auffassung, dass Christentum und Aufklärung von Anbeginn des Christentums an innerlich korrespondieren, ja dass die säkulare Aufklärung sogar christlichen Ursprungs ist und nur im Denkhorizont der christlichen Religion entstehen konnte:
„Das Christentum hat sich von Anfang an als die Religion des Logos, als die vernunftgemäße Religion verstanden. Es hat seine Vorläufer prinzipiell nicht in den anderen Religionen, sondern in der philosophischen Aufklärung erblickt, die den Weg aus den Traditionen heraus zur Frage nach der Wahrheit und zum Guten,

nach dem einen Gott über allen Göttern freigemacht hat. Es hat als Religion der
Verfolgten und als gemeinsame Religion über die verschiedenen Staaten und Völker
hinweg dem Staat das Recht abgesprochen, Religion als Teil der Staatsordnung fest-
zulegen, und es hat deshalb die Freiheit des Glaubens verlangt. Es hat immer Men-
schen, alle Menschen ohne Unterschied als Geschöpfe Gottes und Bilder Gottes
erklärt und damit grundsätzlich – wenn auch in den Grenzen der unüberspringba-
ren Sozialordnungen – die gleiche Würde aller Menschen proklamiert. Insofern ist
die Aufklärung christlichen Ursprungs und ist nicht ohne Grund gerade und nur im
Raum des christlichen Glaubens entstanden. In diesem Raum war das Christentum
betrüblicherweise wieder – seiner eigenen Natur entgegen – zur Staatsreligion
und zur Tradition geworden. Obgleich immer die Philosophie als Suche nach der
Vernünftigkeit auch unseres Glaubens zum Christentum gehörte, war die Stimme
der Vernunft allzu sehr domestiziert. So war und ist es ein Verdienst der Aufklä-
rung, diese Ursprungswerte des Christentums neu aufgenommen und der Vernunft
ihre eigene Stimme wiedergegeben zu haben. Diese innere Korrespondenz von
Christentum und Aufklärung hat das II. Vaticanum in der Konstitution über die
Kirche in der Welt von heute neu zur Geltung gebracht und dabei um eine wirk-
liche Versöhnung zwischen Kirche und Moderne gerungen – ein großes Erbe, das
beiden Seiten weiterhin aufgegeben bleibt.“[21]

Auch wenn dieses epochale Geschichtsbild, das Ratzinger hier zeichnet, an
der einen oder anderen Stelle geschichtswissenschaftlich hinterfragbar ist –
wird hier nicht etwa die Bedeutung des jüdischen Glaubens für das Entstehen des Christentums zu gering geschätzt und hat nicht die Aufklärung
mit ihrem Fanal für die Freiheit, die sie gegen Staat und Kirche erkämpfen
musste, nicht auch andere Quellen als den christlichen Glauben –, so ist
es doch beeindruckend, mit welcher Vehemenz und Emphase der damalige
Kardinal Zusammengehörigkeit und wechselseitige Bezogenheit von Rationalität und christlichem Glauben vertritt. Aus diesen Zeilen spricht aber
auch eine hohe Wertschätzung für die Errungenschaften der Moderne und
für die Grundrichtung der Pastoralkonstitution des II. Vatikanischen Konzils,
die Kirche mit der Moderne zu versöhnen und damit eine Kirche in der
Moderne zu werden, obwohl Ratzinger *Gaudium et Spes* an anderer Stelle
auch schon mal einen zu großen Fortschrittsoptimismus vorhalten kann.[22]

Wider die Theokratie

Kehren wir zurück zum Argumentationsgang der Thesen zum Verhältnis von Religion, Kirche und Staat, die uns hier vorrangig interessieren.

„6. Demgemäß kommt dem Staat – wie wir schon sagten – das, was ihn wesentlich trägt, von außen zu, nicht aus einer bloßen Vernunft, die im moralischen Bereich nicht ausreicht, sondern aus einer in historischer Glaubensgestalt gereiften Vernunft. Es ist wesentlich, dass dieser Unterschied nicht aufgehoben wird: Die Kirche darf sich nicht selbst zum Staat erheben oder als Machtorgan in ihm oder über ihm wirken wollen. Dann macht sie sich selbst zum Staat und bildet so den absoluten Staat, den sie gerade ausschließen soll. Sie würde durch die Verschmelzung mit dem Staat das Wesen des Staates und ihr eigenes Wesen zerstören.“[23]

Aufgrund des zuvor Ausgeführten ist klar: Eine, wenn nicht die *„in historischer Glaubensgestalt gereifte Vernunft“* ist für Ratzinger selbstverständlich das Christentum, das er als gelungene Synthese aus griechischem Geist und biblischem Glauben betrachtet. Das Christentum ist für ihn der Inbegriff des Mit- und Ineinanders von Glaube und Vernunft, das gerade deshalb die abendländische Kultur bis hin zu Aufklärung und Moderne hervorbringen konnte. Aber gerade weil Wahrheit und Moral dem modernen Staat in einer pluralistischen Gesellschaft nicht von ihm selbst her zukommen können, sondern von den Religionen und, zumindest im westlichen Kulturkreis, insbesondere von der Kirche, dürfen beide Instanzen nicht in eins fallen, damit der Staat eine auf der Vielfalt der Weltanschauungen basierende relative Größe bleibt und damit die Kirche bzw. die religiöse Institution ihre Glaubenswahrheit mit absolutem Geltungsanspruch vertreten kann. Ein religiöser und moralischer Wahrheitsanspruch wird immer mit Absolutheit vertreten, sonst ist er kein Wahrheitsanspruch. Daher ist für Ratzinger klar: Der Staat darf in seinen Geltungsansprüchen nicht absolut werden und die Kirche in den ihren nicht relativ.
Diese Position Ratzingers dürfte vor allem die traditionalistischen und neokonservativen Kreise in und im Umfeld der katholischen Kirche aufhorchen lassen. Sie beanspruchen Geltung natürlich auch für andere Religionen. Jede Form von totalitärem staatlichem Anspruch, von Theokratie und Gottes-

staat lehnt der Kardinal aus politisch-philosophischen Erwägungen heraus ab. Er untermauert diese Position aber auch christlich-theologisch mit Blick auf die Auferstehungs-Hoffnung. Gegen die marxistische Kritik an der christlichen Religion, die Ausrichtung auf den Himmel entfremde den Menschen von der Erde, argumentiert Ratzinger:

„In Wahrheit ist es gerade diese ,eschatologische' Haltung, die dem Staat sein eigenes Recht garantiert und zugleich dem Absolutismus wehrt, indem sie die Grenzen sowohl des Staates wie der Kirche in der Welt aufzeigt. Denn wo diese Grundhaltung [daß die Welt nicht das Letzte und Ganze ist] eingenommen wird, da weiß die Kirche, daß sie hier nicht selbst Staat sein kann. Da weiß sie, daß das endgültige Staatswesen anderswo ist und daß sie nicht auf Erden den Gottesstaat aufrichten kann. Sie respektiert den irdischen Staat als eine eigene Ordnung der geschichtlichen Zeit, mit ihren Rechten und Gesetzen, die sie anerkennt. Sie fordert daher das loyale Mitleben und Mitwirken mit dem irdischen Staat auch da, wo er kein christlicher Staat ist (Röm 13,1; 1 Petr 2, 13-17; 1 Tim 2,2). [...] Zugleich aber setzt sie der Allmacht des Staates eine Barriere: Weil man ,Gott mehr gehorchen muß als den Menschen' (Apg 5,29) und weil sie aus Gottes Wort weiß, was das Gute und das Böse ist, ruft sie zum Widerstand da, wo das eigentlich Böse, das Gottwidrige befohlen würde. Das Zugehen auf die andere Stadt entfremdet nicht, sondern es ist in Wirklichkeit die Voraussetzung dafür, daß wir gesunden und daß unsere Staaten gesunden. Denn wenn die Menschen nichts zu erwarten haben, als was ihnen diese Welt bietet, und wenn sie dies alles vom Staat verlangen dürfen und müssen, zerstören sie sich selbst und jedwedes Gemeinwesen. Wenn wir nicht erneut in die Fänge des Totalitarismus geraten wollen, müssen wir über den Staat hinausschauen, der ein Teil und nicht das Ganze ist. Hoffnung auf den Himmel steht nicht gegen die Treue zur Erde, sie ist die Hoffnung auch für die Erde.“[24]

Abschließende Bemerkung zur Aufgabe der Kirche

Die dargestellten Thesen enden mit einem abschließenden Blick auf die Aufgabe, die die Kirche gegenüber dem Staat hat. Dieser braucht hier nicht mehr weiter kommentiert und erläutert zu werden, insofern er über die Verhältnisbestimmung von Kirche und Staat hinausführt und mit einem Appell an die Kirche schließt, ihre moralischen Auffassungen innerhalb der

Kirche überzeugend zu leben, damit sie auch im Staat Überzeugungskraft entfalten können.

„7. Die Kirche bleibt für den Staat ein ‚Außen'. Nur dann sind beide, was sie sein sollen. Sie muß ebenso an ihrem Ort und in ihren Grenzen bleiben wie der Staat. Sie muß sein Eigenwesen und seine eigene Freiheit respektieren, gerade damit sie ihm den Dienst tun kann, dessen er bedarf. Sie muß aber auch alle Kraft aufbieten, damit in ihr jene moralische Wahrheit leuchtet, die sie dem Staat anbietet und die für die Bürger des Staates einsichtig werden soll. Nur wenn in ihr selbst diese Wahrheit Kraft hat und die Menschen formt, kann sie auch andere überzeugen und eine Kraft für das Ganze werden."[25]

Hinweise

1 Vgl. Joseph Ratzinger, Wahrheit, Werte, Macht. Pluralistische Gesellschaft im Kreuzverhör, Frankfurt am Main 1999, 63-92.

2 Ratzinger, Wahrheit, Werte, Macht, 87.

3 A.a.O., 67 f.

4 A.a.O., 68 f.

5 A.a.O., 69 f.

6 A.a.O., 80.

7 Joseph Ratzinger, Eine nichtkonfessionelle christliche Religion? Reflexionen im Anschluß an den Vorschlag von Senatspräsident Pera, in: Marcello Pera / Joseph Ratzinger, Ohne Wurzeln. Der Relativismus und die Krise der europäischen Kultur, Augsburg 2005, 116-145, hier 137.

8 A.a.O., 138.

9 Vgl. Heilige Messe *Pro Eligendo Romano Pontifice*, in: Der Anfang. Papst Benedikt XVI. Joseph Ratzinger, Predigten und Ansprachen April/Mai 2005 (Verlautbarungen des Apostolischen Stuhls; 168), hg. vom Sekretariat der Deutschen Bischofskonferenz, Bonn 2005, 12-16, hier 14.

10 Joseph Ratzinger, Was die Welt zusammenhält. Vorpolitische moralische Grundlagen eines freiheitlichen Staates, in: Jürgen Habermas / Joseph Ratzinger, Dialektik der Säkularisierung. Über Vernunft und Religion, Freiburg-Basel-Wien 2005, 39-60, hier 50.

11 A.a.O., 50.

12 A.a.O., 51.

13 Zum Ansatz der Transzendentalpragmatik vgl. Karl-Otto Apel, Transformation der Philosophie. 2 Bände (Suhrkamp-Taschenbuch Wissenschaft; 164 und 165), Frankfurt am Main (1976) [5]1993.

14 Ratzinger, Was die Welt zusammenhält, 43.

15 Ratzinger, Wahrheit, Werte, Macht, 87.

16 Ernst-Wolfgang Böckenförde, Staat, Gesellschaft, Freiheit, Frankfurt am Main 1976, 60.

17 Ratzinger, Wahrheit, Werte, Macht, 87.

18 A.a.O., 88.

19 Ratzinger, Was die Welt zusammenhält, in: Habermas / Ratzinger, Dialektik der Säkularisierung, 57.

20 Vgl. a.a.O., 56 f.

21 Joseph Ratzinger, Europa in der Krise der Kulturen, in: Marcello Pera / Joseph Ratzinger, Ohne Wurzeln. Der Relativismus und die Krise der europäischen Kultur, Augsburg 2005, 62-84, hier 78 f.

22 Vgl. Joseph Ratzinger, Der Weltdienst der Kirche. Auswirkungen von Gaudium et Spes im letzten Jahrzehnt, in: Andreas Bauch / Alfred Gläßer / Michael Seybold (Hrsg.), Zehn Jahre Vaticanum II, Regensburg 1976, 36-53; Joseph Kardinal Ratzinger, Zur Lage des Glaubens. Ein Gespräch mit Vittorio Messori, München-Zürich-Wien 1985, 34.36.

23 Ratzinger, Wahrheit, Werte, Macht, 89.

24 A.a.O., 91 f.

25 A.a.O., 89.

Glaube – Wahrheit – Vernunft

Zur Rationalität des Christlichen im Denken Joseph Ratzingers / Papst Benedikts XVI.

Tobias Licht

Dass Glaube und Vernunft, Glaube und Wissen einander nicht als Gegensätze gegenüberstehen, sondern innerlich aufeinander bezogen sind und einander bedürfen, ist eine Grundüberzeugung christlichen Denkens. Heute, in einer Zeit, in der die alten Fragen eines mehr oder weniger kämpferischen Atheismus von neuem gestellt werden und ein als gesellschaftliche Hintergrundströmung wirksamer allgemeiner Relativismus die Geltung jedes Wahrheitsanspruchs, jeder Glaubensüberzeugung bestreitet, erscheint der Verweis auf die Vernünftigkeit des Glaubens als Notwendigkeit von kaum zu überbietender Aktualität. Wie die Bereitschaft zur rationalen Reflexion der eigenen Glaubensgrundlagen eine unverzichtbare Voraussetzung für einen auch intellektuell redlichen und damit verantworteten Glaubensvollzug darstellt, so eröffnet allein das Wagnis eines offenen, rationalen Diskurses, der die Überzeugungskraft der Argumente gelten lässt und so der Wahrheit verpflichtet ist, den Boden für wirklichen Dialog.

Vor diesem Hintergrund erscheint es als kaum zu überschätzender Glücksfall, dass in der Person Joseph Ratzingers / Papst Benedikts XVI. heute ein Theologe die Kirche leitet, in dessen Denken das Motiv der Wahrheit und Vernünftigkeit des Glaubens von Anfang an einen, vielleicht den zentralen Stellenwert überhaupt eingenommen hat. Nicht zuletzt der Wahlspruch „cooperatores veritatis" – „Mitarbeiter der Wahrheit"–, unter den Ratzinger seinen bischöflichen Dienst gestellt hat, signalisiert diesen Stellenwert. In der großen Kontinuität, die Ratzingers Denken insgesamt kennzeichnet, kommt er auf diesen Punkt von seiner Bonner Antrittsvorlesung von 1959 bis zu der vielzitierten Regensburger Vorlesung von 2006 immer wieder zurück.

Hintergründe

Vergleicht man das Werk Ratzingers mit dem anderer bedeutender Theologen, so fällt auf, dass er anders als etwa Karl Rahner, der in seinen frühen philosophischen Hauptwerken „Geist in Welt" (1939) und „Hörer des Wortes" (1941) das Fundament einer transzendentalen Philosophie und Theologie gelegt hat, von dem aus er dann jede der unzähligen Einzelfragen entwickelt hat, mit denen er sich befasste, keinen vergleichbaren eigenen philosophischen Ansatz erarbeitet hat. Philosophisch prägend waren für Ratzinger, der etwa Thomas von Aquin zu Studienzeiten ausgesprochen kritisch gegenüberstand, vor allem das dialogische Denken Ferdinand Ebners und Martin Bubers und die Idee eines dialogischen Personalismus, die sein Lehrer und Freund Alfred Läpple in Auseinandersetzung mit John Henry Newman entwickelt hatte.[1]

Charakteristischer als diese philosophischen Orientierungen sind wohl der signifikante Geschichtsbezug von Ratzingers Denken, das immer das Ganze der abendländischen Geistesgeschichte seit der Antike im Blick hat und das Bemühen um einen unmittelbaren, direkten, einfachen Zugang zu den Fragen des Glaubens, das etwa seinen Umgang mit der Heiligen Schrift kennzeichnet. Vielleicht erklären diese Faktoren in der Zusammenschau, dass Ratzinger Begriffe wie „Vernunft" oder „Wahrheit", so zentral sie für ihn auch sein mögen, keiner fachphilosophischen Klärung unterzieht. Das mindert jedoch in keiner Weise die unmittelbare Einsichtigkeit und Angemessenheit seines Gebrauchs dieser Begriffe. Dieser Gebrauch hat etwas von dem, was Karl Rahner als Denken „auf einer ersten Reflexionsstufe" bezeichnet hat, eine Reflexion also, „die der Aufgabe und Methode des heutigen theologischen und profanen Wissenschaftsbetriebs vorausliegt"[2].

Relativismus der Gegenwartskultur

Ratzinger positioniert sein Insistieren auf der Vernünftigkeit des Glaubens im Kontext einer scharfen Analyse der Gegenwartskultur, in der er zu Recht die grundsätzliche Leugnung auch nur der Möglichkeit der Erkenntnis einer allgemeingültigen Wahrheit diagnostiziert.

In seiner Vorstellung der Enzyklika *Fides et Ratio* von Papst Johannes Paul II. am 15. Oktober 1998 im vatikanischen Pressesaal beschreibt er *„die aktuelle kulturelle Situation"* als *„durch zwei Faktoren"* gekennzeichnet:

„[…] die bis ins Extreme getriebene Trennung zwischen Glaube und Vernunft sowie de[n] Ausschluß der Frage nach der – absoluten und unbedingten – Wahrheit aus der kulturellen Forschung und dem rationalen Wissen des Menschen. Das allgemeine kulturelle und philosophische Klima negiert heute die Fähigkeit der menschlichen Vernunft, die Wahrheit erkennen zu können."[3]

Im Hintergrund steht eine umfassende Verschiebung des Verständnisses von Rationalität im Sinne einer Verengung allein auf den Raum des Immanenten und Empirischen:

„Die Rationalität wird einfach nur auf ihre instrumentalen, utilitaristischen, funktionalen, berechnenden und soziologischen Aspekte reduziert. Die Philosophie verliert auf diese Weise ihre metaphysische Dimension. Das Modell der Humanwissenschaften und der empirischen Wissenschaften wird zum Parameter und Kriterium für Rationalität."[4]

Im Rahmen dieser allgemeinen Verdrängung der Wahrheitsfrage müsse der Wahrheitsanspruch des Glaubens natürlich in besonderer Weise als überholt gelten. Es stelle sich, so Ratzinger, *„[…] immer mehr die Frage, ob der Begriff Wahrheit sinnvollerweise überhaupt auf die Religion angewandt werden könne, mit anderen Worten, ob es dem Menschen gegeben ist, die eigentliche Wahrheit über Gott und die göttlichen Dinge zu erkennen. Das Christentum befindet sich für das heutige Denken keineswegs in einer positiveren Perspektive als die anderen Religionen – im Gegenteil: Mit seinem Wahrheitsanspruch scheint es besonders blind zu sein gegenüber der Grenze all unserer Erkenntnis des Göttlichen."*[5]

Vor diesem Hintergrund werden dann die christlichen Inhalte zu einer mehr oder weniger beliebigen Ausdrucksform des allgemein Religiösen reduziert:

„Was als Wahrheit verpflichtende Kraft und verläßliche Verheißung für den Menschen gewesen war, wird nun zu einer kulturellen Ausdrucksform des allgemeinen religiösen Empfindens, die uns durch die Zufälle unserer europäischen Herkunft nahegelegt ist."[6]

Im scharfen Kontrast zu dieser relativistischen Grundströmung der Gegenwart gilt es nach Ratzinger nun, die Frage nach der Wahrheit und Vernunft des Glaubens neu zu stellen und von neuem jene *„Synthese von Vernunft, Glaube und Leben"* zu gewinnen, in der schon am Anfang jene Kraft lag, die das Christentum *„zur Weltreligion werden ließ"*[7].

24

Christentum als Synthese aus biblischer Botschaft und griechischem Denken

Die Verbindung von Glaube und Vernunft steht für Joseph Ratzinger in untrennbarem Zusammenhang mit den historischen Umständen der Gestaltwerdung des Christentums. An diesem Anfang habe eine epochale Verschmelzung von biblischem Glauben und griechischem Denken gestanden. In Anknüpfung an namentlich nicht genannte Ergebnisse der zeitgenössischen Forschung entfaltet Ratzinger vor allem in der *Einführung in das Christentum* (1968), *„[…] daß es eine ganz erstaunliche Parallele zeitlicher und sachlicher Art zwischen der philosophischen Mythenkritik in Griechenland und der prophetischen Götterkritik in Israel gibt. Beide gehen zwar von völlig verschiedenen Voraussetzungen aus und haben völlig verschiedene Ziele. Aber die Bewegung des Logos gegen den Mythos, wie sie sich im griechischen Geist in der philosophischen Aufklärung zugetragen hat, sodaß sie schließlich auf den Sturz der Götter zutreiben mußte, steht in einer inneren Parallelität zu der Aufklärung, die Propheten- und Weisheitsliteratur betrieben in ihrer Entmythologisierung der göttlichen Mächte zugunsten des alleinigen Gottes. Beide Bewegungen koinzidieren bei all ihrer Gegensätzlichkeit in dem Hinstreben auf den Logos.“*[8]

Der so manifestierte Gegensatz zwischen dem *„Gott des Glaubens“* und dem *„Gott der Vernunft“* habe dann auch zum *„Zusammenbruch der antiken Religion“* geführt[9]. Und im Blick auf die Entwicklungen der Gegenwart gibt es sehr zu denken, wenn Ratzinger unterstreicht, auch die christliche Religion *„hätte kein anderes Schicksal zu erwarten, wenn sie sich auf eine gleichartige Abschneidung von der Vernunft und auf einen […] Rückzug ins rein Religiöse einließe“*[10]. In der Folgezeit kommt Ratzinger immer wieder auf diese Überlegungen zurück, am prominentesten wohl in der Regensburger Vorlesung über *Glaube und Vernunft* (2006). Er spricht dort noch grundsätzlicher davon, das genannte *„Zusammentreffen der biblischen Botschaft und des griechischen Denkens“* sei *„kein Zufall“* gewesen; das *„Aufeinanderzugehen“* von *„biblischem Glauben und griechischem Fragen“* sei vielmehr *„von innen her nötig“* gewesen[11]. Ratzinger ist sich natürlich darüber im Klaren, dass seine Position in diametralem Gegensatz zu Tendenzen anderer theologischer Richtungen steht – etwa der liberalen Theologie Adolf von Harnacks –, die in der bezeichneten Verbindung von Biblischem und Griechischem sozusagen den Sündenfall der christlichen Theologiegeschichte schlechthin sehen. Ausführlich setzt Ratzinger sich in der Regensburger Vorlesung damit auseinander[12]. Es ist wohl kein Zufall, dass bestimmte tatsächlich problematische Erbstücke des Griechischen im Christentum auf anderen Feldern, namentlich in der Anthropologie die platonische Abwertung des Materiellen und Leiblichen gegenüber dem Geist und daraus resultierende, bis heute in der Kirche wirksame ethische und aszetische Idealvorstellungen, hier nicht zur Sprache kommen. Eine von dort her erforderliche differenzierte Sicht ändert aber nichts an der Richtigkeit von Ratzingers eigenem Ansatz.

Christentum als Aufklärung

Anders als beim antiken Vernunftbegriff begegnet Joseph Ratzinger / Benedikt XVI. dem Denken der Neuzeit und ihrer Art des Vernunftgebrauchs mit ausgesprochener Zurückhaltung, Skepsis. Schon gegen das im Begriff „Aufklärung" enthaltene Bild nimmt er Stellung, etwa in der Ansprache zum Segen Urbi et Orbi an Weihnachten 2005. Dort sagte er:

„Die Neuzeit wird häufig dargestellt als ein Erwachen der Vernunft aus dem Schlaf, als das Ans-Licht-Kommen der Menschheit, die aus dunkler Zeit emporsteigt. Ohne Christus reicht jedoch das Licht der Vernunft nicht aus, um den Menschen und die Welt zu erleuchten. Darum klingt das Evangelienwort des Weihnachtstages: ,Das wahre Licht, das jeden Menschen erleuchtet, kam in die Welt', mehr denn je wie eine Verkündigung des Heils für alle."

Paradigmatisch für das Bild des Papstes von der Neuzeit können die Ausführungen stehen, die der Papst in seiner Enzyklika *Spe Salvi*[13] (= SpS) über „die Grundlagen der Neuzeit" macht. Das deshalb, weil dieser Text ungeachtet und gerade in seiner thematischen Zielrichtung auf Hoffnung und Zukunft Grundsätzliches zur Bewertung dieser Epoche sagen will.

In Orientierung an Francis Bacon sieht Benedikt das Neue der Neuzeit allein in der entstehenden modernen Naturwissenschaft – in *„eine[r] neuen Zuordnung der Wissenschaft zur Praxis"* (SpS 16). Diese neue Zuordnung bedeute nun – nach Bacon – *„daß die dem Menschen von Gott gegebene und im Sündenfall verlorene Herrschaft über die Kreatur wiederhergestellt werde"* (SpS 16). Darin konstatiert der Papst

„[…] einen bestürzenden Schritt: Die Wiederherstellung dessen, was der Mensch in der Austreibung aus dem Paradies verloren hatte, hatte man bisher vom Glauben

26

an Jesus Christus erwartet, und dies war als ‚Erlösung' angesehen worden. Nun wird diese ‚Erlösung', die Wiederherstellung des verlorenen ‚Paradieses' nicht mehr vom Glauben erwartet, sondern von dem neu gefundenen Zusammenhang von Wissenschaft und Praxis. Der Glaube wird dabei gar nicht einfach geleugnet, aber auf eine andere Ebene – die des bloß Privaten und Jenseitigen – verlagert und zugleich irgendwie für die Welt unwichtig." (SpS 17)

Interessanterweise sieht Benedikt nun im Zuge „diese[r] programmatische[n] Sicht", dieser Fortschrittsidee, die „den Weg der Neuzeit bestimmt" habe und „auch noch immer die Glaubenskrise der Gegenwart" bestimme (SpS 17), im Verbund mit einem neuen Freiheitsgedanken einen ganz anderen, nunmehr höchst ambivalenten Begriff von Vernunft Fuß fassen. Unter dem Begriff der „Vernunft", deren zunehmende Herrschaft auf eine „Überwindung aller Abhängigkeiten – Fortschritt zur vollkommenen Freiheit" – hinauslaufe (SpS 18), sei „im Stillen immer der Gegensatz zu den Bindungen des Glaubens und der Kirche […] mitgedacht" (SpS 18). Vor dem Hintergrund des katastrophalen Scheiterns dieses gottlosen Fortschrittsglaubens „in einem grausamen Fortschritt im Bösen" (SpS 22) – von der Französischen Revolution über die Industrialisierung des 19. Jahrhunderts bis zur marxistischen Heilsutopie (vgl. SpS 19 – 21) – erscheint „die Vernunft des Könnens und des Machens" jedoch als defizitär und dringend ergänzungsbedürftig durch ihre „Öffnung […] für die rettenden Kräfte des Glaubens, für die Unterscheidung von Gut und Böse" (SpS 23).

Tatsächlich kritisiert der Papst völlig zu Recht die Heillosigkeit eines rein säkularen Fortschrittsglaubens und so auch die Fragwürdigkeit einer rein instrumentellen und also zu allem fähigen Vernunft. Theodor W. Adorno, der diese „Dialektik der Aufklärung" klassisch herausgearbeitet hat, wird ausdrücklich zitiert (SpS 22). In diesem naturwissenschaftlich verwurzelten Fortschrittsgedanken allein aber „die Grundlagen der Neuzeit" – mit dem bestimmten Artikel – zu sehen (SpS 16), greift zu kurz.

So stellt der Vernunftbegriff der Naturwissenschaften nach deren methodischer Emanzipation in der beginnenden Neuzeit zwar tatsächlich eine Gestalt vernünftigen Denkens dar, nicht aber die neuzeitliche Vernunft schlechthin oder gar deren Urform. Daneben steht vielmehr ein am denkenden Subjekt selbst anknüpfendes, transzendentales Denken als die charakteristische Form einer typisch neuzeitlichen Philosophie und Theologie – und in den ignatianischen Exerzitien ebenso eine typisch neuzeitliche Form katholischer Spiritualität. Es sei hier erwähnt, dass nach Karl Rahner die Exerzitien des hl. Ignatius nicht nur ein „Dokument", sondern „eine entscheidende Mit-ursache" des neuzeitlichen Geistes gewesen sind.[14] Die Exerzitien setzten „das neuzeitliche Subjekt von unvertretbarer Einmaligkeit und je einmaliger Geschichte" voraus. [15] Es trete hier für die Kirche „als wirklich Neues auf" und gestalte „die Neuzeit der Kirche mit". Es sei „radikal neuzeitlich", dass in den Exerzitien, „das Geschöpf mit seinem Schöpfer allein verkehren" soll, wie überhaupt der „Ansatz einer transzendentalen und [...] von der Gnade erhobenen und radikalisierten Subjektivität" spezifisch neuzeitlich sei.[16] Dass Ratzinger diese transzendentale Denkform immer fremd geblieben ist, findet in der deutlichen Distanz zu Karl Rahner auch biographisch-theologie-geschichtlich einen anschaulichen Beleg.

Im Blick auf den behaupteten „Gegensatz zu den Bindungen des Glaubens und der Kirche" müsste gerade ein geschichtlich sensibles Denken die Gründe mit in den Blick nehmen, die zu dem Autonomiestreben des neuzeitlichen Geistes geführt haben. Ratzingers Schüler Hansjürgen Verweyen etwa ver-weist immer wieder darauf, dass „vor allem zwei Ereignisse des 14. Jahrhun-derts als Katastrophen erfahren [wurden], die entscheidend zur Auflösung des mittelalterlichen Grundgefühls von Geborgenheit beitrugen, zum einen die Verbreitung der Pest um die Mitte des 14. Jahrhunderts, zum anderen das Abendländische Schisma vom letzten Drittel des 14. bis zum Beginn des 15. Jahrhunderts".[17] Wie „die Pest als radikale Bedrohung von Seiten der *Natur* empfunden wurde", habe durch das Schisma „schnell bodenlose Ver-wirrung in einer Zeit um sich [gegriffen], in der Europa auch politisch voll unbewältigter Antagonismen war"[18]. In solch heilloser Situation blieb das auf sich selbst gestellte Subjekt der einzige Ort unhintergehbarer Gewissheit. Vor dem Hintergrund solcher geschichtlicher Erfahrungen wird es verständ-lich, dass die Entstehung des neuzeitlichen Denkens nicht ohne Konflikt mit den kirchlichen (und staatlichen) Autoritäten möglich war. In der Sache zwingt der Autonomieanspruch der neuzeitlichen Vernunft ebenso wenig in eine konflikthafte Konstellation wie etwa die Forderung nach Religions-freiheit oder nach der „Autonomie der irdischen Wirklichkeiten", die das Zweite Vatikanum in seinen Erklärungen über die Religionsfreiheit *Dignitatis Humanae* und über die Kirche in der Welt von heute *Gaudium et Spes* (= GS 36) anerkannt hat.

28

Auch wird der Glaube so eben nicht „*für die Welt unwichtig*" (SpS 17), sondern viel eher an seinen richtigen Ort gerückt. Dass der Kirche in der autonomen Vernunft ihrer Glieder wie aller anderen nunmehr eine Instanz begegnet, die auch sie selbst, ihre Lehre und Praxis an ihren eigenen theologischen Maßstäben misst, muss sie nicht fürchten. Oder?

Nun wird Ratzinger nicht müde, immer wieder zu betonen, dass das Christentum selbst auf die Seite der Aufklärung gehöre, ja eigentlich Aufklärung sei. Wieder erinnert er an die Mythenkritik im Alten Testament. Denn mit dem Erkennen des Gottes Israels gehe „*eine Art von Aufklärung Hand in Hand, die sich im Spott über die Götter drastisch ausdrückt, die nur Machwerke der Menschen seien (vgl. Ps 115)*"[19]. Entsprechend die Zuordnung in der griechisch geprägten Theologie der alten Kirche:

„*Das Erstaunliche ist, daß Augustinus ohne jedes Zögern dem Christentum seinen Platz im Bereich der ‚physischen Theologie‘, im Bereich der philosophischen Aufklärung zuweist. [...] Das Christentum hat nach dieser Sicht seine Vorläufer und seine innere Vorbereitung in der philosophischen Aufklärung, nicht in den Religionen. [...] Anders gesagt: Augustinus identifiziert den biblischen Monotheismus mit den philosophischen Einsichten über den Grund der Welt, die sich in verschiedenen Variationen in der antiken Philosophie herausgebildet haben.*"[20]

Indem er hier den gemeinhin für die europäische Neuzeit verwendeten Begriff „Aufklärung" zuerst auf die Antike anwendet, relativiert Ratzinger durchaus die allzu selbstverständliche Identifikation von Aufklärung und Neuzeit. Es geht ihm aber nicht um ein simplifizierendes Entweder-oder. Denn bei aller Skepsis gegen den modernen Geist ist ihm das Verfehlte der neuzeitlichen Konfliktlage, auch aus der kirchlichen Position, durchaus bewusst, und plädiert er hier für eine Versöhnung.

„*In einem bestimmten Augenblick der Geschichte bildeten sich zwei gegensätzliche Positionen heraus: auf der einen Seite ein sehr in sich geschlossenes Christentum, das sich an sein – in einem weiteren als dem hier angesprochenen Sinne verstandenes – aufklärerisches Erbe nicht mehr so recht erinnerte, und auf der anderen Seite eine Welt, die sich deshalb gegen das Christentum wehrte und es als obskurantistisch betrachtete.*

Meiner Meinung nach ist es an der Zeit, diese Gegensätze zu überwinden. Die unter bestimmten historischen Umständen zwischen dem 17. und 18. Jahrhundert entstandene Aufklärung war gegen das Christentum gerichtet, obwohl es auch Strömungen einer christlichen Aufklärung gab, auf die ich hier nicht näher eingehen will.

Leider konnten sich diese Tendenzen einer Versöhnung und eines gemeinsamen Weges damals nicht durchsetzen, aber sie waren existent, und das Christentum muß sich dieser Wurzeln erinnern. Deshalb sehe ich hier keinen grundsätzlichen Gegensatz, auch wenn ich einen Gegensatz zwischen bestimmten Zügen der modernen Aufklärung und dem christlichen Glauben keineswegs leugnen will."[21]

Gott als der Logos

Ratzingers Nachdenken über Glaube und Vernunft kulminiert nun in Überlegungen, die nicht mehr allein den Bereich der theologischen Erkenntnis, sondern Gott selbst zum „Gegenstand" haben. In seiner Regensburger Vorlesung von 2006, die wegen ihres Islam-Bezugs Aufsehen erregt hat, kommt er auf die Frage einer Glaubensverbreitung durch Gewalt zu sprechen. In dem von Benedikt wiedergegebenen Dialog des byzantinischen Kaisers Manuel II. Palaeologus mit einem muslimischen Gesprächspartner sagt der Kaiser an der entscheidenden Stelle:

„Gott hat kein Gefallen am Blut, und nicht vernunftgemäß – nicht ,syn logo' – zu handeln, ist dem Wesen Gottes zuwider."[22]

Benedikt sieht hier einen *„Scheideweg im Verständnis Gottes und so in der konkreten Verwirklichung von Religion"*[23] sich auftun. Denn dieses christliche Gottesbild steht in klarem Kontrast zu der extrem voluntaristischen Gottesvorstellung des Islam, die den göttlichen Willen vollkommen ungebunden denkt. Erneut verweist er auf den *„tiefe[n] Einklang zwischen dem, was im besten Sinn griechisch ist und dem auf der Bibel gründenden Gottesglauben"*[24], der an dieser Stelle sichtbar werde, nun aber unmittelbar im Blick auf das Gottesverständnis:

„Den ersten Vers der Genesis, den ersten Vers der Heiligen Schrift überhaupt abwandelnd, hat Johannes den Prolog seines Evangeliums mit dem Wort eröffnet: Im Anfang war der Logos. Dies ist genau das Wort, das der Kaiser gebraucht: Gott handelt ,syn logo', mit Logos. Logos ist Vernunft und Wort zugleich – eine Vernunft, die schöpferisch ist und sich mitteilen kann, aber eben als Vernunft."[25]

Es folgt nun eine Spitzenaussage, deren Anspruch und Gewicht nicht unterschätzt werden sollte: *„Johannes hat uns damit das abschließende Wort des biblischen Gottesbegriffs geschenkt, in dem alle die oft mühsamen und verschlungenen Wege des biblischen Glaubens an ihr Ziel kommen und ihre Synthese finden. Im Anfang war der Logos, und der Logos ist Gott, so sagt uns der Evangelist."*[26]

30

Und so erhält auch die Verbindung von Griechischem und Biblischem als innere Notwendigkeit einen – man könnte sagen – fast heilsgeschichtlichen Rang, der über den Charakter einer bloßen zufälligen geschichtlichen Gegebenheit weit hinausgeht:

„Das Zusammentreffen der biblischen Botschaft und des griechischen Denkens war kein Zufall. Die Vision des heiligen Paulus, dem sich die Wege in Asien verschlossen und der nächtens in einem Gesicht einen Mazedonier sah und ihn rufen hörte: Komm herüber und hilf uns (Apg 16, 6-10) – diese Vision darf als Verdichtung des von innen her nötigen Aufeinanderzugehens zwischen biblischem Glauben und griechischem Fragen gedeutet werden."[27]

Im Anfang war das Wort

Das „Im Anfang" des Johannes-Prologs ernst nehmend, trägt Ratzinger die Identifikation von Gott und Vernunft nun auch in die Frage nach dem Ursprung der Welt, des Ganzen aller Wirklichkeit ein. Schöpfung bedeutet dann noch einmal ausdrücklich, dass am Anfang von allem nicht der blinde Zufall steht, sondern *„die schöpferische Kraft der Vernunft"*[28].

„Letzten Endes geht es um die Frage, ob die Vernunft beziehungsweise das Vernünftige am Anfang aller Dinge und auf ihrem Grunde steht oder nicht. Es geht um die Frage, ob das Wirkliche auf Grund von Zufall und Notwendigkeit, also aus dem Vernunftlosen entstanden ist, ob mithin die Vernunft ein zufälliges Nebenprodukt des Unvernünftigen und im Ozean des Unvernünftigen letztlich auch bedeutungslos ist oder ob wahr bleibt, was die Grundüberzeugung des christlichen Glaubens und seiner Philosophie bildet: In principio erat verbum – am Anfang aller Dinge steht die schöpferische Kraft der Vernunft. Der christliche Glaube ist heute wie damals die Option für die Priorität der Vernunft und des Vernünftigen."[29]

Zugleich erweist die in Philosophie und biblischer Tradition parallel enthaltene Mythenkritik die Differenz zwischen Gott und der Natur. Gerade im Unterschied zu der geschaffenen Welt ist der transzendente Gott wirklich, seiner Natur nach, Gott.

Damit verbieten sich naturreligiöse oder pantheistische Formen von Religiosität, die Gott mit dem Ganzen der Natur bzw. der Welt verwechseln, ebenso wie die Verehrung der alten, mythischen Naturgottheiten. Für das Verhältnis von Gott und Natur gilt also, *„daß der Gott, dem die Christen* *glauben und den sie verehren, im Unterschied zu den mythischen und politischen Göttern wirklich natura Deus ist; darin liegt die Deckung mit der philosophischen Aufklärung. Aber gleichzeitig gilt nun: Non tamen omnis natura est Deus – nicht alles, was Natur ist, ist Gott. Gott ist seiner Natur nach Gott, aber nicht die Natur als solche ist Gott. Es geschieht eine Trennung zwischen der allumfassenden Natur und dem sie begründenden, ihr Ursprung gebenden Sein. So erst treten nun Physik und Metaphysik deutlich auseinander."*[30]

Gegenseitige Reinigung von Vernunft und Glaube

Immer wieder hat Ratzinger seine Position zu Vernunft und Glaube in die unterschiedlichsten Zusammenhänge und den Dialog mit – mehr oder weniger andersdenkenden – Intellektuellen eingebracht: mit dem atheistischen Philosophen Paolo Flores d'Arcais[31], mit Jürgen Habermas[32], dem ehemaligen italienischen Senatspräsidenten Marcello Pera[33].

In seinem Dialog mit Jürgen Habermas in der Katholischen Akademie in Bayern über die von Ernst Wolfgang Böckenförde postulierten vorpolitischen Grundlagen des säkularen Rechtsstaates arbeitet Ratzinger heraus, dass es sowohl auf Seiten der Religion als auch auf der der Vernunft schwerwiegende Pathologien gibt – einen von religiösem Fanatismus gespeisten Terrorismus auf der einen, eine Vernunft auf der anderen Seite, die noch nicht einmal mehr davor zurückschreckt, Menschen zu machen.[34] Vor diesem Hintergrund und im Blick auf die vorgegebene Fragestellung erinnert Ratzinger an die Idee des Naturrechts, das sich als Vernunftrecht verstanden habe, *„das über Glaubensgrenzen hinweg die Vernunft als das Organ gemeinsamer Rechtsbildung in Kraft setzt".*[35]

Damit findet er zu einer beachtlichen Konsequenz aus dem Nahverhältnis von Vernunft und Glaube:

„Ich würde demgemäß von einer notwendigen Korrelationalität von Vernunft und Glaube, Vernunft und Religion sprechen, die zu gegenseitiger Reinigung und Heilung berufen sind und die sich gegenseitig brauchen und das gegenseitig anerkennen müssen."[36]

Man ist an dieser Stelle versucht, einzuwerfen: Das muss dann aber auch für den Binnenraum von Theologie und Kirche gelten! Denn tatsächlich scheinen gerade jene Problemkomplexe, die im Zusammenhang der heutigen „Kirchenkrise" vor allem diskutiert werden, von der Art zu sein, dass sie sich mit dem heute verfügbaren Instrumentarium theologischer Vernunft leicht könnten auflösen lassen. Vernunft ist unteilbar. Und man sollden Papst beim Wort nehmen.

Hinweise

1 Vgl., hier nur gerafft wiedergegeben, die Darstellung von Hansjürgen Verweyen,

   Joseph Ratzinger – Benedikt XVI. Die Entwicklung seiner Denkens, Darmstadt 2007, S. 105 ff.

2 Karl Rahner, Grundkurs des Glaubens. Einführung in den Begriff des Christentums, Freiburg/Basel/

   Wien 1976, S. 21.

3 Deutsche Tagespost 1998, Nr. 126 (17. Oktober 1998), S. 3.

4 Ebd.

5 Joseph Kardinal Ratzinger, Der angezweifelte Wahrheitsanspruch. Die Krise des Christentums am

   Beginn des dritten Jahrtausends; in: Paolo Flores d'Arcais / Joseph Ratzinger, Gibt es Gott? Wahr-

   heit, Glaube, Atheismus, Berlin ²2006, 7-18, 7. In seinen Beiträgen im Dialog mit Ratzinger tritt

   der atheistische Philosoph Paolo Flores d'Arcais nicht nur diesem Wahrheitsanspruch entgegen.

   Er wirft unabhängig davon der Kirche und der katholischen Kultur auch vor, „obwohl sie angeblich

   den Dialog mit Nichtchristen suchen, systematisch den Entgegnungen, die moderne Skeptiker und

   Atheisten formulieren, aus dem Wege" zu gehen. Man versuche „nicht einmal, Gegenargumente

   zu finden, um sie zu widerlegen und ihre Fehler aufzuzeigen" und vermeide es, „das Problem der

   Wahrheit zum ‚Objekt' einer rationalen oder kritisch-empirischen Argumentation zu machen"

   (Paolo Flores d'Arcais, Eine Kirche ohne Wahrheit?; in: ders. / Joseph Ratzinger, Gibt es Gott?,

   a.a.O., 69-106, 69.). Natürlich ist dieser pauschale Vorwurf objektiv falsch. Und doch liegt hier

   eine Problemanzeige ganz eigener Art. Werden die intensiven Bemühungen christlicher Philosophie

   und Fundamentaltheologie in den letzten Jahrzehnten gerade im deutschen Sprachraum, in einen

   Diskurs auch mit Andersdenkenden einzutreten, so wenig wahrgenommen? Und wenn ja, warum?

6 Ratzinger, Der angezweifelte Wahrheitsanspruch, 8.

7 Ebd., 13.

8 Joseph Ratzinger, Einführung in das Christentum. Vorlesungen über das Apostolische Glaubensbe-

   kenntnis, Neuausgabe 2000, München ⁶2005, 128.

9 Ebd.

10 Ebd.

11 Benedikt XVI., Glaube, Vernunft und Universität. Erinnerungen und Reflexionen. Vorlesung des Papstes beim Treffen mit Vertretern der Wissenschaften im Auditorium Maximum der Universität Regensburg am 12. September 2006; in: Benedikt XVI., Glaube und Vernunft. Die Regensburger Vorlesung, Freiburg / Basel / Wien 2006, 11-32, 18.

12 Vgl. ebd., 23-29.

13 Papst Benedikt XVI., Enzyklika Spe Salvi über die christliche Hoffnung, 2007 (Verlautbarungen des apostolischen Stuhls, Bonn [3]2008, Nr. 179).

14 Karl Rahner SJ, Über den geistesgeschichtlichen Ort der ignatianischen Exerzitien heute; in: Geist und Leben 47 (1974), S. 430-449, 431.

15 Ebd., 434, Fn. 5.

16 Ebd., 435.

17 Hansjürgen Verweyen, Theologie im Zeichen der schwachen Vernunft, Regensburg 2000, 49.

18 Ebd., 50.

19 Benedikt XVI., Glaube, Vernunft und Universität, a.a.O., 19.

20 Ratzinger, Der angezweifelte Wahrheitsanspruch, 8. 9.

21 Ratzinger in: Gespräch zwischen Joseph Kardinal Ratzinger und Paolo Flores d'Arcais, Gibt es Gott?; in: Dies., Gibt es Gott?, a.a.O., 19-67, 31.

22 Benedikt XVI., Glaube, Vernunft und Universität, a.a.O., 16.

23 Ebd., 17.

24 Ebd., 18.

25 Ebd., 18.

26 Ebd., 18.

27 Ebd., 18.

28 Ratzinger, Der angezweifelte Wahrheitsanspruch, a.a.O., 17.

29 Ebd., 16-17.

30 Ebd., 11.

31 Flores d'Arcais / Ratzinger, Gibt es Gott?, a.a.O..

32 Jürgen Habermas / Joseph Ratzinger, Dialektik der Säkularisierung. Über Vernunft und Religion, Freiburg / Basel / Wien [2]2005.

33 Marcello Pera / Joseph Ratzinger, Ohne Wurzeln. Der Relativismus und die Krise der europäischen Kultur, Augsburg 2005.

34 Vgl. Habermas / Ratzinger, Dialektik der Säkularisierung, a.a.O., 46-47.

35 Ebd., 50.

36 Ebd., 57.

„Hoffnung auf den Himmel steht nicht gegen die Treue zur Erde, sie ist Hoffnung auch für die Erde."

Zur Rolle der Christen und der Kirche in Gesellschaft und Welt

Ursula Nothelle-Wildfeuer

Papst Benedikt XVI. ist als Professor Fundamentaltheologe gewesen, nicht Sozialethiker, er schreibt heute als Quintessenz und als Höhepunkt seines theologisch-spirituellen Denkens Bücher über Jesus, nicht Bücher über den Dienst der Christen in der Welt von heute. Und dennoch: Da für Papst Benedikt XVI. ganz klar auf der Hand liegt, dass der christliche Glaube Konsequenzen für das Hier und Jetzt, für das Leben und Handeln in dieser Welt hat, lassen sich sowohl in seinen Texten, die er als Professor für Fundamentaltheologie schrieb, als auch in denen aus seiner Kardinalszeit, erst recht aber in seinen päpstlichen Texten diverse Aussagen zu der Rolle der Christen und der Kirche in Gesellschaft und Welt finden. Vier Hauptaspekte sollen im Folgenden herausgegriffen werden:

Das „Zuerst" Gottes

Vor dem Hintergrund seines theologischen Denkens und auch im Blick auf die gesellschaftlichen Entwicklungen erweist es sich als entscheidend für den Papst, das herauszustellen, was das genuin Christliche im gesellschaftlichen und weltlichen Handeln der Christen ist. In seiner ersten Enzyklika *Deus caritas est* (= DCE)[1] bringt er das sehr deutlich zum Ausdruck: Das Entscheidende ist nicht mehr und nicht weniger als die Liebe Gottes:

„Er hat uns zuerst geliebt und liebt uns zuerst; deswegen können auch wir mit Liebe antworten. Gott schreibt uns nicht ein Gefühl vor, das wir nicht herbeirufen können. Er liebt uns, lässt uns seine Liebe sehen und spüren, und aus diesem ‚Zuerst' Gottes kann als Antwort auch in uns die Liebe aufkeimen." (DCE 17)

Bereits für den Theologen und Kardinal Joseph Ratzinger und jetzt für Papst Benedikt bildet dieses „‚*Zuerst*' Gottes" das Fundament für alle weiteren Überlegungen zu dem, was Christen aus Liebe in der Welt und in der Gesellschaft tun. Christliches Handeln dient nicht dazu, sich das Heil zu verdienen, vielmehr gilt, dass Gott es ist, der dem Menschen sein Heil schenkt – ohne jede Bedingung, bedingungslos. Diese „Zu-sage" der Liebe Gottes steht immer und grundlegend (um eine Redeweise aus der mathematischen Welt zu benutzen) als Vorzeichen vor jeder Klammer, macht menschliche Liebe erst möglich. Das bedeutet aber auch umgekehrt: „Gut sein" des Menschen ist nicht die Bedingung für Gottes heilvolle Zuwendung und Erlösung, Gottes Liebe müssen sich die Menschen nicht verdienen. Eine Ethik, die sich auf den personalen Gott Jesu Christi stützt, geht von einer anderen Logik aus, dass nämlich, wer sich bedingungslos, *„vorleistungsfrei"* geliebt und erlöst weiß, von sich aus darauf antwortet und diese Liebe weitergibt. *„Die Liebe"* – gemeint ist hier die Liebe, die wir Menschen schenken – diese Liebe *„ist nun dadurch, dass Gott uns zuerst geliebt hat (vgl. 1 Joh 4, 10), nicht mehr nur ein ‚Gebot', sondern Antwort auf das Geschenk des Geliebtseins, mit dem Gott uns entgegengeht"* (DCE 1).

Daraus ergibt sich auch zugleich eine spezifische Qualität dessen, was wir Christen aus Liebe tun; es spiegelt auch diese Bedingungslosigkeit wieder: Die Liebe wird entfaltet, ohne dass damit ein Zweck verbunden, ohne dass sie funktionalisiert wird: *„ […] praktizierte Nächstenliebe [darf] nicht Mittel für das sein, was man heute als Proselytismus bezeichnet"* (DCE 31c), also nicht dafür, jemanden mit unangebrachten, ggf. sogar betrügerischen Mitteln dazu zu bringen, den Glauben anzunehmen *„Die Liebe ist umsonst, sie wird nicht getan, um damit andere Ziele zu erreichen"* (DCE 31c). Die Liebe wird um des Menschen und um Gottes willen getan – nicht, weil die „Empfänger" Christen sind oder werden sollen, sondern weil die, die aus Liebe handeln, Christen sind und die Liebe Gottes als Antwort auf dessen Liebe weiterschenken. Das hat bedeutende Konsequenzen für das konkrete Handeln von Christen und der Kirche in der Gesellschaft: Für wen engagieren wir uns, wenn wir als Christen, als Kirche, Kindergärten, Krankenhäuser, Pflege- und Altenheime sowie Schulen unterhalten? Dürfen solche Einrichtungen geschlossen werden mit dem Argument, es gäbe zu wenig katholische Adressaten und potentielle „Kunden"?

Das Verhältnis von Politik und Kirche

a. *„Die gerechte Ordnung der Gesellschaft und des Staates ist zentraler Auftrag der Politik. Ein Staat, der nicht durch Gerechtigkeit definiert wäre, wäre nur eine große Räuberbande, wie Augustinus einmal sagte [...] Zur Grundgestalt des Christentums gehört die Unterscheidung zwischen dem, was des Kaisers und dem, was Gottes ist (vgl. Mt 22, 21)".* (DCE 28)
Immer wieder bezieht sich der Papst zur Erläuterung der notwendigen Unterscheidung zwischen Staat/Politik und Kirche, die allerdings keine vollkommene Trennung ist, auf diese Bibelstelle. Zugleich bestätigt er damit das, was das Zweite Vatikanische Konzil die richtige Autonomie der Kultursachbereiche nennt, womit also die Eigengesetzlichkeit und auch die Eigenwertigkeit der einzelnen Sachbereiche wie Wirtschaft, Politik, Kultur, Medizin, Wissenschaft etc. anerkannt werden – eine Erkenntnis, die uns vielleicht heute selbstverständlich erscheint, die es aber beileibe nicht immer war: Die Bibel enthält kein politisches und auch kein Wirtschaftsprogramm, die Kirche qua Kirche will nicht Politik machen, sondern auf der Basis des Evangeliums und der Sorge um das Wohl des Menschen Rahmenbedingungen für die Politik mitprägen:
„Die Kirche identifiziert sich mit keiner Partei, mit keiner politischen Gemeinschaft und mit keinem politischen System. Sie erinnert hingegen immer daran, dass die im politischen Leben engagierten Laien ein mutiges und deutliches Zeugnis von den christlichen Werten ablegen sollen, die im Fall ihrer Bedrohung bekräftigt und verteidigt werden müssen. Das sollen sie in der Öffentlichkeit tun, sowohl in den politischen Debatten wie in den Massenmedien."[2]

b. Gerade im Blick auf die gegenwärtige Debatte in unserer Gesellschaft um die Rolle von Religion und Religionen, speziell auch im Blick auf den Islam, ist die Bestimmung einer sehr spezifischen Aufgabe des Staates wichtig: *„Der Staat darf die Religion nicht vorschreiben, sondern muss deren Freiheit und den Frieden der Bekenner verschiedener Religionen untereinander gewährleisten"* (DCE 28).

Ein klares Bekenntnis zur Religionsfreiheit im demokratischen Staat und in einer pluralistischen Gesellschaft, was aber auch die positive Religionsfreiheit als Bekenntnisfreiheit einschließt: *„die Kirche als sozialer Ausdruck des christlichen Glaubens hat ihrerseits ihre Unabhängigkeit und lebt aus dem Glauben heraus ihre Gemeinschaftsform, die der Staat achten muss"* (DCE 28).

Besonders deutlich hebt der Papst das Recht auf Religionsfreiheit hervor in seiner Rede vor der UNO 2008[3]. Dabei geht es ihm nicht nur um das Recht für Christen, sondern für alle Menschen:

„Natürlich müssen die Menschenrechte das Recht der Religionsfreiheit einschließen, und zwar als Ausdruck einer zugleich individuellen als auch gemeinschaftlichen Dimension. Eine Vorstellung, die die Einheit der Person ausdrückt, auch wenn sie klar zwischen der Stellung des Bürgers und des Gläubigen unterscheidet. Die Tätigkeit der Vereinten Nationen hat in den vergangenen Jahren sichergestellt, dass die öffentliche Debatte Sichtweisen Raum erschlossen hat, die von einer religiösen Perspektive in all ihren Dimensionen inspiriert ist, einschließlich der Rituale, dem Gottesdienst, der Erziehung, der Verbreitung von Informationen wie auch der Freiheit, eine Religion zu bekennen oder zu wählen. Es ist daher unbegreiflich, dass Gläubige einen Teil ihrer selbst unterdrücken müssen, nämlich ihren Glauben, um aktive Bürger zu sein. Es sollte niemals erforderlich sein, Gott zu verleugnen, um in den Genuss der eigenen Rechte zu kommen. Die mit der Religion verbundenen Rechte sind umso schutzbedürftiger, wenn sie einer säkularen Ideologie oder zu religiösen Mehrheitspositionen exklusiver Art gegengesetzt angesehen werden. Die volle Gewährleistung der Religionsfreiheit kann nicht auf die Kultfreiheit beschränkt werden, sondern muss in richtiger Weise die öffentliche Dimension der Religion berücksichtigen, also die Möglichkeit der Gläubigen, ihre Rolle im Aufbau der sozialen Ordnung zu spielen."[4]

c. *„Ziel und daher auch inneres Maß aller Politik"* (DCE 28) ist dem Papst zufolge die Gerechtigkeit. Damit hat die Politik auch einen konstitutiven normativen Gehalt – sie ist *„mehr als Technik der Gestaltung öffentlicher Ordnungen: Ihr Ursprung und Ziel ist eben die Gerechtigkeit, und die ist ethischer Natur. So steht der Staat praktisch unabweisbar immer vor der Frage: Wie ist Gerechtigkeit hier und jetzt zu verwirklichen?"* (DCE 28). Doch um in Beantwortung dieser Frage weiterzukommen, muss noch einen Schritt weiter gefragt werden: *„Was ist Gerechtigkeit?"* Um dies klären zu können, bedarf es – so Benedikt - der

Vernunft. Damit diese aber, so betont es der Papst, „*recht funktionieren kann, muss sie immer wieder gereinigt werden, denn ihre ethische Erblindung durch das Obsiegen des Interesses und der Macht, die die Vernunft blenden, ist eine nie ganz zu bannende Gefahr*" (DCE 28). Die Vernunft ist also durch vielerlei kurzfristige menschliche Interessen korrumpierbar, die letztlich aber dem einzelnen oder auch dem Gemeinwohl schaden; besonders ist hier das menschliche Streben nach Macht als Gefährdung zu sehen. In einem berühmt gewordenen Gespräch, das Papst Benedikt noch als Kardinal Ratzinger und der Philosoph Jürgen Habermas in der Katholischen Akademie Bayern Anfang 2004 geführt haben, hat Joseph Ratzinger davon gesprochen, dass „*Vernunft und Religion [...] zu gegenseitiger Reinigung und Heilung berufen sind*", denn er sieht ganz klar, dass es auch Gefährdungen und Fehlentwicklungen innerhalb der Religion gibt, „*die es nötig machen, das göttliche Licht der Vernunft sozusagen als ein Kontrollorgan anzusehen, von dem her sich Religion immer wieder neu reinigen und ordnen lassen muss*".[5] Auch Religion muss also kontrolliert und gereinigt werden. Der Papst spricht in diesem Zusammenhang vor allem den religiösen Fundamentalismus und den daraus möglicherweise gespeisten Terrorismus an: „*Zum Teil wird terroristisches Verhalten als Verteidigung religiöser Tradition gegen die Gottlosigkeit der westlichen Gesellschaft dargestellt.*"[6]

Kehren wir zurück zu den Überlegungen zum Ziel der Politik und zur Bestimmung von Gerechtigkeit als normativem Ziel. Hier verortet er die „*Katholische Soziallehre [...]: Sie will nicht der Kirche Macht über den Staat verschaffen; sie will auch nicht Einsichten und Verhaltensweisen, die dem Glauben zugehören, denen aufdrängen, die diesen Glauben nicht teilen. Sie will schlicht zur Reinigung der Vernunft beitragen und dazu helfen, dass das, was recht ist, jetzt und hier erkannt und dann auch durchgeführt werden kann.*" (DCE 28a). Wenn die katholische Soziallehre sich „einmischt" in politische Fragen, dann tut sie das nicht, um im Wettkampf von Parteien in gleicher Weise das beste Programm, die erfolgreichste Maßnahme oder die kompetenteste Strategie vorzulegen und am Ende gleichsam als Sieger für eine überschaubare (Wahl-) Periode dazustehen; sie tut es auch nicht, um über diesen Weg anderen den christlichen Glauben aufzudrängen. Sie tut es vielmehr um der Menschen und ihres Wohles, um der Gerechtigkeit willen. Dabei beansprucht die Kirche mit ihrer Soziallehre auch nicht, dass sie allein definiert, was denn nun unter „Gerechtigkeit" zu verstehen ist.

Spätestens seit dem II. Vatikanischen Konzil ist klar, dass „*an diesen Orientie-rungen im Dialog mit all denen, die um den Menschen und seine Welt ernstlich Sorge tragen, gemeinsam gerungen werden [muss]*" (DCE 27).

Wenn es aber dann darum geht, „*die möglichst gerechte Gesellschaft zu ver-wirklichen*", „*kann nicht und darf nicht [die Kirche] den politischen Kampf an sich reißen*". Das ist nach Benedikt eine schwierige Gratwanderung für die Kirche: „*Sie kann und darf nicht sich an die Stelle des Staates setzen. Aber sie kann und darf im Ringen um Gerechtigkeit auch nicht abseits bleiben.*" Neben der Beteili-gung am Dialog benennt der Papst als zweite wichtige Aufgabe für die Kirche noch das Wecken „*der seelischen Kräfte, ohne die Gerechtigkeit, die immer auch Verzichte verlangt, sich nicht durchsetzen und nicht gedeihen kann*" (DCE 28a).

d. Stand bislang die Rede von der Gerechtigkeit im Mittelpunkt, so wäre gerade die Verkündigung dieses Papstes, der gleich zwei Enzykliken ver-fasst hat, in denen es zentral um die Liebe geht, um eine, wenn nicht um die entscheidende Dimension verkürzt: „*Liebe – Caritas – wird immer nötig sein, auch in der gerechtesten Gesellschaft. Es gibt keine gerechte Staatsordnung, die den Dienst der Liebe überflüssig machen könnte. Wer die Liebe abschaffen will, ist dabei, den Menschen als Menschen abzuschaffen. Immer wird es Leid geben, das Tröstung und Hilfe braucht. Immer wird es Einsamkeit geben. Immer wird es auch die Situationen materieller Not geben, in denen Hilfe im Sinn geleb-ter Nächstenliebe nötig ist*" (DCE 28b). Selbst der Staat, der die Menschen umfassend versorgt – der „*totale Versorgungsstaat*" – „*wird letztlich zu einer bürokratischen Instanz, die das Wesentliche nicht geben kann, das der leidende Mensch – jeder Mensch – braucht: die liebevolle Zuwendung*" (ebd.). Gerech-tigkeit allein ist nicht genug, gerechte Strukturen sind nicht alles, Gerech-tigkeit stellt keinen Gegensatz dar zur Liebe, sondern beide ergänzen sich in hervorragender Weise. Nicht die Kirche als Ganze macht Politik, aber die „*unmittelbare Aufgabe, für eine gerechte Ordnung in der Gesellschaft zu wirken, kommt […] eigens den gläubigen Laien zu*" (DCE 29). Es ist deren spe-zifische Berufung, das öffentliche und gesellschaftliche Leben mitzugestal-ten auf der Basis ihrer Überzeugung, und zwar so, dass sie die „*legitime Eigenständigkeit*" der verschiedenen Bereiche selbstverständlich respektie-ren und auf dieser Basis kooperieren, zugleich aber auch so, dass sie das christliche Spezifikum einbringen: „*dass die Liebe das gesamte Leben der glä-ubigen Laien beseelen muss und folglich auch ihr politisches Wirken im Sinne einer*

,sozialen Liebe' prägt" (DCE 29). Der Papst verweist hier u.a. auf das vielfältige ehrenamtliche Tun der Menschen an unzähligen Stellen sowie auf das Wirken der Caritas-Einrichtungen. Für solches Tun bedarf es immer sowohl der „berufliche[n] Kompetenz" als auch der „Menschlichkeit" und der „Herzensbildung" (DCE 31a), wobei er auch klar macht, dass solches Handeln, wenn es mit anderen gemeinsam geschieht, über „Spontaneität hinaus selbstverständlich auch Planung, Vorsorge und Zusammenarbeit mit anderen ähnlichen Einrichtungen" (DCE 31b) braucht. Dabei ist das „Programm des Christen – das Programm des barmherzigen Samariters, das Programm Jesu – [...] das ,sehende Herz'. Dieses Herz sieht, wo Liebe Not tut und handelt danach" (DCE 31b).

„Jenseits des Marktes"

Ein gesellschaftlich eminent wichtiger Bereich ist der der Wirtschaft, und gerade im Blick darauf scheint es vielen Menschen heute so, als würden gegenwärtig in diesen Kontexten ganz andere Gesetze gelten als im sonstigen Alltagsleben, als wäre der Ehrliche der Dumme und als käme man letztendlich mit seinen im „sonstigen" Leben geltenden Wertvorstellungen am Markt in keiner Weise zurecht.

a. In dem Zusammenhang ist es von besonderem Interesse, dass Papst Benedikt XVI. in seiner ersten eigentlichen Sozialenzyklika Caritas in veritate (= CiV) von 2009[7] zunächst einmal sehr deutlich den Markt positiv würdigt: „Der Markt ist, wenn gegenseitiges und allgemeines Vertrauen herrscht, die wirtschaftliche Institution, die die Begegnung zwischen den Menschen ermöglicht, welche als Wirtschaftstreibende ihre Beziehungen durch einen Vertrag regeln und die gegeneinander aufrechenbaren Güter und Dienstleistungen austauschen, um ihre Bedürfnisse und Wünsche zu befriedigen" (CiV 35). Bedürfnisse und Wünsche sind hier durchaus positiv gewertet, sie werden in keiner Weise automatisch gleichgesetzt mit Gier, vielmehr ist ihre Befriedigung Zweck des Wirtschaftens! Christen leben nicht in einer Sonderwelt, bauen sich auch nicht eine eigene Wirtschaftsordnung inmitten einer pluralistischen Gesellschaft auf, sondern sie leben und handeln in dieser Gesellschaft, nehmen also auch teil am Marktgeschehen, das hier nun, wie bereits schon bei dem Vorgänger-Papst, nicht nur zähneknirschend toleriert, sondern als Institution prinzipiell gewürdigt wird. Dabei aber ist es wichtig, dass das Wirtschaftsleben nicht nur „*durch die schlichte Ausbreitung des Geschäftsdenkens*" alle Probleme überwinden kann, sondern dass es „*auf das Erlangen des Gemeinwohls ausgerichtet werden [muss], für das auch und vor allem die politische Gemeinschaft sorgen muss*" (CiV 36.1).

Von daher liegt die Schlussfolgerung nahe, dass der Markt „*an sich nicht ein Ort der Unterdrückung des Armen durch den Reichen*" ist und „*auch nicht dazu werden [darf]*" (CiV 36). Gerade weil der Papst sehr wohl darum weiß, dass der Markt auch eine negative Ausrichtung bekommen kann, dass hier ggf. egoistische Interessen – die Gier - und schädliche Mittel zum Durchbruch kommen können, ist in diesem Zusammenhang der Hinweis darauf, dass der Markt nach moralischen Gesichtspunkten zu strukturieren ist, von großer Bedeutung.

b. „*Allen, besonders den Regierenden, die damit beschäftigt sind, den Wirtschafts- und Gesellschaftsordnungen der Welt ein erneuertes Profil zu geben*", gibt er eine aus der Perspektive der christlichen Ethik zentrale Perspektive mit auf den Weg, die aber zugleich nicht nur für Christen, sondern für alle Menschen „guten Willens", so die klassische Formulierung der christlichen Soziallehre, Norm ihres Handelns sein soll und kann: „*das erste zu schützende und zu nutzende Kapital [ist] der Mensch […], die Person in ihrer Ganzheit – ‚ist doch der Mensch Urheber, Mittelpunkt und Ziel aller Wirtschaft'*" (CiV 25). Damit reformuliert Benedikt einen zentralen Grundsatz sozialethischer Tradition. Dieser Maßstab verlangt bei allen Einzelfragen grundlegende Beachtung und führt dazu, dass über wirtschaftliche Aspekte hinaus auch Fragen weltweiter Armut, der Migration, des Finanzmarktes, der Steuern, des wissenschaftlichen Fortschritts, der technischen Machbarkeit, der Bildung sowie des persönlich-privaten und familiären Lebens und des Lebensschutzes mit im Blick des Papstes bleiben, weil diese Fragen die Wirklichkeit menschlichen Lebens umfassend tangieren. Es geht um den Menschen in all seinen Lebensbezügen.

c. Papst Benedikt macht zugleich deutlich, dass es Ziele gibt, die die Möglichkeiten des Marktes übersteigen – er nennt die Verteilungs- und die soziale Gerechtigkeit. Der Markt ist nicht alles! Es gibt also ein „Jenseits des Marktes"[8], das zugleich eminent wichtig und prägend ist für den Markt selbst. Um diese Ziele zu erreichen, darf der Markt nicht „*nur dem Prinzip der*

Gleichwertigkeit der getauschten Güter überlassen" werden, denn dann sieht der Papst ihn *„nicht in der Lage, für den sozialen Zusammenhalt zu sorgen, den er jedoch braucht, um gut zu funktionieren"* (CiV 35). Von ganz besonderem Interesse ist nun, dass das, was die Menschen in ihrem sonstigen Leben durchaus für wesentliche Tugenden halten, hier nicht außen vor bleiben muss, sondern als für das Gelingen der Marktaktivitäten entscheidend herausgestellt und im Kern mit dem Marktgeschehen verbunden wird: *„Ohne solidarische und von gegenseitigem Vertrauen geprägte Handlungsweisen in seinem Inneren kann der Markt die ihm eigene wirtschaftliche Funktion nicht vollkommen erfüllen"* (CiV 35). Gerade die Dimension des Vertrauens, die in der jüngsten Finanzmarkt- und Wirtschaftskrise vielerorts verloren gegangen zu sein scheint, bekommt hier also eine zentrale Bedeutung. Der Markt selber ist in seinen eigenen Gesetzmäßigkeiten Ort moralischen Handelns. *„Die Soziallehre der Kirche ist der Ansicht, dass wahrhaft menschliche Beziehungen in Freundschaft und Gemeinschaft, Solidarität und Gegenseitigkeit auch innerhalb der Wirtschaftstätigkeit und nicht nur außerhalb oder ‚nach' dieser gelebt werden können"* (CiV 36). Da das weitverbreitete Verständnis des Marktgeschehens insgesamt diese Dimension eher als – oftmals sogar hinderliches – Superadditum, nicht aber als Konstitutivum wertet, legt der Papst hierauf besonderen Wert. Damit weist die Enzyklika ein spezifisches, nicht dem Mainstream entsprechendes Verständnis von Wirtschaftsethik auf, in dessen Konsequenz es auch liegt, dass nicht nur einzelne Sonderbereiche des Wirtschaftens ethisch werden müssen, sondern dass die gesamte *„Wirtschaft mit all ihren Zweigen ein Teilbereich des vielfältigen menschlichen Tuns"* (CiV 45) und damit ethisch ist.

d. Im Blick auf die bereits erwähnte distributive und soziale Gerechtigkeit ist noch ein weiterer Punkt wichtig: Das Wirtschaftsleben *„braucht ohne Zweifel Verträge, um den Tausch von einander entsprechenden Werten zu regeln. Ebenso sind jedoch gerechte Gesetze, von der Politik geleitete Mechanismen zur Umverteilung"* (CiV 37) notwendig. Der Staat aber könne, so der Papst, die Sorge für die Solidarität nicht allein tragen, dafür bedarf es der Zivilgesellschaft. Sie ist es, die nach Benedikt XVI. die Dimension der Unentgeltlichkeit, die *„Logik des Geschenks ohne Gegenleistung"* (CiV 37) einbringt. *„In der Zeit der Globalisierung kann die Wirtschaftstätigkeit nicht auf die Unentgeltlichkeit verzichten, die die Solidarität und das Verantwortungsbewusstsein für die Gerechtigkeit und das Gemeinwohl in seinen verschiedenen Subjekten und Akteuren verbreitet und* *nährt"* (CiV 38). Dass diese Unentgeltlichkeit nicht zu verordnen ist, weiß der Papst, dass aber sowohl der Markt als auch die Politik Menschen brauchen, die zu dieser Unentgeltlichkeit – insbesondere im Zeitalter der Globalisierung – bereit sind, betont er in aller Deutlichkeit. Damit entwickelt er zugleich ein Kontrastprogramm zu einem Wirtschaften, das orientiert ist allein an der Gier ihrer Akteure. Was diese „Logik des Geschenks" en détail bedeutet, wird nicht entfaltet, das lädt aber ein zur kreativen Entfaltung des Grundgedankens.

Armut bekämpfen – Frieden schaffen

Ein zentrales Thema jeder päpstlichen Verkündigung stellt die Frage nach dem Frieden dar. Papst Benedikt XVI. stellt sie immer wieder in unterschiedlichen Kontexten. Besonders interessant scheint mir der Zusammenhang, den er zwischen der in der Entwicklungs- und Globalisierungsfrage thematisierten Armut der Völker und dem Frieden in besonders eindrücklicher Weise in seiner Botschaft zum Weltfriedenstag 2009 herstellt, die unter der Überschrift „Die Armut bekämpfen, den Frieden schaffen"[9] steht. Expressis verbis bezieht er sich zum einen auf seinen Vorgänger Johannes Paul II., der in seiner Botschaft zum Weltfriedenstag 1993 *„die negativen Auswirkungen unterstrichen [habe], welche die Armutssituation ganzer Völker letztlich auf den Frieden hat".* Benedikt XVI. beschreibt hier sogar einen circulus vitiosus (einen Teufelskreis), denn auch *„kriegerische Auseinandersetzungen"* trügen *„ihrerseits zum Fortbestehen tragischer Situationen von Armut bei"* (Botschaft 2009, 1). Den Begriff der Armut fasst er dabei weit:
„Wenn die Armut ein nur materielles Phänomen wäre, würden die Sozialwissenschaften, die uns helfen, die Dinge auf der Grundlage von vornehmlich quantitativen Daten zu messen, ausreichen, um ihre Hauptmerkmale aufzuzeigen. Wir wissen jedoch, dass es Formen nicht materieller Armut gibt, die keine direkte und automatische Folge materieller Not sind. So existieren zum Beispiel in den wohlhabenden und hochentwickelten Gesellschaften Phänomene der Marginalisierung und der relationalen, moralischen und geistigen Armut: Es handelt sich um innerlich orientierungslose Menschen, die trotz des wirtschaftlichen Wohlergehens verschiedene Formen von Entbehrung erleben. Ich denke einerseits an das, was mit ‚moralischer Unterentwicklung' bezeichnet wird, und andererseits an die negativen Folgen der

44

‚Überentwicklung'. Und dann übersehe ich nicht, dass in den sogenannten ‚armen' Gesellschaften das Wirtschaftswachstum häufig durch kulturelle Hindernisse gebremst wird, die einen angemessenen Gebrauch der Ressourcen nicht gestatten. Es steht ohnehin fest, dass jede Form von auferlegter Armut in einer mangelnden Achtung der transzendenten Würde der menschlichen Person wurzelt. Wenn der Mensch nicht in der Ganzheit seiner Berufung betrachtet wird und man die Ansprüche einer wirklichen ‚Humanökologie' nicht respektiert, entfesseln sich auch die perversen Dynamiken der Armut, wie es in einigen Bereichen, auf die ich kurz eingehen möchte, deutlich wird" (Botschaft 2009, 8). Um nun Frieden schaffen zu können – der Papst spricht hier sogar vom „sozialen Frieden" –, bedarf es der Globalisierung, und um diese zu lenken, der globalen Solidarität. Globalisierung als Mittel zur Schaffung von (sozialem) Frieden zu empfehlen, scheint uns überraschend, wenn nicht gar befremdlich, denn in unserer gegenwärtigen Perspektive der öffentlichen Meinung erscheint Globalisierung eher als Ursache der Problematik. Aber mit dem Verweis auf die zur Lenkung notwendigen Haltung der Solidarität wird sofort deutlich, dass er unter dem Begriff der Globalisierung nicht nur deren ökonomische Dimension versteht: Es ist für ihn offenkundig, dass in der jetzigen globalisierten Welt Frieden nur hergestellt werden kann, „wenn man allen die Möglichkeit eines vernünftigen Wachstums sichert. Die Verzerrungen ungerechter Systeme präsentieren nämlich früher oder später allen die Rechnung." (Botschaft 2009, 14). In dem Kontext dieser Überlegungen schließt er an die Entwicklungsenzyklika von Papst Paul VI. *Populorum progressio* von 1967[10] und an die dort geprägte Formel von der Entwicklung als neuem Namen für Frieden an[11].

Schluss

Bei allem, was Christen zur Mitgestaltung von Welt und Gesellschaft, von Wirtschaft und Politik, zur Beseitigung von Armut, zur Schaffung gerechter Verhältnisse und zum Erreichen von Frieden und Solidarität beitragen, geht es Papst Benedikt XVI. zufolge nie um Macht oder um eine Funktionalisierung in dem Sinne, dass man versuchen würde, auf diesem Weg den Glauben den Menschen „aufzuzwingen". Es geht immer um die Hoffnung unter den Menschen, darum, den Blick auf die Wirklichkeit hinter der konkret fassbaren Wirklichkeit zu ermöglichen und damit deutlich zu machen, dass die

Größen und Institutionen auf dieser Welt nicht das Letzte, das Absolute sind: *„Denn wenn die Menschen nichts zu erwarten haben, als was ihnen diese Welt bietet, und wenn sie dies alles vom Staat verlangen dürfen und müssen, zerstören sie sich selbst und jedwedes Gemeinwesen. Wenn wir nicht […] in die Fänge des Totalitarismus geraten wollen, müssen wir über den Staat hinausschauen, der ein Teil und nicht das Ganze ist. Hoffnung auf den Himmel steht nicht gegen die Treue zur Erde, sie ist Hoffnung auch für die Erde. Auf das Größere und Endgültige hoffend, dürfen und müssen wir Christen auch ins Vorläufige, in unsere Staatenwelt hinein Hoffnung tragen.“*[12]

Hinweise

1 Papst Benedikt XVI. [2005]: Enzyklika Deus caritas est, hrsg. vom Sekretariat der Deutschen Bischofskonferenz, Verlautbarungen des Heiligen Stuhls 171. Bonn 2006.

2 Papst Benedikt XVI., Ad-Limina-Besuch der polnischen Bischöfe, 3. Dezember 2005, online verfügbar unter http://www.papstbenediktxvi.ch/?m=21&s=3 , zuletzt geprüft am 1.5.2011.

3 Benedikt XVI.: Eine menschlichere Welt für alle. Die Rede vor der UNO [18.4.2008], Freiburg im Breisgau 2008.

4 Ebd., S. 31 und 33.

5 Ratzinger, Joseph: Was die Welt zusammenhält. Vorpolitische moralische Grundlagen eines freiheitlichen Staates, in: Habermas, Jürgen; Ratzinger, Joseph (Hg.): Dialektik der Säkularisierung. Über Vernunft und Religion, Freiburg 2005, S. 39–60, hier S. 56 f.

6 Ebd., S. 46.

7 Benedikt XVI., Die Liebe in der Wahrheit. Die Sozialenzyklika Caritas in veritate. Vollst. Aufl. Freiburg im Breisgau 2009.

8 Diese Formulierung stammt von Wilhelm Röpke, einem der Väter der Sozialen Marktwirtschaft, in dessen Denken viel Übereinstimmung mit den Grundsätzen der christlichen Soziallehre zu finden ist.

9 Papst Benedikt XVI. (2009): Botschaft zur Feier des Weltfriedenstages am 1. Januar 2009, online verfügbar unter http://www.vatican.va/holy_father/benedict_xvi/messages/peace/documents/hf_ben-xvi_mes_20081208_xlii-world-day-peace_ge.html , zuletzt geprüft am 1.5.2011.

10 Papst Paul VI. (1967): Enzyklika Populorum Progressio , in: Texte zur katholischen Soziallehre, hrsg. vom Bundesverband der Katholischen Arbeitnehmer-Bewegung Deutschlands (KAB), Kevelaer 1992.

11 PP 76.

12 Ratzinger, Joseph: Wahrheit, Werte, Macht. Prüfsteine der pluralistischen Gesellschaft. Freiburg 1993, S. 92.

Vorrang des Geistes

Schöpfung und Evolution in der Sicht Benedikts XVI.

Gregor Predel

„Ich glaube an Gott, den Vater, den Allmächtigen, den Schöpfer des Himmels und der Erde." Dieses grundlegende Bekenntnis des Credo nimmt Joseph Ratzinger/Benedikt XVI. in seinen Schriften in unterschiedlichen Kontexten immer wieder auf. Er reflektiert es auf dem Hintergrund der ganzen christlichen und der philosophischen Tradition, aber auch auf dem Hintergrund der modernen naturwissenschaftlichen Erkenntnisse. Die Grundlinien dieses Nachdenkens des Papstes über die Schöpfung sollen im Folgenden skizziert werden.

Mit Nachdruck betont der Schöpfungsglaube, dass der *„einzige, wahre Gott selbst der Urheber der ganzen Wirklichkeit ist, dass sie aus der Macht seines schöpferischen Wortes stammt"*[1]. Die ganze Welt und alle Geschöpfe in ihr werden nach christlichem Glauben durch Gottes Liebe begründet und erhalten (vgl. Gaudium et Spes = GS 2). Nichts steht Gott dualistisch gegenüber, nichts ist von einer bösen, widergöttlichen Macht geschaffen oder durch bloßen, sinnlosen „Zufall" ins Sein gekommen. Der Schöpfungsglaube fragt also: „Warum ist überhaupt etwas und nicht Nichts?" Er bekennt, dass diese Welt nicht einfach sinn- und ziellos „zufällig" existiert, sondern bleibend als *„Sein von anderswoher"*[2] zu verstehen ist.

Primat des Geistes

Gott selbst ist in höchstem Maße „ratio" (Vernunft) und „logos" (Wort). Er ist die Fülle des Seins. Als Schöpfer gibt Gott seinen Geschöpfen Anteil an seinem eigenen schöpferischen Sein. Er selbst drückt sich als Schöpfer in der Schöpfung aus, sie ist Gottes erste Offenbarung. Das aber kann nur bedeuten: Auch die Schöpfung muss von Anfang an und prinzipiell zutiefst vernünftig sein: „Im Anfang war das Wort" (Joh 1,1) – „am Anfang aller Dinge steht die schöpferische Kraft der Vernunft".[3] Dies zeigt sich z. B. in der dem Menschen zugänglichen Ordnung, Verstehbarkeit und Schönheit des Kosmos sowie in der unüberschaubaren Vielfalt der Kreaturen. Der Schöpfungsglaube kann angesichts der Vernunft, der Schönheit und Ordnung der Welt kein „blindes Sichauslegen ins Irrationale hinein"[4] sein. Der Glaube ist im Gegenteil ein tiefes „Verstehen […], denn Verstehen bedeutet, den Sinn, den man als Grund empfangen hat, als Sinn zu ergreifen und zu begreifen. […] Verstehen wächst nur aus Glauben. Deshalb ist Theologie als verstehende, logoshafte (= rationale, vernünftig-verstehende) Rede von Gott eine Uraufgabe christlichen Glaubens."[5]

In der Schöpfung ist so bei näherem, verstehenden Hinsehen der Vorrang, „der Primat des Logos gegenüber der bloßen Materie"[6] erkennbar. Die „Welt ist objektiver Geist",[7] wie Ratzinger in Anlehnung an einen von Hegel geprägten Begriff sagt. Der Geist, der in der Schöpfung zu erkennen ist, kann nicht ein Nebenprodukt und „nicht ein Zufallsprodukt materieller Entwicklungen" sein. Im Gegenteil: „Die Materie [ist] ein Moment an der Geschichte des Geistes"[8], denn alles, was ist – gerade auch die Materie – „kommt nur aus einer Macht heraus, aus Gottes ewiger Vernunft, die im Wort Schöpfungskraft wurde"[9]. Für Joseph Ratzinger hat daher die ganze Wirklichkeit einen zutiefst spirituellen Charakter. Die Schöpfung ist damit grundsätzlich transparent für Gott – trotz all der in ihr erfahrbaren Ambivalenzen von Werden und Vergehen, von Leid und Überlebenskampf. „Das Sein ist Gedachtsein"[10] und zeigt damit den ihm zugrundeliegenden Gedanken Gottes auf. Ratzinger versteht die Schöpfung also quasi als Gedanken Gottes: „Das Modell, von dem aus die Schöpfung verstanden werden muss, ist nicht der Handwerker, sondern der schöpferische Geist, das schöpferische Denken."[11] Die Welt ist damit in ihrer ganzen Fülle nur zu begreifen vom Sinn her, den ihr der Schöpfer selbst eingeschrieben hat. Was mit Schöpfung gemeint ist, wäre jedoch völlig unzureichend verstanden, wenn „Schöpfung" nur auf das ursprüngliche Erschaffen „aus dem Nichts" eingeschränkt würde. Gottes schöpferische Tätigkeit im Kosmos ist mit dem Ins-Sein-Rufen des Kosmos keineswegs beendet. Vielmehr ist Gott das immerwährende „Prinzip" allen Seins. Der Begriff „Schöpfung" drückt die fortwährende Beziehung zu ihrem göttlichen Ursprung aus, der die Schöpfung als Ganze und alle ihre Kreaturen ins Sein gerufen hat und in beständiger Treue trägt und entfaltet. Ohne Gottes beständiges Ja wäre die Schöpfung im Wortsinn grundlos,[12] sie ist fortdauernd auf den ihr unablässig zugewandten Willen des Schöpfers angewiesen. Gott ist nicht einfach eine „erste Ursache", die den Lauf der Welt in Gang setzt und sie dann sich selbst überlässt. Gott kann also nicht in deistischer Manier einer gleichsam gottlosen Welt gegenüberstehen, wie es eine Engführung der Schöpfungstheologie auf den „Anfang" aller Dinge implizieren könnte. Ein solcher Gott wäre nichts anderes als eine „*naturwissenschaftliche Grenzhypothese*".[13] Wäre Gott so, dann hätte er für den Menschen letztlich keinerlei existentielle Relevanz mehr. Der biblische Gott dagegen offenbart sich als Gott des Bundes, der sein Volk in die Freiheit ruft und in absoluter, unverbrüchlicher Treue auf seinen Wegen und Umwegen begleitet – so wie er in wirksamer Treue bleibend zu seiner Schöpfung steht. Bei aller bleibenden Transzendenz wohnt Gott doch seiner Welt ein. Es ist für ihn in seiner schöpferischen Weisheit eine „Freude bei den Menschen zu sein" (Spr 8,31). Dies ist auch der tiefste Grund dafür, dass christliche Theologie und Spiritualität nicht von der Objektivität der Welt gelöst werden können: „*Ein Gott, der mit der Rationalität der Schöpfung nichts zu tun hat, sondern nur im Innenraum der Frömmigkeit gilt, ist auch kein Gott mehr; er wird wirkungslos und schließlich bedeutungslos.*"[14]

Primat der Freiheit

Die Welt und alle ihre Kreaturen sind also ganz und gar bleibend abhängig von ihrem Schöpfer, der sie geschaffen hat und immer noch schafft und trägt. In welchem Verhältnis steht diese radikale Abhängigkeit der Schöpfung zur geschichtlichen Erfahrung Gottes als Retter und Befreier?
Die Schöpfung hat in ihrer bleibenden Abhängigkeit vom Schöpfer einen von Gott selbst gewollten legitimen Eigenstand (vgl. GS 36). Gott hat seine Schöpfung als „*das Gedachte in die Freiheit eines selbständigen Seins entlassen*".[15] Die Entlassung in die Freiheit bedingt dabei die Eigenständigkeit der Schöpfung, ohne die eine Freiheit nicht möglich ist. Diese von Gott geschenkte Freiheit in gleichzeitiger Abhängigkeit kann nur eine Freiheit der Liebe sein, denn „Gott ist die Liebe" (1 Joh 4,16). Gott ist in seinem Wesen auch zutiefst „*eine schöpferische Freiheit, die wiederum Freiheiten schafft. Insofern könnte man in einem höchsten Maße christlichen Glauben als eine Philosophie der Freiheit bezeichnen. Für ihn bedeutet nicht ein allumfassendes Bewusstsein oder eine einzige Materialität die Erklärung des Wirklichen insgesamt; an der Spitze steht*

vielmehr eine Freiheit, die denkt und denkend Freiheiten schafft und so die Freiheit zur Strukturform allen Seins werden lässt."[16] Gott schreibt also allem Geschaffenen so tief seine eigene Freiheit ein, dass diese zu einem zentralen und prägenden Merkmal des ganzen Kosmos wird. Die Freiheit erscheint „*gleichsam als die notwendige Struktur der Welt*".[17] Ohne diese fundamentale Freiheit sind die Schöpfung, vor allem aber der Mensch als freies Wesen und seine Würde letztlich undenkbar. Zum „Primat des Geistes" in der Schöpfung tritt so der „*Primat der Freiheit*",[18] so dass „*das Oberste der Welt nicht die kosmische Notwendigkeit, sondern die Freiheit ist*".[19]

Ratzinger ist sich der enormen Folgen dieser für das Wesen des Kosmos konstitutiven Freiheit bewusst: Einerseits setzt Freiheit der Berechenbarkeit und Vorhersehbarkeit Grenzen. Daher ist die Welt aus menschlicher Perspektive niemals vollständig zu begreifen. Man kann letztlich „*die Welt nur als unbegreifliche begreifen*"[20]. So wird z. B. die naturwissenschaftliche Erforschung des Kosmos mit ihrer mathematisch geprägten Logik nicht restlos das Ganze erkennen können, da „*mit der Freiheit die Unberechenbarkeit, die ihr innewohnt, wesentlich zur Welt gehört*".[21] Ziel und Sinn des Kosmos bleiben naturwissenschaftlicher Erkenntnis daher grundsätzlich verborgen.

Andererseits ermöglicht die dem Kosmos gewährte Freiheit schöpferische und liebende Spielräume, die er in seinem Eigenstand selbst in schier unendlicher Vielfalt wie ein lebendiger Organismus „*von selbst, von innen her*"[22] ausfüllen kann und soll. Dies scheint von so großer Bedeutung für Gott zu sein, dass er die bedrängende Schattenseite dieser Freiheit in Kauf nimmt: Die Schöpfung „*ist als Raum der Liebe Spielraum der Freiheiten und geht das Risiko des Bösen mit ein. Sie wagt das Geheimnis des Dunkels um des größeren Lichtes willen, dass Freiheit und Liebe sind.*"[23] Gott geht mit seiner Schöpfung also das Risiko der Freiheit und der Liebe ein. Faktisch wird die materielle Schöpfung, wie wir sie kennen, daher nicht leidfrei sein können. Leid ist die Kehrseite der Schöpfung. Schon auf der fundamentalen Ebene der Schöpfung erweist sich, „*dass es keine wahre Liebe ohne Leiden und kein Geschenk des Lebens ohne Schmerz gibt*".[24] Von daher wird die schöpferische und bleibende Beziehung Gottes zur Welt immer auch als mit-leidende zu verstehen sein – bis hin zum rettenden und erlösenden Leiden und Sterben Jesu Christi. In der Schöpfung sind Freiheit und Abhängigkeit also keine Gegensätze, sondern komplementär. Schöpfung bedeutet bleibende Abhängigkeit vom Schöpfer. Zugleich aber kann eine Schöpfung aus Liebe gar nichts anders sein als eine

50

Freisetzung, „*denn Liebe hat ja wesentlich die Form ich will, dass Du bist, sie ist das Creativum, die einzig schöpferische Macht, die anderes hervorbringen kann ohne Neid, das Eigene zu verlieren. [...] Wir existieren auf Grund einer Liebe.*"[25] Hier zeigt sich unmittelbar ein fundamentales Anliegen der Theologie Joseph Ratzingers. Für ihn kann Theologie niemals ein bloß abstraktes Denken bleiben. Theologie ist vielmehr ein Ringen um die Wahrheit, das den Menschen hineinnimmt in das Geheimnis Gottes, seiner Schöpfung und des Menschen. Echte theologische Erkenntnis leitet daher zu einer existentiellen Erfahrung, die den Menschen und sein Leben zutiefst prägt. Die Erkenntnis der Welt als Schöpfung in Abhängigkeit und Freiheit der Liebe führt „*zu einer seinshaften, nicht moralischen Demut [...] sich selbst als Geschaffenen und von der Liebe Abhängigen anzunehmen*".[26] Der Glaube kann aber nicht bei der eigenen Person stehenbleiben, sondern muss das Ganze und vor allem Gott in den Blick nehmen: „*Zum christlichen Glauben gehört daher konstitutiv, das Mysterium als Mitte der Wirklichkeit anzunehmen, das heißt die Liebe, Schöpfung als Liebe anzunehmen und von da aus zu leben.*"[27] So kann man über die Schöpfung sagen: Als Ausdruck der Liebe Gottes ist sie selbst durch und durch Liebe – sie ist von Gott gut, sehr gut sogar geschaffen (vgl. Gen 1,31).

Theologie und Naturwissenschaft

Eine große Herausforderung für die Schöpfungstheologie wurden seit Galilei die Naturwissenschaften, insbesondere die Evolutionstheorie, die als eine der bestbelegten naturwissenschaftlichen Theorien gelten kann. Sind angesichts der Erkenntnisse der Naturwissenschaften die Schöpfungserzählungen der Bibel, die antike Weltbilder voraussetzen, nicht völlig überholt? Ist nicht die Schöpfung „*zu einem irrealen Begriff geworden*"?[28] Doch „*die Offenbarung war nicht dazu da, uns ein lückenloses Wissen über Gottes Ideen und über das Weltall zu geben*".[29] Schon die Kirchenväter wussten, dass die Bibel – modern gesprochen – kein naturwissenschaftliches Lehrbuch ist und sein will. So konnten sie zwischen den Inhalten der Bibel und der Erkenntnis der Natur genau unterscheiden. Daher konnte Augustinus bereits im 5. Jhdt. festhalten: „Im Evangelium liest man nicht, der Herr habe gesagt: Ich sende euch den Heiligen Geist, damit er euch den Lauf der Sonne und des Mondes lehre. Christen wollte er machen, nicht Astronomen."[30] Diese grundlegende

Unterscheidung ist entscheidend für das richtige Verständnis der Bedeutung biblischer Texte über die Schöpfung: Israel klärt und versteht in Auseinandersetzung mit seiner heidnischen Umwelt im Laufe der Zeit immer mehr, was „Schöpfung" ist. Diese Erfahrung findet ihren Ausdruck in einander ergänzenden und ganz verschiedenartigen Texten, die jeweils eigene und unterschiedliche Bilder dessen bieten, was mit Schöpfung gemeint ist.

Von daher erklärt sich auch, *„dass der klassische Schöpfungsbericht nicht der einzige Schöpfungstext des heiligen Buches ist. Gleich nach ihm folgt ein weiterer, früher verfasster, mit anderen Bildern. […] So können wir in der Bibel selbst sehen, wie sie die Bilder immer neu dem weitergehenden Denken anverwandelt; sie also immer neu umwandelt, um immer neu das eine zu bezeugen, das ihr wahrhaft aus Gottes Wort zugekommen ist: Die Botschaft von seinem Schöpfertum. In der Bibel selbst sind die Bilder frei, korrigieren sich fortwährend und lassen so in diesem langsamen, ringenden Vorangehen durchscheinen, dass sie nur Bilder sind, die ein Tieferes und Größeres aufdecken."*[31]

Die Bibel selbst setzt hier also den Maßstab für ihre Auslegung, der in der Kirchengeschichte von den Kirchenvätern bis heute immer wieder bestätigt wurde: Man würde die biblischen Schöpfungsaussagen fundamental missverstehen, wenn man sie aus dem Ganzen der Bibel isoliert und dann wörtlich quasi als Reportagen eines Urgeschehens begreifen würde. Tatsächlich aber unterlagen die biblischen Schöpfungserzählungen durch ein historisierendes Denken seit dem Beginn der Neuzeit genau diesem fatalen Irrtum.[32]

„Durch diese Buchstäblichkeit des einzelnen, die dem ganzen inneren Wesen der biblischen Texte widerspricht, aber nun als allein wissenschaftlich galt – dadurch ist jener Konflikt zwischen Naturwissenschaft und Theologie entstanden, der bis heute eine Belastung des Glaubens ist. Sie müsste nicht sein, weil der Glaube von Anfang an größer, weiter und tiefer war. Glaube an Schöpfung ist auch heute nicht irreal, er ist auch heute vernünftig. […] Nur wenn die Welt aus Freiheit, aus Liebe und Vernunft kommt […] können wir in die Zukunft hineingehen, können wir als Menschen leben. Nur weil Gott der Schöpfer aller Dinge ist, ist er ihr Herr und nur darum können wir beten zu ihm. Denn dies bedeutet, dass Freiheit und Liebe nicht ohnmächtige Ideen, sondern dass sie die Grundmächte der Wirklichkeit sind."[33]

Die biblischen Schöpfungserzählungen wollen eine Wesensaussage über die Welt machen: Die Welt ist selbst nicht göttlich. Sie ist von Gott sehr gut geschaffen. Gott steht in Treue für immer zu ihr – selbst in Zeiten scheinbarer Gottesferne. Nicht zuletzt hat die Schöpfung vom Schöpfer her Sinn und Ziel, der dem Menschen freilich nicht ganz zugänglich ist, da er nicht das Ganze der Schöpfung überblicken kann. Die Naturwissenschaften hingegen fragen nach dem Funktionieren des Kosmos, nach den innerkosmischen Kausalzusammenhängen der Dinge.[34] Die Frage nach dem letzten „Woher" und dem endgültigen „Wohin" des Kosmos liegt daher jenseits ihrer Methodik und ihres Gegenstandsbereiches. Auch die Sinnfrage ist nicht Gegenstand naturwissenschaftlicher Forschung. So antworten Schöpfungstheologie und Evolutionstheorie als biologische, naturwissenschaftliche Theorie auf ganz unterschiedliche Fragen.

Schöpfergeist

Problematisch allerdings sind Grenzüberschreitungen von Seiten der Naturwissenschaften, wenn diese den Eindruck vermitteln, alles erklären zu können – auch über die Grenzen der eigenen Methodik hinaus. Ähnlich problematisch aber sind auch Grenzüberschreitungen von Seiten der Theologie, wenn diese z. B. im Namen eines wörtlichen Verständnisses biblischer Texte in kreationistischer Weise die biologische Entwicklung des Lebens leugnen und damit letztlich Gott zu einer physikalischen Ursache unter den vielen anderen machen, also (wenn auch vielleicht ungewollt) Gott das Gottsein absprechen. „*Hier muss der Gläubige sich durch die Wissenschaft belehren lassen, dass die Weise, wie er sich Schöpfung vorgestellt hatte, einem vorwissenschaftlichen Weltbild zugehörte, das unhaltbar geworden ist; Evolutionstheorie und Schöpfungsglaube gehören hier, hinsichtlich ihrer letzten Grundausrichtung, durchaus verschiedenen geistigen Welten zu und berühren sich unmittelbar gar nicht.*"[35] Die Evolutionstheorie ist von daher weder Gefährdung noch Bestätigung des Glaubens.[36] Der Glaube kann durchaus – wie die biblischen Schöpfungserzählungen – auf dem Hintergrund eines bestimmten Weltbildes und Weltverständnisses formuliert werden. Niemals aber kann der christliche Glaube mit einem Weltbild identisch sein, er führt vielmehr „*hinter die Weltbilder*"[37] zurück. So kann der Schöpfungsglaube auf dem Hintergrund eines evolutiven Weltbildes legitim und adäquat ausgedrückt werden, gerade auch im Hinblick auf die Frage nach der Erschaffung des Menschen.

„Die nachdenklicheren Geister haben längst erkannt, dass es hier kein Entweder-oder gibt. Wir können nicht sagen: Schöpfung oder Evolution. Die richtige Formel muss heißen: Schöpfung und Evolution, denn die beiden Dinge beantworten zwei verschiedene Fragen. Die Geschichte von dem Ackerboden und von dem Atem Gottes […] erzählt ja nicht, wie ein Mensch entsteht. Sie erzählt, was er ist. Sie erzählt seinen innersten Ursprung; sie klärt das Projekt auf, das hinter ihm steht. Und umgekehrt: Die Evolutionslehre versucht biologische Abläufe zu erkennen und zu beschreiben. Aber sie kann die Herkunft des ‚Projekts‘ Mensch damit nicht erklären, seinen inneren Ursprung und sein eigenes Wesen. Insofern stehen wir hier vor zwei sich ergänzenden, nicht vor zwei sich ausschließenden Fragen […] Es bleibt Sache der Naturwissenschaft zu klären, durch welche Faktoren der Baum des Lebens im einzelnen weiterwächst und neue Äste aus ihm aufsteigen. Dies ist nicht die Frage des Glaubens. Aber wir müssen und dürfen die Kühnheit haben zu sagen: Die großen Projekte des Lebendigen, sie sind nicht Produkt von Zufall und Irrtum. […] Die großen Projekte des Lebendigen verweisen auf schöpferische Vernunft, sie zeigen uns den Schöpfergeist, heute leuchtender und strahlender denn je. Nur der Schöpfergeist war stark genug und groß und kühn genug, dies Projekt zu ersinnen. Der Mensch ist nicht ein Irrtum, sondern er ist gewollt, er ist Frucht einer Liebe. Er kann in sich selbst in dem kühnen Projekt, das er ist, die Sprache des Schöpfergeistes entdecken, der zu ihm spricht und der ihn ermutigt zu sagen: Ja, Vater, du hast mich gewollt […].“[38]

Hier zeigt sich in aller Deutlichkeit die Fruchtbarkeit des schöpfungstheologischen Ansatzes Joseph Ratzingers, der betont alle Dinge auf den schöpferischen Geist Gottes zurückführt. Die evolutive Welt ist Selbstvollzug des schöpferischen Gedankens Gottes.[39] Die naturwissenschaftliche Beschreibung der Dinge und vor allem des Menschen sagt also nicht alles. Auch der Mensch und menschlicher Geist, die sich im Laufe der Zeit aus dem universalen Evolutionsprozess heraus gebildet haben, sind kein sinnloses Zufallsprodukt, sondern Geschöpfe Gottes. Dabei ist von zentraler Bedeutung, dass die Schöpfung eben nicht ein weit zurückliegender Anfang ist, sondern dass wir uns im Credo zu Gott bekennen, der Schöpfer *ist und bleibt* und nicht zu einem Gott, der nur einstmals Schöpfer *war*. An diese grundlegende Glaubenswahrheit erinnert Ratzinger mit Nachdruck, wenn er sagt, *„dass auch hinsichtlich der Erschaffung des Menschen die Schöpfung nicht einen fernen Anfang bezeichnet, sondern mit Adam jeden von uns meint: jeder Mensch ist direkt zu Gott. Der Glaube behauptet vom ersten Menschen nicht mehr als von* *jedem von uns und umgekehrt von uns nicht weniger als vom ersten Menschen. […] Keiner resultiert allein aus den errechenbaren innerweltlichen Faktoren, das Geheimnis der Schöpfung steht in jedem von uns.“*[40]

Allerdings hebt die Bibel die Einzigartigkeit der Erschaffung des Menschen hervor. Was ist damit gemeint? Für Ratzinger sind dies nicht spezifische intellektuelle oder zivilisatorische Fähigkeiten des Menschen. Er schließt nicht einmal aus, dass es im Weltall auch andere, dem Menschen ähnliche Geschöpfe geben könnte. Selbst das würde der Einzigartigkeit und Größe des Menschen nicht widersprechen.[41] Der theologisch entscheidende Punkt der Einzigartigkeit der Erschaffung des Menschen ist die menschliche Gottesfähigkeit: Der Mensch ist von Gott als das Wesen geschaffen, das Gott denken kann. *„Dieses spezifische Gewolltsein und Gekanntsein des Menschen von Gott nennen wir seine besondere Erschaffung. […] Das erste Du, das – wie stammelnd auch immer – von Menschenmund zu Gott gesagt wurde, bezeichnet den Augenblick, in dem der Geist aufgestanden war in der Welt. [Was den Menschen ausmacht, ist] seine Fähigkeit, unmittelbar zu Gott zu sein. Dies hält die Lehre von der besonderen Erschaffung des Menschen fest; darin liegt die Mitte des Schöpfungsglaubens überhaupt.“*[42]

Zur ihrer Krönung kommt die Gottesunmittelbarkeit des Menschen in Jesus Christus, in dem Gott selbst Mensch wird. In Jesus wird *„die wahre Gestalt des Menschen, die Idee Gottes mit ihm“*[43] endgültig offenbar. Zugleich wird in neuer Weise deutlich, dass Gottes schöpferische Macht nicht nur ein Moment des Anfangs im Kosmos ist. Gottes Schöpfermacht erweist sich an Jesus in liebender Treue als gegenwärtig in Raum und Zeit. Im Leben, Sterben und in der Auferstehung Jesu wurde endgültig offenbar: *„Primat des Logos und Primat der Liebe erwiesen sich als identisch. Der Logos erschien nicht nur als mathematische Vernunft auf dem Grund aller Dinge, sondern als schöpferische Liebe bis zu dem Punkt hin, dass er Mit-Leiden mit dem Geschöpf wird. Der kosmische Aspekt der Religion, die den Schöpfer in der Macht des Seins verehrt, und ihr existentieller Aspekt, die Erlösungsfrage, traten ineinander und wurden ein Einziges.“*[44]

Wir können heute mit hoher Sicherheit in Vernunft und Glauben festhalten: Gott hat den Kosmos als evolutive Welt geschaffen.[45] In der Evolution hat Gott der gesamten Schöpfung Anteil an seiner Schöpfermacht gegeben. Gott gesteht der Schöpfung also einen echten Eigenwert und Eigenstand zu. Er schafft damit auch die Grundlage für Freiheit und damit letztlich die Voraussetzung für eine liebende, personale Begegnung mit personalen Wesen im Kosmos, mit dem Menschen.

In besonderer Weise hat offenbar der Mensch Anteil an der schöpferischen Macht Gottes, die gerade im Hinblick auf einen dreieinen Gott nur als Macht der Liebe verstanden werden kann. In dieser freien Liebe kann der Mensch in Freiheit der Liebe Gottes antworten und hat den Auftrag, aus ihr heraus die Welt mitzugestalten und weiterzuentwickeln.

Mitte und Ziel der Schöpfung

Wie die Evolution des Lebens auf der Erde konkret weitergehen wird, ist aus naturwissenschaftlicher Perspektive offen. Dennoch wird sie einmal an ihr zeitliches Ende kommen. Letztlich muss Gott selbst in Christus die Evolution und den Kosmos verwandeln – und vollenden, wenn der Kosmos Sinn und Ziel haben soll. Papst Benedikt XVI. hat diesen Grundgedanken in seiner ersten Osterpredigt als Papst 2006 aufgenommen. Er spricht in analoger Weise von der Auferstehung Christi als *„größter Mutation […] in der langen Geschichte des Lebens und seiner Entwicklungen […] ein Sprung in eine ganz neue Ordnung, der uns angeht und die ganze Geschichte betrifft […] Auferstehung war gleichsam eine Explosion des Lichts, eine Explosion der Liebe, die das bislang unauf-lösbare Geflecht von ,Stirb und Werde' aufgelöst hat. […] Es ist ein Durchbruch in der Geschichte der Evolution und des Lebens überhaupt zu einem neuen künftigen Leben; zu einer neuen Welt, die von Christus her immerfort schon in diese unsere Welt eindringt, sie umgestaltet und an sich zieht […]"*[46] In der Auferstehung Christi scheinen der Zielpunkt und der Sinn der Evolution auf. So dürfen wir hoffen: Als Vollendung nimmt Gott in Christus seine Schöpfung endgültig hinein in seine Herrlichkeit im vollendeten Mit-Sein der Liebe. Was also bedeutet „Schöpfung" in christlichem Verständnis angesichts der modernen Naturwissenschaften? Joseph Ratzinger fasst das prägnant so zusammen:
„Schöpfung ist, von unserem Weltverständnis her betrachtet, nicht ein ferner Anfang und auch nicht ein auf mehrere Stadien verteilter Anfang, sondern sie betrifft das Sein als zeitliches und werdendes: das zeitliche Sein ist als Ganzes umspannt von dem einen schöpferischen Akt Gottes, der ihm in seiner Zerteilung seine Einheit gibt, in der zugleich sein Sinn besteht, der uns nicht nachrechenbar ist, weil wir nicht das Ganze sehen, sondern selbst nur Teile sind. Der Schöpfungs-glaube sagt uns nicht das Was des Weltsinnes, sondern nur sein Dass:

*dies ganze Auf und Ab des werdenden Seins ist freier und unter dem Risiko der Frei-
heit stehender Vollzug des schöpferischen Urgedankens, von dem er sein Sein hat.
Und so wird uns vielleicht heute mehr verständlich, was christliche Schöpfungslehre
zwar immer schon sagte, aber unter dem Eindruck der antiken Modelle kaum zur
Geltung bringen konnte: Schöpfung ist nicht nach dem Muster des Handwerkers zu
denken, der allerlei Gegenstände macht, sondern in der Weise, in der das Denken
schöpferisch ist. Und zugleich wird sichtbar, dass das Ganze der Seinsbewegung
(nicht bloß der Anfang) Schöpfung ist und dass ebenso das Ganze (nicht bloß das
später Kommende) Eigenwirklichkeit und Eigenbewegung ist. Fassen wir dies alles
zusammen, so können wir sagen: An Schöpfung glauben heißt die von der Wissenschaft erschlossene Werdewelt im Glauben als eine sinnvolle, aus schöpferischem
Sinn kommende Welt verstehen."*[47]

Hinweise

1 Benedikt XVI., Enzyklika „Deus Caritas est" 9.

2 Joseph Ratzinger, Dogma und Verkündigung, München 1973, 149.

3 J. Ratzinger, Glaube, Wahrheit, Toleranz. Das Christentum und die Weltreligionen, Freiburg-Basel-
   Wien 2003, (vor der Sorbonne, 27.11.1999). Zit. nach Chr. Schönborn, Vorwort, in: S.O. Horn, S.
   Wiedenhofer (Hg.), Schöpfung und Evolution. Eine Tagung mit Papst Benedikt XVI. in Castel Gan-
   dolfo, Augsburg 2007, 19.

4 J. Ratzinger, Einführung in das Christentum. Vorlesungen über das Apostolische Glaubensbekennt-
   nis. Neuausgabe, München 2000, 68.

5 Ebd., 70.

6 Einführung in das Christentum, 140.

7 Ebd., 143.

8 Dogma und Verkündigung, 158.

9 J. Ratzinger, Im Anfang schuf Gott. Vier Predigten über Schöpfung und Fall. Konsequenzen des
   Schöpfungsglaubens, Einsiedeln-Freiburg 1996, 17.

10 Einführung in das Christentum, 145.

11 Ebd.

12 Vgl. GS 36; Katechismus der katholischen Kirche 308.

13 Im Anfang schuf Gott, 83.

14 Ebd., 83.

15 Einführung in das Christentum, 145.

16 Ebd., 145 f.

17 Ebd.

18 Ebd., 147.

19 Ebd.

20 Ebd.

21 Ebd., 147 f.

22 Im Anfang schuf Gott, 57.

23 Einführung in das Christentum, 148.

24 Benedikt XVI., Generalaudienz, 17. September 2008.

25 Im Anfang schuf Gott, 93.

26 Ebd.

27 Ebd.

28 Im Anfang schuf Gott, 16.

29 J. Ratzinger, Benedikt XVI., Gott und die Welt. Ein Gespräch mit Peter Seewald, Neuausgabe München 2005, 131.

30 „Non legitur in Evangelio Dominum dixisse: Mitto vobis Paracletum qui vos doceat de cursu solis et lunae. Christianos enim facere volebat, non mathematicos." Augustinus, Contra Felicem, 10 (CSEL 25/1, 812), Übersetzung nach E. Schockenhoff.

31 Im Anfang schuf Gott, 24.

32 Vgl. ebd., 26.

33 Ebd., 26 f.

34 Vgl. J. Ratzinger, Schöpfungsglaube und Evolutionstheorie, in: H.J. Schulz (Hg.), Wer ist das eigentlich – Gott?, München 1969, 232-245, 234.

35 Ebd., 235.

36 Vgl. ebd., 245.

37 Ebd., 240.

38 Im Anfang schuf Gott, 53 ff.

39 Vgl. Schöpfungsglaube und Evolutionstheorie, 242.

40 Ebd., 243 f.

41 Gott und die Welt, 129 ff.

42 Schöpfungsglaube und Evolutionstheorie, 244.

43 Einführung in das Christentum, 222.

44 Glaube, Wahrheit, Toleranz, 20.

45 Vgl. Johannes Paul II. an die päpstliche Akademie der Wissenschaften 22.10.1996:

   „4. […] Heute, beinahe ein halbes Jahrhundert nach dem Erscheinen der Enzyklika, geben neue

   Erkenntnisse dazu Anlass, in der Evolutionstheorie mehr als eine Hypothese zu sehen. Es ist in der

   Tat bemerkenswert, dass diese Theorie nach einer Reihe von Entdeckungen in unterschiedlichen

   Wissensgebieten immer mehr von der Forschung akzeptiert wurde. Ein solches unbeabsichtigtes

   und nicht gesteuertes Übereinstimmen von Forschungsergebnissen stellt schon an sich ein bedeut-

   sames Argument zugunsten dieser Theorien dar […].“

46 Benedikt XVI., Osterpredigt 2006. – Die Predigten und Ansprachen von Benedikt XVI. sind über

   www.vatican.va zugänglich.

47 Schöpfungsglaube und Evolutionstheorie, 242.

Bedingungslose Achtung vor dem menschlichen Leben

Ethische Fragen am Beginn und Ende des Lebens

Albert Käuflein

Lebensschutz in der Krise

„Gott will, dass wir das Leben schützen und Leid abwenden."[1] Mit diesen Worten erläutert der zweite Band des Katholischen Erwachsenenkatechismus „Leben aus dem Glauben" das fünfte der Zehn Gebote „Du sollst nicht morden". Die Kirche leitet aus diesem biblischen Gebot die Unantastbarkeit und Unverletzlichkeit des menschlichen Lebens von der Empfängnis bis zum natürlichen Tod ab. So heißt es im Katechismus der Katholischen Kirche, dem sogenannten Weltkatechismus (Nr. 2319): „Jedes menschliche Leben ist vom Moment der Empfängnis an bis zum Tod heilig, denn die menschliche Person ist um ihrer selbst willen gewollt und nach dem Bild des lebendigen und heiligen Gottes, ihm ähnlich geschaffen." Da das menschliche Leben an seinem Anfang und an seinem Ende besonders schutzbedürftig ist, wendet sich die Kirche immer wieder gegen Abtreibung und Euthanasie. Auch der Heilige Vater hat dies wiederholt getan.

Nach seiner Auffassung befindet sich nicht nur das Dogma, sondern ebenso die Moral der Kirche in einer Krise. Diese Krise berührt auch den Umgang mit dem menschlichen Leben. In dem großen Interview mit Vittorio Messori „Zur Lage des Glaubens" hat Joseph Ratzinger, damals Präfekt der Glaubenskongregation, dies eindrücklich formuliert. Jedenfalls erscheint *„in einer Welt wie der westlichen, wo Geld und Reichtum das Maß aller Dinge sind und wo das Modell vom freien Markt jedem Lebensbereich seine erbarmungslosen Gesetze aufzwingt, die echte katholische Ethik bereits vielen als ein Fremdkörper aus längst vergangenen Zeiten, als eine Art Meteorit, der nicht nur im Gegensatz zu den konkreten Lebensgewohnheiten, sondern auch zu der ihnen zugrunde liegenden Denkweise steht. Der ökonomische Liberalismus schafft sich auf moralischer Ebene seine exakte Entsprechung: den Permissivismus."* Und somit *„wird es schwierig, wenn nicht gar unmöglich, die Moral der Kirche einsichtig zu machen.*

Zu weit ist sie von dem entfernt, was für die Mehrheit derer als selbstverständlich, als normal gilt, die von der herrschenden Kultur geprägt sind, der sich zuletzt als einflussreiche Gefolgsleute auch nicht wenige ‚katholische' Moraltheologen angeschlossen haben"[2].

Wahrheit in Sachen der Moral

Der Papst ist auf dem Hintergrund dieser Krise auch und gerade bei dem Thema Lebensschutz davon überzeugt, dass es Wahrheit nicht nur in Sachen des Glaubens, sondern in gleicher Weise in Sachen der Moral gibt, und dass diese Wahrheit erkennbar und mitteilbar ist. Dieser Gedanke zieht sich als Kontinuum durch das Denken von Joseph Ratzinger / Benedikt XVI. Er ist auch in moralischen Fragen ein Mann der klaren Standpunkte und kein Populist. Trotzdem will er, ganz Seelsorger, die Menschen überzeugen und gewinnen. Dazu passt, dass er immer wieder den Dialog mit Andersdenkenden gesucht hat und sucht.

Die Synthese von Glaube und Vernunft, die an anderer Stelle beleuchtet wird,[3] scheint auch hier auf. Der Papst argumentiert in moralischen Fragen mit der Vernunft und aus dem Glauben. Das produktive Wechselverhältnis beider Größen war die entscheidende Voraussetzung für den historischen Aufstieg des Christentums. Angesichts irrationaler Tendenzen im Glauben wie in der Moral kann ein solches Vorgehen kaum hoch genug eingeschätzt werden. Als Dozent und Professor hat Joseph Ratzinger Dogmatik und Fundamentaltheologie gelehrt. Das ist bedeutsam für das Verständnis seines theologischen Denkens, auch in moraltheologischen Fragen. Der Fundamentaltheologie, die aus der Apologetik (der Verteidigung des Glaubens) hervorgegangen ist, geht es um eine Rechtfertigung des Glaubensinhalts vor der kritischen Vernunft. Dieser Ansatz lässt sich auf die theologische Ethik übertragen. Kirchliche Morallehre muss immer wieder neu vor der Vernunft plausibilisiert werden. Genau das macht Benedikt XVI., wenn er sie geduldig, aber beharrlich verkündet. Das Verbot der Abtreibung und der Euthanasie ergibt sich für den Christen aus dem Glauben. Es lässt sich aber zugleich vernünftig begründen und vermitteln. Genauso argumentiert Joseph Ratzinger / Benedikt XVI.: aus dem Glauben und aus der Vernunft.

Der frühere Theologieprofessor, Erzbischof von München und Freising, Kardinal und Präfekt der Glaubenskongregation hat in den letzten fünf Jahrzehnten eine kaum überschaubare Fülle von Veröffentlichungen vorgelegt. Dazu kommt, dass kirchenpolitische Reizthemen häufig den Blick auf seine Theologie verstellt haben. Wer die Identität des Glaubens und der Moral gegenüber Fehlinterpretationen zu bewahren hat, muss mit Anfeindungen leben. Die konsequente Haltung der Kirche zum Schutz des menschlichen Lebens stößt vor allem bei dem Thema Abtreibung auf manche Kritik. Das muss man sich in Erinnerung rufen, will man die Position, die Papst Benedikt XVI. unermüdlich vertritt, herausarbeiten. Es besteht die Gefahr, dass diese Kritik den unvoreingenommenen Blick auf Argumente verstellt. Kurz gesagt: Manche trauen der Kirche im Bereich der Moral nicht viel zu und setzen sich deshalb nicht wirklich mit ihrer diesbezüglichen Lehre auseinander.

Benedikt XVI. sieht sich zu Recht in einer langen Tradition stehend und setzt bei der Frage des Lebensschutzes ausdrücklich die Linie seines Vorgängers Johannes Paul II. fort. So sagte er am 8. Mai 2005, als er feierlich die Kathedra des Bischofs von Rom in der Lateranbasilika in Besitz nahm: *„Der Papst [...] darf nicht seine eigenen Ideen verkünden, sondern muss – entgegen allen Versuchen von Anpassung und Verwässerung sowie jeder Form von Opportunismus – sich und die Kirche immer zum Gehorsam gegenüber dem Wort Gottes verpflichten. Das tat Papst Johannes Paul II., wenn er – angesichts sämtlicher, für den Menschen scheinbar gut gemeinter Versuche – den falschen Interpretationen der Freiheit gegenüber unmissverständlich die Unverletzlichkeit des menschlichen Wesens, die Unverletzlichkeit des menschlichen Lebens von der Empfängnis bis zum natürlichen Tod betonte. Die Freiheit zu töten, ist keine wahre Freiheit, sondern eine Tyrannei, die den Menschen zur Sklaverei erniedrigt.“*[4]

Ausgangspunkt: das fünfte der Zehn Gebote

Auf die Frage des Journalisten Peter Seewald nach dem fünften Gebot des Dekalogs für das Interviewbuch „Gott und die Welt" verweist Joseph Ratzinger, damals noch Präfekt der Glaubenskongregation, auf eine zweifellos im Menschen vorhandene Urevidenz, dass ich den anderen nicht umbringen darf. *„Selbst wenn ich vergessen habe, dass jeder Mensch ausschließlich in Gottes Verfügung steht, weiß ich zumindest, dass er ein eigenes Lebens- und Menschen-*

recht hat, und dass ich mich am Menschsein als solchem vergehe, wenn ich ihn umbringe."[5] In Grenzfällen allerdings werde diese Einsicht immer undeutlicher. Das gelte besonders für den Beginn und das Ende des Lebens. In dem angeführten Zitat wird sehr schön die erwähnte doppelte Argumentation von Joseph Ratzinger aus dem Glauben (Gottesrecht) und aus der Vernunft (Menschenrecht) sichtbar.

Am Beginn des menschlichen Lebens tauche die Versuchung auf, nach Nutzgesichtspunkten vorzugehen. *„Man will auswählen, wen man überleben lassen will und wen nicht, weil er der eigenen Freiheit und Selbstverwirklichung im Wege steht. Da, wo das Menschsein noch nicht in seiner äußeren Gestalt mit Rede und Antwort dasteht, da erlischt dann leicht das Bewusstsein für dieses Gebot."[6]* Am Ende des Lebens empfinde man nun den Kranken, den Leidenden als lästig und rede sich ein, dass der Tod ja auch für ihn gut sein. *„Daraus wird der Vorwand, bevor es sozusagen zu ‚schwierig' wird, ihn ins Jenseits hinüberzubefördern."[7]* *„An den Grenzen des Lebens"*, so das Fazit, *„erlischt dann allzu leicht dieses eigentlich menschenurtümliche, moralische Bewusstsein, dass der Mensch über den anderen nicht verfügen darf."[8]* Umso mehr müssten wir gerade heute um diesen Inhalt des fünften Gebotes streiten – um das Gottesrecht auf das Menschenleben, von der Empfängnis bis zum Tod.

Der Papst weiß durchaus, wenn er so spricht, dass Glauben und Moral hohe Anforderungen an den Menschen stellen. *„Der Glaube ist kein bequemer Weg. Wer ihn als solchen anbietet, wird scheitern. Er stellt den höchsten Anspruch an den Menschen, weil er groß vom Menschen denkt."[9]*

Schutz des menschlichen Lebens an seinem Anfang

Weite Teile unserer Gesellschaft gehen davon aus, dass es Gründe für eine Berechtigung zur Tötung menschlichen Lebens vor der Geburt geben kann. Tatsächlich werden unzählige ungeborene Kinder durch Abtreibung getötet. Im Jahr 2010 wurden laut Statistischem Bundesamt 110.431 Abtreibungen gemeldet. Das sind unwesentlich (263 bzw. 0,2 Prozent) weniger als im Vorjahr. Gründe für die Abtreibungen werden nicht erfasst. Allerdings wurden nahezu alle Abtreibungen nach der Beratungsregelung vorgenommen. Diese besagt, dass ein Schwangerschaftsabbruch dann straflos bleibt, wenn er innerhalb von zwölf Wochen nach der Empfängnis durch einen Arzt durchgeführt wird, die schwangere Frau den Abbruch verlangt und sie dem Arzt eine Bescheinigung einer anerkannten Beratungsstelle vorlegen kann. Das geltende Recht geht sogar noch einen Schritt weiter. Eine Abtreibung ist dann nicht rechtswidrig, „wenn der Abbruch der Schwangerschaft unter Berücksichtigung der gegenwärtigen und zukünftigen Lebensverhältnisse der Schwangeren nach ärztlicher Erkenntnis angezeigt ist, um eine Gefahr für das Leben oder die Gefahr einer schwerwiegenden Beeinträchtigung des körperlichen oder seelischen Gesundheitszustandes der Schwangeren abzuwenden, und die Gefahr nicht auf eine andere für sie zumutbare Weise abgewendet werden kann".[10] Das gilt auch, wenn nach ärztlicher Erkenntnis die Schwangerschaft auf sexuellem Missbrauch, sexueller Nötigung oder Vergewaltigung beruht, und seit der Empfängnis nicht mehr als zwölf Wochen vergangen sind.

Das aktuelle Recht spiegelt die moralischen Anschauungen der Mehrheit der Bevölkerung wider. Es ist ein politischer Kompromiss zwischen der Indikationenregelung der alten Bundesländer und der Fristenregelung der neuen Bundesländer. Der Einigungsvertrag verpflichtete den Gesetzgeber, eine einheitliche Regelung für ganz Deutschland zu treffen.

Gegenüber dem geltenden Abtreibungsstrafrecht verweist die Kirche darauf, dass mit der Befruchtung menschliches Leben beginnt, dass dieses Wert und Würde besitzt und unantastbar und unverletzlich ist. Sie lehnt deswegen Abtreibung und Mittel zur Verhinderung der Einnistung der befruchteten Eizelle in die Gebärmutter ab. Mit der Zeugung liegt menschliches Leben in seiner ersten Gestalt vor. Alle späteren Stadien der Entwicklung sind darin angelegt. Das Zweite Vatikanische Konzil bezeichnet in der Pastoralkonstitution über die Kirche in der Welt von heute „Gaudium et Spes" Abtreibung und Tötung des Kindes als „verabscheuungswürdige Verbrechen" (GS 51). Nach kirchlichem Recht zieht sich der, der eine Abtreibung vornimmt, die Tatstrafe der Exkommunikation zu. Kirche und Theologie verurteilen die Sünde, nicht aber den Sünder, die Sünderin. Jeder Sünder und jede Sünderin hat außerdem die Möglichkeit der Umkehr und der Vergebung.

„Ich glaube", sagt Joseph Ratzinger, *„es kommt einfach darauf an, das Bewusstsein zu klären, dass ein empfangenes Kind ein Mensch ist, ein Individuum ist. Dass es eine von der Mutter unterschiedene – wenn auch des Schutzes ihrer Leibesgemeinschaft bedürftige – eigene Person ist und dass es daher wie ein Mensch, weil es ein Mensch ist, behandelt werden muss."* Und er fügt hinzu: *„Ich glaube, wenn*

wir dieses Prinzip preisgeben, dass jeder Mensch als Mensch unter Gottes Schutz steht, als Mensch unserer eigenen Willkür entzogen ist, geben wir wirklich die Grundlage der Menschenrechte preis."[11]

„Wie sich die Schuld auf die einzelnen Personen verteilt, ist immer eine Frage, die man nicht abstrakt entscheiden kann. Aber [...] das Geschehen als solches [...] bleibt seinem Wesen nach dieses, dass, um eine Konfliktsituation zu bereinigen, ein Mensch getötet wird. Und das ist nie eine Konfliktbereinigung!"[12] In diesem Zusammenhang weist Joseph Ratzinger auch auf die psychischen Folgen einer Abtreibung hin: „Wir wissen ja von Psychologen, wie stark so etwas in der Seele der Mutter haften bleibt, weil sie doch weiß, dass da ein Mensch in ihr war, dass das ihr Kind wäre und dass das jetzt vielleicht jemand sein könnte, auf den sie stolz wäre."[13]

Das schwere psychische Leid, „das oft von den Frauen erfahren wird, die sich einer freiwilligen Abtreibung unterzogen haben", offenbart für den Papst, wie er bei der Päpstlichen Akademie für das Leben am 26. Februar 2011 sagte, „die nicht zu unterdrückende Stimme des sittlichen Gewissens und die schwere Verwundung, die dieses immer dann erleidet, wenn das menschliche Handeln sich gegen die natürliche Berufung zum Wohl des Menschen richtet, die es bezeugt".[14]

Der Gesellschaft kommt bei dem Geschehen der Abtreibung eine Mitverantwortung zu: „Natürlich muss die Gesellschaft helfen, dass andere Bereinigungsmöglichkeiten zur Verfügung stehen und dass der Druck auf die werdenden Mütter aufhört und dass wieder eine neue Liebe zu Kindern erwacht."[15]

Die Gesellschaft leidet auch Schaden durch die hohe Zahl der Abtreibungen. Papst Benedikt XVI. bezieht sich bei diesem Argument auf Papst Paul VI.: „Er war der Überzeugung, dass die Gesellschaft sich selbst ihrer großen Hoffnungen beraubt, wenn sie durch Abtreibung Menschen tötet. [...] Man muss einmal bedenken, welche Kapazität an Menschsein hier zerstört wird – ganz abgesehen davon, dass ungeborene Kinder menschliche Personen sind, deren Würde und deren Recht auf Leben wir zu respektieren haben."[16]

Nun kann, wie schon angesprochen, menschliches Leben mit anderen Gütern und Werten in Konflikt geraten. Das gilt auch für das ungeborene menschliche Leben. Manchmal erscheint Frauen oder Eltern eine Abtreibung als letzter Ausweg aus einer Notsituation. Die Kirche ist gleichwohl der Überzeugung, dass die Güter, die mit dem menschlichen Leben in Konflikt geraten können, nicht vorzugswürdig sind. So gibt eine gesundheitliche (physische oder psychische) oder wirtschaftliche oder soziale Notlage keine Erlaubnis, das empfangene Kind zu töten. Auch ein durch Notzucht oder

Vergewaltigung gezeugtes Kind hat ein Recht auf Leben. Die Krankheit oder Behinderung eines Kindes liefern keine Rechtfertigung zu seiner Tötung. Für Benedikt XVI. gibt es kein Recht auf Abtreibung, vielmehr müssen die staatlichen Gesetze das ungeborene Leben schützen. Eindrucksvoll formulierte er dies am 7. September 2007 bei seinem Besuch in Österreich, wo seit 1975 eine Fristenregelung – ähnlich wie in Deutschland – in Kraft ist. Vor führenden Vertretern des politischen und öffentlichen Lebens sowie dem Diplomatischen Korps sagte er:

„In Europa ist zuerst der Begriff der Menschenrechte formuliert worden. Das grundlegende Menschenrecht, die Voraussetzung für alle anderen Rechte, ist das Recht auf das Leben selbst. Das gilt für das Leben von der Empfängnis bis zu seinem natürlichen Ende. Abtreibung kann demgemäß kein Menschenrecht sein – sie ist das Gegenteil davon. Sie ist eine ‚tiefe soziale Wunde‘, wie unser verstorbener Mitbruder Kardinal Franz König zu betonen nicht müde wurde. Mit alledem spreche ich nicht von einem speziell kirchlichen Interesse. Vielmehr möchte ich mich zum Anwalt eines zutiefst menschlichen Anliegens und zum Sprecher der Ungeborenen machen, die keine Stimme haben. Ich verschließe damit nicht die Augen vor den Problemen und Konflikten vieler Frauen und bin mir bewusst, dass die Glaubwürdigkeit unserer Rede auch davon abhängt, was die Kirche selbst zur Hilfe für betroffene Frauen tut. Ich appelliere dabei an die politisch Verantwortlichen, nicht zuzulassen, dass Kinder zu einem Krankheitsfall gemacht werden und dass die in Ihrer Rechtsordnung festgelegte Qualifizierung der Abtreibung als ein Unrecht faktisch aufgehoben wird. Ich sage das aus Sorge um die Humanität. Aber das ist nur die eine Seite dessen, was uns Sorgen macht. Die andere ist, alles dafür zu tun, dass die europäischen Länder wieder kinderfreundlicher werden. Ermutigen Sie bitte die jungen Menschen, die mit der Heirat eine neue Familie gründen, Mütter und Väter zu werden. Damit tun sie ihnen selbst, aber auch der ganzen Gesellschaft etwas Gutes. Ich bestärke Sie auch nachdrücklich in Ihren politischen Bemühungen, Umstände zu fördern, die es jungen Paaren ermöglichen, Kinder aufzuziehen. Das alles wird aber nichts nützen, wenn es uns nicht gelingt, in unseren Ländern wieder ein Klima der Freude und der Lebenszuversicht zu schaffen, in dem Kinder nicht als Last, sondern als Geschenk für alle erlebt werden.“[17]

Beim Geschehen der Abtreibung wird der Freiheitsbegriff individualistisch verengt und damit, so Joseph Ratzinger, seiner Wahrheit beraubt: *„In der Radikalisierung der individualistischen Tendenz der Aufklärung erscheint Abtreibung als ein Freiheitsrecht: Die Frau muss über sich selbst verfügen können. Sie muss die*

Freiheit haben, ob sie ein Kind zur Welt bringen oder sich davon befreien will. Sie muss über sich selbst entscheiden dürfen, und niemand anders kann ihr – so wird uns gesagt – da von außen her eine letztlich bindende Norm auferlegen. Es geht um das Recht der Selbstbestimmung."[18] Allerdings, so wendet Joseph Ratzinger ein, entscheidet die Frau nicht nur über sich selbst, sondern über jemand anderen, dem keine Freiheit zugestanden wird, sondern dem das Leben genommen wird, um die eigene Freiheit zu verwirklichen. Vorgeburtliche (pränatale) Untersuchungen des Kindes, die darauf zielen, eine Begründung für eine Abtreibung zu erlangen, lehnt die Kirche ab. Das Gleiche gilt für die Untersuchung von Embryonen, die durch künstliche Befruchtung außerhalb des Mutterleibs entstanden sind. Hier geht es um nichts anderes als um Selektion. Krankes oder behindertes Leben wird aussortiert. Auch dem geschädigten oder behinderten Kind kommt aber von Gott ein Lebensrecht zu. Jedes menschliche Wesen muss als Person geachtet und behandelt werden.

Schutz des menschlichen Lebens an seinem Ende

Krankheit, Sterben und Tod gehören zur menschlichen Existenz, auch wenn sie in unserer Gesellschaft bisweilen verdrängt und tabuisiert werden. Für den Christen ist der Tod nicht das Letzte, sondern die Auferstehung zum ewigen Leben. Krankheit, Sterben und Tod konfrontieren uns zugleich mit ethischen Fragen und Problemen.

In Deutschland befürwortet eine wachsende Mehrheit die Freigabe der Tötung von Schwerkranken und Sterbenden auf deren Verlangen. Im Hintergrund stehen ambivalente Erfahrungen mit dem medizinischen Fortschritt, der nicht nur das Leben, sondern auch das Leiden und Sterben verlängern kann. Die Eventualität, selbst leiden zu müssen, macht vielen Menschen Angst. Es wird der Anspruch auf ein menschenwürdiges Sterben laut. Dieser ist grundsätzlich berechtigt. Er verleiht allerdings kein Recht, menschliches Leben zu töten.

In der Diskussion werden heute im Allgemeinen vier Formen von Sterbehilfe differenziert: die reine Sterbehilfe, die Erleichterung des Sterbens ohne Lebensverkürzung; die indirekte Sterbehilfe, die Erleichterung des Sterbens durch starke Medikamente, die eventuell auch lebensverkürzend wirken können; die passive Sterbehilfe, das Sterbenlassen durch Unterlassung oder

Abbruch lebensverlängernder Maßnahmen, wenn diese lediglich eine leid-volle Verlängerung des Sterbens bedeuten würden; die aktive oder direkte Sterbehilfe, die (vermeintliche) Erleichterung des Sterbens durch Lebens-verkürzung, etwa durch Entzug lebensnotwendiger Mittel (Nahrung, Medi-kamente) oder durch die Verabreichung tödlich wirkender Substanzen. Die Unterscheidung zwischen aktiver und passiver Sterbehilfe stellt eher auf den äußeren Handlungsvollzug ab, während sich die Differenzierung zwischen direkt und indirekt mehr auf die Absicht des Handelnden bezieht. Aus ethi-scher Sicht erscheinen die reine, die passive sowie die indirekte Sterbehilfe als erlaubt, wenn nicht unter bestimmten Umständen sogar als geboten, die aktive bzw. direkte Sterbehilfe dagegen als verboten.

Bei seinem Besuch in Österreich nahm der Papst am 7. September 2007 auch zur aktiven Sterbehilfe Stellung. Sie ist dort wie in Deutschland verbo-ten, wird aber von einer zunehmenden Mehrheit befürwortet. In der schon zitierten Ansprache sagte er:

„Mit großer Sorge erfüllt mich auch die Debatte über eine aktive Sterbehilfe. Es ist zu befürchten, dass eines Tages ein unterschwelliger oder auch erklärter Druck auf schwerkranke und alte Menschen ausgeübt werden könnte, um den Tod zu bitten oder ihn sich selber zu geben. Die richtige Antwort auf das Leid am Ende des Lebens ist Zuwendung, Sterbebegleitung – besonders auch mit Hilfe der Pal-liativmedizin – und nicht ‚aktive Sterbehilfe‘. Um eine humane Sterbebegleitung durchzusetzen, bedürfte es freilich struktureller Reformen in allen Bereichen des Medizin- und Sozialsystems und des Aufbaus palliativer Versorgungssysteme. Es bedarf aber auch konkreter Schritte: in der psychischen und seelsorglichen Beglei-tung schwer Kranker und Sterbender, der Familienangehörigen, der Ärzte und des Pflegepersonals. Die Hospizbewegung leistet hier Großartiges. Jedoch kann nicht das ganze Bündel solcher Aufgaben an sie delegiert werden. Viele andere Menschen müssen bereit sein bzw. in ihrer Bereitschaft ermutigt werden, sich die Zuwen-dung zu schwer Kranken und Sterbenden Zeit und auch Geld kosten zu lassen.“[19]

Auch wenn keine Aussicht mehr auf Genesung besteht, kann man noch viel für den Kranken tun. Bei einer Audienz für die Italienische Gesellschaft für Chirurgie am 20. Oktober 2008 erläuterte der Papst: *„Man kann sein Leiden erleichtern, vor allem kann man ihn auf seinem Weg begleiten und so weit wie möglich seine Lebensqualität verbessern.“*[20] Als Begründung führte er an, dass jeder ein-zelne Patient, auch der unheilbar kranke, eine Würde habe, die geehrt werden müsse. Sie ist das *„unauslöschliche Fundament jedes ärztlichen Handelns“*. Es geht dem Papst um eine Medizin, die die Person des Kranken *„wirklich respektiert"*[21]. In der medizinischen Ethik gibt es einen Konsens darüber, dass die Selbstbestimmung des Patienten grundsätzlich zu achten ist. Der Papst warnt allerdings zu Recht vor einer individualistischen Verherrlichung der Autonomie, die zu einer verkürzten Sicht der menschlichen Wirklichkeit führt.[22] Das bedeutet, dass die Selbstbestimmung oder Autonomie des Patienten den Arzt nicht zu etwas verpflichten kann, was dieser nicht tun darf, etwa den schwerkranken oder sterbenden Patienten auf sein Verlangen hin zu töten.

Keine christliche Sonderethik

Der Schutz des menschlichen Lebens ist kein christliches oder gar katholisches, sondern ein allgemein menschliches Gebot. Es ergibt sich aus der Würde jedes einzelnen Menschen. Darauf wies Papst Benedikt XVI. auch in der gerade zitierten Ansprache hin: Die Achtung der Menschenwürde erfordert, so der Heilige Vater, *„die bedingungslose Achtung jedes einzelnen Menschen, geboren oder ungeboren, gesund oder krank, in welcher Situation auch immer er sich befindet"*[23].

„Wo Tötung von unschuldigem Leben zu Recht erklärt wird, wird Unrecht zu Recht gemacht. Wo Recht menschliches Leben nicht mehr schützt, ist es als Recht in Frage gestellt. Solches zu sagen, bedeutet nicht, christliche Spezialmoral in einer pluralistischen Gesellschaft allen aufdrängen zu wollen, hier geht es um die Humanität, um die Menschlichkeit des Menschen, der nicht das Zertreten der Schöpfung zu seiner Befreiung erklären kann, ohne sich zutiefst zu betrügen."[24] Auch dieses Zitat verweist auf die Vernunft und auf den Glauben: aus beiden speist sich der Schutz des menschlichen Lebens, für den der Heilige Vater beständig eintritt.

Hinweise

1   Katholischer Erwachsenenkatechismus, Bd. 2: Leben aus dem Glauben, hg. v. d. Deutschen Bischofs-
    konferenz, Freiburg i.Br., 1995, S. 269.

2   Joseph Ratzinger, Zur Lage des Glaubens. Ein Gespräch mit Vittorio Messori, München, 1985, S. 83.

3   Vgl. den Beitrag von Tobias Licht in diesem Band.

4   L'Osservatore Romano dt. vom 13. Mai 2005.

5   Joseph Ratzinger, Gott und die Welt. Die Geheimnisse des christlichen Glaubens. Ein Gespräch mit
    Peter Seewald, München, 2000, S. 148.

6   Ebd.

7   Ebd.

8   Ebd., S. 149.

9   Joseph Ratzinger, Wendezeit für Europa? Diagnosen und Prognosen zur Lage von Kirche und Welt,
    Einsiedeln, 1991, S. 81.

10 § 218 a Abs. 2 StGB.

11 Joseph Ratzinger, Salz der Erde. Christentum und katholische Kirche an der Jahrtausendwende.
    Ein Gespräch mit Peter Seewald, Stuttgart, 1996, S. 218.

12 Ebd.

13 Ebd.

14 L'Osservatore Romano dt. vom 11. März 2011.

15 Joseph Ratzinger, Salz der Erde, a.a.O., S. 218-219.

16 Benedikt XVI., Licht der Welt. Der Papst, die Kirche und die Zeichen der Zeit. Ein Gespräch mit
    Peter Seewald, Freiburg i.Br., 2010, S. 174.

17 L'Osservatore Romano dt. vom 14. September 2007.

18 Joseph Ratzinger, Glaube – Wahrheit – Toleranz. Das Christentum und die Weltreligionen, Freiburg
    i.Br., 2003, S. 198.

19 L'Osservatore Romano dt. vom 14. September 2007.

20 L'Osservatore Romano dt. vom 21. November 2008.

21 Ebd.

22 Vgl. ebd.

23 Ebd.

24 Joseph Ratzinger, Der Gott Jesu Christi. Betrachtungen über den Dreieinigen Gott,
    München, 1976, S. 38.

Benedikt XVI. und die Moderne

Eine skeptische Begegnung

Magnus Striet

Um es vorwegzusagen: Es gibt nicht *die* Moderne. Und so, wie es nicht die Moderne gibt und deshalb immer nur über einen Begriff von Moderne nachgedacht werden kann, so ist auch nicht das Verhältnis von Benedikt XVI. zur Moderne, sondern nur sein Verständnis von Moderne zu erörtern. Hierzu eine Vorbemerkung. Zur Sprache gebracht werden nicht nur Texte des Papstes, sondern auch solche des Theologen beziehungsweise des ehemaligen Kurienkardinals Ratzinger. Die Kontinuität wird nicht überraschen. Dennoch unterscheide ich die Verfasserschaft. Die Würde des Amtes scheint mir dies zu gebieten.

Wenn man akzeptiert, dass immer erst gesagt werden muss, was man unter einem Begriff versteht, so befindet man sich bereits auf dem Boden eines bestimmten Verständnisses von Moderne. Diesem Verständnis zufolge sind Begriffe, in denen wir uns verständigen und ohne die wir uns überhaupt nicht rational verhalten können, keineswegs feststehend. So bezeichnet der Begriff der Moderne keineswegs nur eine historische Epoche. Entscheidend für dieses Verständnis von Moderne ist vielmehr, dass das Bewusstsein um die geschichtliche Kontingenz von Begriffen nun reflexiv geworden ist. Es ist auf den Begriff gebracht, dass kein Begriff in seiner Bedeutung vom Himmel gefallen ist, sondern sich alle Begriffe und damit auch alle Wissenskonzepte und Normsysteme einer kulturellen Praxis von vergesellschafteten Menschen verdanken. Man weiß dies. Damit aber werden alle geistigen und moralischen Welten, in denen sich Menschen bewegen, relativ – zumindest zunächst einmal. Und genau hier liegt der Grund für den schwelenden Konflikt in der komplexen Gemengelage von katholischer Kirche und der modern gewordenen Welt, wobei auch hier hinzuzufügen ist: Weder gibt es die modern gewordene Welt noch gibt es *die* katholische Kirche.

Joseph Ratzinger hat einen Begriff geprägt, der sich längst von seinem Namen gelöst hat und eine enorme Politik zumindest im innerkirchlichen Raum macht. Gemeint ist der Begriff von der *„Diktatur des Relativismus".*

Es ist dieser Begriff, der für ihn die Gegenwart angemessen zu beschreiben scheint. Und gegen diesen Relativismus profiliert er eine kirchliche Identität, die zeitlos zu sein scheint:

„Einen klaren Glauben nach dem Credo der Kirche zu haben, wird oft als Fundamentalismus abgestempelt, wohingegen der Relativismus, das sich ‚vom Windstoß irgendeiner Lehrmeinung Hin-und-hertreiben-lassen‘, als die heutzutage einzige zeitgemäße Haltung erscheint. Es entsteht eine Diktatur des Relativismus, die nichts als endgültig anerkennt und als letztes Maß nur das eigene Ich und seine Gelüste gelten lässt. Wir haben jedoch ein anderes Maß: den Sohn Gottes, den wahren Menschen. Er ist das Maß des wahren Humanismus.“[1]

Ganz offensichtlich ist Ratzinger – und es gibt eine Vielzahl von Belegen hierfür – der Überzeugung, dass eine Kultur entsteht, in der alles gleich gültig ist. Er sieht nicht nur die Gefahr einer eskalierenden Moderne aufgrund der enormen technologischen Schübe der letzten Jahrhunderte, die Möglichkeiten haben entstehen lassen, die kaum noch beherrschbar sind. Die eigentliche Gefahr der Moderne erkennt er vielmehr in ihrer Entwurzelung aus dem Christentum, das in Europa über lange Zeit die Kultur zu bestimmen vermochte. Gesellschaft und Kultur, ein Staat ohne Religion werden für ihn zwangsläufig relativistisch. Es ist das Dostojewski-Wort „Wenn Gott tot ist, ist alles erlaubt“, das seinen Begriff von Moderne bestimmt. Als Beleg für die eskalierende Moderne werden immer wieder die politisch totalitären Systeme des 20. Jahrhunderts angeführt, die zu bis dahin in ihrem Ausmaß und ihrer industriemäßigen Organisation ungekannten Verbrechen geführt haben. Auch in seiner dann als Papst verfassten Enzyklika Spe salvi findet sich diese Sicht von Moderne. Unter Bezugnahme auf Theodor W. Adorno, den Philosophen des 20. Jahrhunderts, der von der Frage bedrängt war, wie überhaupt noch nach der Katastrophe von Auschwitz gedacht werden könne, schreibt er, dass der *„Fortschritt […] genau besehen der Fortschritt von der Steinschleuder zur Megabombe“*[2] sei. Damit wird der Fortschritt, die damit einhergehende Erleichterung des Lebens, nicht geleugnet. Aber das Katastrophische der Moderne wird massiv betont. Interessant ist aber, worin die Ursache dieses Katastrophischen gesehen wird. Immer wieder unterstreicht Joseph Ratzinger/Benedikt XVI., dass die Vernunft nur dann wahre Vernunft sei, wenn sie sich im transzendenten Grund aller Wirklichkeit, in Gott festmacht. Deshalb müsse sich die Vernunft *„für die rettenden Kräfte des Glaubens öffnen“*, *„um ganz zu sich selbst zu kommen“*[3]. Deshalb sei *„eine Selbstkritik der*

72

Neuzeit im Dialog mit dem Christentum und seiner Hoffnungsgestalt notwendig."[4]
Wenn man den von Ratzinger verwendeten Begriff von Moderne analysiert,
so lassen sich unschwer zwei Beobachtungen machen. Erstens versteht er
unter Moderne (den Begriff der Neuzeit benutzt er mehr oder weniger
synonym) primär eine historische Epoche, also die Zeit seit dem Beginn des
19. Jahrhunderts. Zweitens ist für ihn die Moderne die Epoche, die durch
einen defizitären Vernunftbegriff geprägt ist. Dass der Moderne die Existenz
Gottes fraglich geworden ist, weil Gott nur allzu häufig angesichts von Elend
und Not schmerzlich vermisst wird, sein bisweilen unerträgliches Nicht-Ein-
greifen seine Moralität anzweifeln lässt, bekommt Ratzinger genauso wenig
in den Blick wie das seit Kant virulent gewordene so genannte ontologische
Problem Gottes. Ist die Existenz Gottes eigentlich so gewiss, wie die unterschiedlichen Gottesbeweisversuche meinten demonstrieren zu müssen?
Oder aber bleibt die Existenz des sich durch Freiheit auszeichnenden Gottes
zwar denkbar, also möglich, ohne diese jedoch mit Gründen als gewiss erklären zu können? Immer wieder argumentiert Ratzinger mit der Denkfigur der
schöpferischen Vernunft:

*„[Die] Debatte geht nun gerade darum, ob die Welt aus der Unvernunft kommt
und die Vernunft nur ein Unterprodukt – vielleicht sogar ein schädliches – ihrer
Entwicklung ist, oder ob die Welt aus der Vernunft kommt und daher Vernunft ihr
Maß und Ziel ist. Der christliche Glaube steht für die zweite These ein und hat
damit auch rein philosophisch wahrhaftig keine schlechten Karten, auch wenn die
erste These heute von vielen als allein ‚vernünftig' und modern angesehen wird.
Aber die Vernunft, die aus dem Unvernünftigen entstanden und daher letztlich
selbst unvernünftig ist, ist keine Lösung unserer Probleme. Nur die Vernunft, die
schöpferisch ist und sich im gekreuzigten Gott als Liebe gezeigt hat, kann uns
wirklich den Weg weisen."*[5]

Es fällt nicht ganz leicht, Argumentationsgänge wie diesen abschließend
zu bewerten. Könnte man zunächst den Eindruck bekommen, dass Gott
hier rein funktional-pragmatisch gesetzt wird, um angesichts des vermute-
ten Relativismus eine letztlegitimierende Instanz etwa zur Normbegrün-
dung und damit für das zu gewinnen, was eine Gesellschaft zusammenhält,
scheint der Subtext doch mehr zu wollen. Immerhin wird behauptet, dass
man bereits rein philosophisch keine schlechten Karten besitze, wenn man
die menschliche Vernunft nicht als Zufallsprodukt einer ziellos ablaufenden
Evolution, einer „Unvernunft", begreift, sondern als durch die schöpferische

Vernunft gewollt. Ist Letzteres der Fall, dann hat sich die Vernunft nur dann in ihrem Wesen als Vernunft angemessen begriffen, wenn sie sich von ihrem göttlichen Ursprung her versteht. Dann wäre nur noch zu erklären, warum der Mensch um diese göttliche Herkunft nicht mehr weiß. Für Ratzinger ist dies klar: Es ist die Sünde, die die Vernunft beschädigt hat. Das Böse und auch die *„Diktatur des Relativismus"* können dann nur verhindert werden, wenn sich die Vernunft wieder den *„rettenden Kräften des Glaubens"* öffnet, sich – wie Ratzinger des Öfteren in diesem Begriffspaar ausführt – *„reinigen und heiligen"* lässt durch den Glauben. Die Not der Moderne mit dem Gottesgedanken, also die Not, ob die menschliche Sehnsucht nicht ins Leere laufen könnte, weil kein Gott existiert, der diese zu erfüllen vermag, ist, wenn man Ratzinger konsequent zu Ende denkt, unvernünftig. Von daher ist auch die Berufung auf Adorno ambivalent. Zwar hat Adorno immer wieder auf die erschreckende Gewalt, den Abgrund der Negativität, hingewiesen, welcher die Moderne kennzeichnet. Es scheint, als habe sich in keiner anderen geschichtlichen Epoche das Böse so ausgetobt. Aber das ist nur die eine Seite der Moderne. Bezogen auf die Frage der Existenz Gottes ist Adorno Kantianer geblieben. Wir wissen nicht, ob Gott existiert. Aber es gibt gute Gründe, die Wette auf den Gott Abrahams, Isaaks und Jacobs (Blaise Pascal) zu riskieren. Denn ansonsten müsste der Mensch bereits jetzt das Vergangene als vergangen erklären, müsste er bereits jetzt sagen, dass es weder Gerechtigkeit für die Opfer der Geschichte geben wird, noch aber das Gelungene des Lebens über den Tod hinaus Bestand haben wird. Und so illusionslos leben zu müssen, geht nicht spurlos an der Gegenwart vorbei, zieht dem Leben eine abgründige Melancholie ein. Und dennoch bleibt es dabei. Um es mit Adorno zu sagen: Die Qual der Verhungernden allein verbürgt nicht, dass es Brot vom Himmel regnet.[6]

Joseph Ratzingers Denken leitet sich aber nicht aus einer Gotteskrise ab, die ganz wesentlich mit Gott selbst, seinem Vermissen angesichts der Abgründigkeit der Weltgeschichte, zusammenhängt. Nicht das Problem der Theodizee ist sein Problem, sondern das der Sünde des Menschen. Immer wieder hat er auf die Schwäche der menschlichen Natur verwiesen. Und dies hält sich auch in seinen Äußerungen als Papst durch. Signifikant ist diesbezüglich auch ein Auslegungshinweis zum Zweiten Vatikanischen Konzil unmittelbar nach Ratzingers Wahl zum Papst. Er ist deshalb interessant, weil er die Öffnung der katholischen Kirche durch das Konzil auf die Moderne stark relativiert:

74

„Wenn jemand erwartet hatte, dass das grundsätzliche ‚Ja‘ zur Moderne alle Spannungen lösen und die so erlangte ‚Öffnung gegenüber der Welt‘ alles in reine Harmonie verwandeln würde, dann hatte er die inneren Spannungen und auch die Widersprüche innerhalb der Moderne unterschätzt; er hatte die gefährliche Schwäche der menschlichen Natur unterschätzt, die in allen Geschichtsperioden und in jedem historischen Kontext eine Bedrohung für den Weg des Menschen darstellt.“[7] Wenn man sich vergegenwärtigt, dass es immer die Schwächung der Vernunft durch ihre Abkehr von Gott ist, die Ratzingers Sicht der Moderne leitet, dann wird klar, warum seine Sicht von einem tiefen Misstrauen ihr gegenüber bestimmt wird. Und spätestens dann, wenn es um moderne Lebensformen geht, traditionale Werte und Sozialformen als bedroht empfunden werden, so wird dies auf einen Relativismus der Moderne zurückgeführt, der wiederum Ausdruck dieser Schwächung ist:

„Auch das aufgeklärte Ethos, das unsere Staaten noch zusammenhält, lebt von der Nachwirkung des Christentums, das ihm die Grundlagen seiner Vernünftigkeit und seines inneren Zusammenhangs gegeben hat. Wo der christliche Boden völlig weggezogen wird, hält nichts davon mehr zusammen. Wir sehen es heute in der allmählichen Auflösung der Ehe als Grundform des Zueinander der Geschlechter, der die Herabstufung des Sexuellen zu einer Art von leicht erhältlicher Lustdroge folgt.“[8]

Ob trotz nicht zu übersehender Phänomene eines Diesseitskults, dem jegliche verbindliche Lebensorientierung entglitten zu sein scheint, die westlichen Gesellschaften – und von diesen ist hier die Rede, wie überhaupt Ratzinger bis in sein Pontifikat hinein erstaunlich eurozentristisch ausgelegt ist – tatsächlich so zu bestimmen sind, wäre zu prüfen. Es gibt ganz andere Indizien. Überraschend aber ist die Eindeutigkeit, mit der auch hier Zusammenhänge zwischen einem als christlich ausgemachten Moralethos und Orientierungen im Bereich des menschlichen Miteinanders aufgestellt werden. Die Vernünftigkeit einer Gesellschaft wird strikt gebunden an das Christentum als ihre Grundlage, was im Umkehrschluss doch nur bedeuten kann: Wenn einer Gesellschaft diese Grundlage als ihre gemeinsame Substanz fehlt oder ihr abhandenkommt, so zersetzt sie sich ins moralische Nichts. Gerade deshalb darf zwar die Kirche nicht selbst den Anspruch erheben, Staat sein zu wollen, da sie in diesem Falle ihre kritische Korrektivfunktion verlöre, aber es wird ihr von Ratzinger klar die Funktion zugeschrieben, Hüterin der Moral und damit der wahren Vernunft zu sein. Dass die Vernunft aus eigenem Vermögen Vernunft sein könne, wird ausdrücklich abgelehnt.

„Demgemäß kommt dem Staat – wie wir schon sagten – das, was ihn wesentlich trägt, von außen zu, nicht aus einer bloßen Vernunft, die im moralischen Bereich nicht ausreicht, sondern aus einer in historischer Glaubensgestalt gereiften Vernunft. Es ist wesentlich, dass dieser Unterschied nicht aufgehoben wird: Die Kirche darf sich nicht selbst zum Staat erheben oder als Machtorgan in ihm oder über ihn wirken wollen. Dann macht sie sich selbst zum Staat und bildet so den absoluten Staat, den sie gerade ausschließen soll. Sie würde durch die Verschmelzung mit dem Staat das Wesen des Staates und ihr eigenes Wesen zerstören.“[9]

Wenn man diese Zuordnung von Staat und Kirche betrachtet, so erklärt sich auch, warum es für Ratzinger zwar Sünder in der Kirche, aber keine sündige Kirche geben darf. Denn wäre die Kirche selbst sündig, so könnte sie diese Funktion nicht wahrnehmen. Freilich wird auch sofort klar, warum unter den Bedingungen modernen Denkens diese Trennung keine Akzeptanz finden kann. Denn was ist, sei es in der Form eines ‚Wissens‘ – theologisch in der Form von Dogmatik – oder aber auch hinsichtlich der strukturell-institutionellen Gestalt der Kirche, ist immer auch historisch in seinem Gewordensein rekonstruierbar. Die scharfe Trennung zwischen der Kirche und der Welt kann es dann nicht geben. Auch das, was Kirche ist und bestimmt, was sie in ihrem Wesen ausmacht, ist dann zumindest auch menschengemacht. Dann aber kann die Kirche auch nicht mehr einfach wissen, was Gott (‚wenn er existiert‘) will, ohne sich gleichzeitig zu fragen, ob sie darin nicht falsch liegen könnte. Prinzipiell falsch liegen zu können, ist eine Grundeinsicht einer solchen Moderne. Moderne Menschen haben deshalb gelernt, „die Intelligenz der Skepsis“ (Gerhard Schulze) in Anspruch zu nehmen. Was an sozialen, kulturellen Normsystemen, auch an religiösen Glaubenswelten überliefert ist und das Bewusstsein bestimmt, kann eben auch falsch sein, die Entfaltung des Lebens ohne Grund einengen. Skepsis gegenüber einer allzu selbstgewissen Gewissheit ist die Kardinaltugend einer solchen Modernität. Nicht so Ratzinger, für den die Irrtumsanfälligkeit der Vernunft Konsequenz ihrer Schwächung durch die Sünde ist. Aber an sich ist erkennbar, was wahr ist, und zwar unabhängig von historischer Kontingenz. Anders formuliert: Was gut und richtig ist, was der Natur des Menschen entspricht, war der Vernunft ursprünglich deutlich und ist nur durch die Abkehr des Menschen von Gott verdunkelt worden. Gleichzeitig bemerkt Ratzinger ausdrücklich, dass es sich um eine *„in historischer Glaubensgestalt gereifte[n] Vernunft“* handelt. Dies bedeutet doch, dass die Vernunft entweder erst in dem Moment endgültig Vernunft werden konnte, als es zur geschichtlichen Offenbarung in Christus kam. Oder aber es war Vernunft, nämlich im Anfang der Menschenschöpfung, und diese Vernunft wurde zerstört durch den Sündenfall und musste deshalb gereinigt werden. Vermutlich tendiert Ratzinger zu letzterer Sicht. Aber der Konflikt mit der modern gewordenen Welt, nicht nur mit einer aufgrund von neuen technologischen Möglichkeiten modern gewordenen Gesellschaft, sondern mit einer, die auf Autonomie in der Lebensgestaltung setzt, die ihren Mitgliedern möglichst große Freiheitsrechte und damit auch Gestaltungsspielräume in ihren individuellen Lebensentwürfen zubilligt, ist natürlich vorprogrammiert. Denn konsequent zu Ende gedacht, fordert Ratzinger um der Zukunft der Gesellschaft willen nichts anderes als deren Rechristianisierung. Und dies ist für ihn die eigentlich anzustrebende Moderne.

„Ist das alles nun eine Kampfansage an die Aufklärung und an die Moderne überhaupt? Keineswegs. Das Christentum hat sich von Anfang an als die Religion des Logos, als die vernunftgemäße Religion verstanden. Es hat seine Vorläufer prinzipiell nicht in den anderen Religionen, sondern in der philosophischen Aufklärung erblickt, die den Weg aus den Traditionen heraus zur Frage nach der Wahrheit und zum Guten, nach dem einen Gott über allen Göttern freigemacht hat. Es hat als Religion der Verfolgten und als gemeinsame Religion über die verschiedenen Staaten und Völker hin dem Staat das Recht abgesprochen, Religion als Teil der Staatsordnung festzulegen, und es hat deshalb die Freiheit des Glaubens verlangt. Es hat immer Menschen, alle Menschen ohne Unterschied als Geschöpfe Gottes und Bilder Gottes erklärt und damit grundsätzlich – wenn auch in den Grenzen der unüberspringbaren Sozialordnungen – die gleiche Würde aller Menschen proklamiert. Insofern ist die Aufklärung christlichen Ursprungs und ist nicht ohne Grund gerade und nur im Raum des christlichen Glaubens entstanden.“[10]

Man kann zumindest ein Fragezeichen hinter diese historische Rekonstruktion setzen. Es muss nur daran erinnert werden, dass noch im Jahre 1864 in dem so genannten „Syllabus Errorum", einer Sammlung lehramtlich verurteilter (!) Sätze, sich auch folgender Satz findet: „Es steht jedem Menschen frei, diejenige Religion anzunehmen und zu bekennen, die man, vom Licht der Vernunft geführt, für wahr erachtet." Die römisch-katholische Kirche hat sich extrem schwer getan, sich auf das neuzeitliche Freiheitsprinzip und entsprechende Freiheitsrechte einzulassen. Und das gilt bis heute. Zwar bedeutet das Zweite Vatikanische Konzil in dieser Hinsicht einen Meilenstein, aber

es bleiben auch hier noch ambivalente Äußerungen diesem Prinzip gegenüber. Hinzu kommt, dass die eigentliche – und ich sage ausdrücklich – Errun-
genschaft der Aufklärung, die Prinzipien von Autonomie und Freiheit in der
individuellen Lebensführung zu Grundrechten des Menschen zu erheben,
keineswegs anerkannt ist. In diesen Prinzipien wird die Quelle des Relativismus vermutet:

*„Einerseits erkennt man, daß der ethische Inhalt des christlichen Glaubens keine
dem Gewissen des Menschen von außen diktierte Auferlegung darstellt, sondern
eine Norm, die ihren Grund in der menschlichen Natur selbst hat; andererseits
wird vom natürlichen Gesetz her, das an sich jedem vernunftbegabten Geschöpf
zugänglich ist, die Basis gelegt, um mit allen Menschen guten Willens und, allgemeiner gesagt, mit der zivilen und säkularen Gesellschaft in einen Dialog zu treten.
Aber gerade aufgrund des Einflusses kultureller und ideologischer Faktoren befindet sich die zivile und säkulare Gesellschaft heute in einer Situation der Verloren-
heit und Verwirrung: Die ursprüngliche Offenkundigkeit der Fundamente des Menschen und seines ethischen Handelns sind verloren gegangen, und die Lehre vom
natürlichen Sittengesetz kollidiert mit anderen Auffassungen, die deren direkte
Leugnung darstellen. Das alles hat enorme und schwerwiegende Folgen für die
zivile und soziale Ordnung. Bei nicht wenigen Denkern scheint heute eine positivistische Rechtsauffassung vorzuherrschen. Nach ihnen werden die Menschheit
bzw. die Gesellschaft oder de facto die Mehrheit der Bürger die letzte Quelle des
Zivilrechts. Das Problem, das sich ihnen stellt, ist also nicht die Suche nach dem
Guten, sondern die Suche nach der Macht oder vielmehr nach dem Gleichgewicht
der Mächte. Ihre Wurzel hat diese Strömung im ethischen Relativismus, in dem
einige geradezu eine der Grundvoraussetzungen für die Demokratie sehen, weil
der Relativismus die Toleranz und die gegenseitige Achtung der Menschen gewähr-
leiste. Wenn aber das zuträfe, würde eine Augenblicksmehrheit letzte Quelle des
Rechts werden. Die Geschichte zeigt mit großer Deutlichkeit, daß die Mehrheiten irren können. Die wahre Vernünftigkeit wird nicht von der Zustimmung einer
großen Zahl gewährleistet, sondern nur von der Transparenz der menschlichen
Vernunft für die schöpferische Vernunft und vom gemeinsamen Hören auf diese
Quelle unserer Vernünftigkeit.“*[11]

Hier wird eine Begründungslogik verfolgt, die Ratzinger meines Wissens
immer vertreten hat. In einem Text aus dem Jahr 1962, also der unmittelbaren Konzilsphase, spricht er davon, dass *„es in der Tat so etwas wie den
gesunden Menschenverstand"* gebe, *„in dem sich das Bewußtsein der verbliebe-*

nen Schöpfungsordnung" zu Wort melde.[12] Immer wieder wird behauptet, es gebe ein an sich der Vernunft zugängliches natürliches Gesetz. Andererseits scheint dann aber doch nicht ganz klar zu sein, was dieses natürliche Gesetz, die Schöpfungsordnung, ist. Denn offensichtlich gibt es diesbezüglich unterschiedliche Auffassungen, auch offene Konflikte. Ob dann der gesunde Menschenverstand ausreicht, zu entscheiden, bleibt natürlich auch fraglich. Denn dann müsste ja immer bereits klar sein, was dieser gesunde Menschenverstand ist. Interessant ist an den Ausführungen des Papstes aus dem Jahre 2007, dass sie von einem tiefen Misstrauen gegenüber Mehrheitsentscheidungen geprägt sind. Der Grund ist klar. In den westlichen Gesellschaften gibt es Lebensformen, die zwar von der Mehrheit toleriert werden, die jedoch in einem offenkundigen Konflikt mir lehramtlichen Überzeugungen stehen. Wie ist dieser Konflikt zu lösen?

„Da es Einstimmigkeit unter Menschen schwerlich gibt, bleibt der demokratischen Willensbildung als unerläßliches Instrument nur zum einen die Delegation, zum anderen die Mehrheitsentscheidung übrig, wobei je nach der Wichtigkeit der Frage unterschiedliche Größenordnungen für die Mehrheit verlangt werden können. Aber auch Mehrheiten können blind oder ungerecht sein. Die Geschichte zeigt es überdeutlich. Wenn eine noch so große Mehrheit eine Minderheit, etwa eine religiöse oder rassische, durch oppressive Gesetze unterdrückt, kann man da noch von Gerechtigkeit, von Recht überhaupt, sprechen? So läßt das Mehrheitsprinzip immer noch die Frage nach den ethischen Grundlagen des Rechts übrig, die Frage, ob es nicht das gibt, was nie Recht werden kann, also das, was immer in sich Unrecht bleibt, oder umgekehrt auch das, was seinem Wesen nach unverrückbar Recht ist, das jeder Mehrheitsentscheidung vorausgeht und von ihr respektiert werden muß."[13]

Sicherlich würden vermutlich die allermeisten Menschen zustimmen, dass Minderheiten in einer Mehrheitsgesellschaft nicht unterdrückt werden dürfen. Allerdings zielt die Rede von der *„Diktatur des Relativismus"* auf ein ganz anderes Phänomen in modernen Gesellschaften: Ihrem Selbstanspruch nach schützen moderne Gesellschaften gerade die Freiheitsrechte der Einzelnen, so dass das, was diesen und das heißt den Freiheitsrechten anderer Menschen nicht widerspricht, gelebt werden kann. Modernen Gesellschaften geht es gerade um den Minderheitenschutz, um die möglichst geringe Ausgrenzung aus den Möglichkeiten, die freie Gesellschaften ihren Individuen eröffnen, oder gar um die konsequente Vermeidung der Diskriminierung von

Menschen aufgrund welcher Besonderheiten auch immer. Allerdings kennen diese Gesellschaften auch kein objektives, den einzelnen Menschen nochmals vorgeordnetes Naturrecht beziehungsweise das, was als Schöpfungsordnung bezeichnet wird. Und sie können dies auch nicht kennen, da sie religiös entsichert existieren, also ohne einen Recht legitimierenden Grund, der Gott genannt wird. Deshalb können sie auch keine religiöse Autorität anerkennen, die allgemeinverbindlich vorgibt, was dem gesunden Menschenverstand entspricht und was nicht. Vielmehr muss dies diskutiert und ausgehandelt werden. Man kann verstehen, dass Benedikt XVI. ein gebrochenes Verhältnis zu einer solchen modernen Gesellschaft hat. Das gilt aber auch umgekehrt.

Hinweise

1   J. Kardinal Ratzinger, Predigt in der Patriarchalbasilika St. Peter, Montag 18. April 2005: www.vatican.va.

2   Benedikt XVI., Enzyklika Spe salvi, 22: www.vatican.va.

3   Ebd., 23.

4   Ebd., 22.

5   J. Ratzinger, Europa in der Krise der Kulturen, in: M. Pera/J. Ratzinger, Ohne Wurzeln. Der Relativismus und die Krise der europäischen Kultur, Augsburg 2005, 62-85, 81 f.

6   Vgl. Theodor W. Adorno, Negative Dialektik, Frankfurt ³1982, 73.

7   Benedikt XVI., An das Kardinalskollegium und die Mitarbeiter der römischen Kurie beim Weihnachtsempfang: www.vatican.va.

8   J. Ratzinger, Vom Wiederauffinden der Mitte. Grundorientierungen. Texte aus vier Jahrzehnten, Freiburg u.a. 1997, 245.

9   J. Ratzinger, Wahrheit, Werte, Macht. Prüfsteine der pluralistischen Gesellschaft, Freiburg 1993, 89.

10 Benedikt XVI., Gott und die Vernunft. Aufruf zum Dialog der Kulturen, Augsburg 2007, 80 f.

11 Benedikt XVI., An die Mitglieder der Internationalen Theologenkommission zum Abschluss ihrer Jahresvollversammlung (05.10.2007): www.vatican.va.

12 J. Ratzinger, Gratia praesupponit naturam, wieder abgedruckt in: ders., Dogma und Verkündigung, München/Freiburg 1973, 161-181, 180.

13 J. Ratzinger, Vorpolitische moralische Grundlagen eines freiheitlichen Staates, in: J. Ratzinger/Benedikt XVI., Grundsatz-Reden aus fünf Jahrzehnten. Hg. v. F. Schuler, Regensburg 2005, 157-172, 159.

Das Bibelverständnis Joseph Ratzingers / Benedikts XVI.

Georg Schwind

Die angemessene und wahrheitsgerechte Interpretation der Heiligen Schrift gehört für Joseph Ratzinger zu den zentralen Aufgaben der christlichen Theologie. In seiner Autobiographie ‚Aus meinem Leben' bekennt er: „*Exegese ist für mich immer Zentrum meiner theologischen Arbeit geblieben.*"[1]

Die durch die Aufklärung aufgeworfenen fundamentalen Probleme einer angemessenen Schriftauslegung können bei weitem noch nicht als geklärt angesehen werden. Ratzingers eigenes methodisches Vorgehen auf der Suche nach einem klaren Verständnis der Heiligen Schrift ist dementsprechend ein Tasten auf einem noch nicht abgeschlossenen Weg. In erstaunlicher Zurückhaltung in Bezug auf die Normativität seines eigenen Denkens notiert Benedikt XVI. gegen Ende seines Vorwortes zum ersten Band seines Werkes „Jesus von Nazareth":

„*Gewiss brauche ich nicht eigens zu sagen, dass dieses Buch in keiner Weise ein lehramtlicher Akt ist, sondern einzig Ausdruck meines persönlichen Suchens ‚nach dem Angesicht des Herrn' (Ps 27,8). Es steht daher jedermann frei, mir zu widersprechen. Ich bitte die Leser nur um jenen Vorschuss an Sympathie, ohne den es kein Verstehen gibt.*"[2]

Neben der Offenheit, mit der Ratzinger hier die Ergebnisse seiner Überlegungen zur Diskussion stellt, sticht ein zweiter Punkt ins Auge: Das Ziel, mit dem sich christliche Theologie der Auslegung der Heiligen Schrift zu nähern hat, ist so eindeutig, wie der Weg dorthin noch fraglich und offen ist. Es muss um die Erkenntnis des ‚Angesichts des Herrn' gehen. Es geht um eine tiefe persönliche Beziehung zu Jesus, um die Frage, was Jesus für mich heute konkret in meinem Leben bedeutet. Alles andere, was man an historischem Wissen über die Zeit Jesu, über das Judentum zur Zeit Jesu oder über die Anfänge der Kirche noch aus den Quellen des Neuen Testamentes zu lesen vermag, bleibt demgegenüber sekundär.

Die Notwendigkeit einer historischen Kritik des Glaubens

Diese Grundentscheidung bestimmt das Verhältnis Ratzingers zu der in der wissenschaftlichen Theologie heute vorherrschenden Methode der Schriftexegese. Als Methode der Bibelauslegung hat sich zunächst im evangelischen Raum die historisch-kritische Exegese entwickelt. Mit im Laufe der Zeit sehr unterschiedlichen Zielsetzungen und Formen ist sie der Versuch, ein adäquates, d. h. den Erfordernissen der modernen kritischen Vernunft gemäßes Verständnis der biblischen Offenbarung zu gewinnen.

Aus diesem Ansatz entwickelte sich im Bereich des Neuen Testamentes im 19. Jahrhundert die sog. Suche nach dem historischen Jesus. Aus der Erkenntnis heraus, dass es nicht die Absicht der Evangelisten war, eine Biographie Jesu zu verfassen, und dass viele Aussagen der Evangelien sich historisch betrachtet widersprechen, versuchte man mit einem feinen Instrumentarium den historischen Kern aus den Evangelien herauszuschälen, um daraus eine nach den gesicherten Erkenntnissen der historischen Kritik gewonnene Biographie Jesu zu erstellen. Dabei versuchte man die historische Wahrheit über Jesus dadurch zu erkennen, dass man die Evangelientexte auf ihre frühesten Schichten hin untersuchte. Die Schriften des Neuen Testaments galten in dieser Perspektive als ein bereits verstellter Blick auf Jesus.

Albert Schweitzer hat in seinem grundlegenden Werk ‚Die Geschichte der Leben-Jesu-Forschung' die Naivität dieser Vorgehensweise schonungslos aufgedeckt. Die Biographien Jesu, die auf solche Weise zustande gekommen waren, erwiesen sich als derart unterschiedlich und von dem Denkhorizont des jeweiligen Verfassers bestimmt, dass der Versuch, den historischen Jesus der Geschichte gegen den biblisch bezeugten Christus des Glaubens zu gewinnen, als gescheitert angesehen werden musste.

Es war deshalb nur konsequent, dass eine mächtige Bewegung innerhalb der evangelischen Theologie sich in radikaler Weise von dem historisch-kritischen Zugang zur Bibel abwandte. Die Dialektische Theologie hat die Notwendigkeit einer historischen Kritik des Glaubens vehement abgelehnt. Der bleibend berechtigte Kern dieser Kritik besteht in der Überzeugung, dass die niemals den Bereich der Wahrscheinlichkeit übersteigenden Ergebnisse der historischen Wissenschaft aufgrund ihres stets vorläufigen Charakters nicht als Basis für eine unbedingte Glaubensüberzeugung dienen können. Im katholischen Raum steht der Name Hans Urs von Balthasar für eine ähnliche Haltung gegenüber der historischen Kritik. Demgegenüber hat Joseph Ratzinger stets an der Notwendigkeit, den Glauben auch historisch zu verantworten und somit der historischen Kritik auszusetzen, festgehalten. Diese Notwendigkeit ergibt sich nicht nur aus der Forderung nach Auseinandersetzung mit dem Denken der jeweiligen Zeit. Sie ergibt sich für Joseph Ratzinger vor allem und in erster Linie aus dem Glauben selbst. Denn dem christlichen Glauben an die Inkarnation des Gotteswortes liegt die Vorstellung des Eintritts Gottes in die reale menschliche Geschichte zugrunde. Basis des christlichen Glaubens ist ein historisches Geschehen, nämlich das sichtbar Werden von Gottes Wort im Leben, Sterben und Auferstehen des Jesus von Nazareth. Im Vorwort zum ersten Band seines Werkes über Jesus von Nazareth betont Benedikt XVI. ausdrücklich: „*Wenn also Geschichte, Faktizität in diesem Sinn, wesentlich zum christlichen Glauben gehört, dann muss er sich der historischen Methode aussetzen – der Glaube selbst verlangt das.*"[3]

Ratzingers Verhältnis zur historisch-kritischen Exegese

Vor diesem Hintergrund ist es nun bemerkenswert festzustellen, dass Joseph Ratzingers Verhältnis zur historisch-kritischen Exegese im Laufe seines theologischen Denkweges immer negativer wird. Trotz der von ihm deutlich unterstrichenen Notwendigkeit, den Glauben auch vor der historischen Vernunft zu verantworten, hält er die historisch-kritische Exegese für eine Sackgasse, aus der man nur durch eine grundlegende methodische Neuorientierung herauskommen kann. Joseph Ratzingers Vorbehalte gegen die historisch-kritische Exegese sind ganz grundsätzlicher Art. Er weist auf eine Schwierigkeit hin, die sich durch ihre dominierende Stellung für die Gläubigen ergeben habe. Durch die zunehmende Präzision, mit welcher sie die Schrift analysiert und zerlegt und die einzelnen Schichten der biblischen Texte voneinander scheidet, trage sie dazu bei, die Person Jesu von uns Heutigen zu entfremden. Damit macht Joseph Ratzinger die heute weit verbreitete Ansicht, nichts Sicheres über Jesus wissen zu können, die er zu Recht als „*dramatisch für den Glauben*"[4] ansieht, weil sie eine Distanz zum innersten Grund unseres Glaubens schaffe und ein persönlicher inniger Bezug zur Person Jesu verloren gehen müsse, als unmittelbare Folge der Dominanz der historisch-kritischen Exegese aus. Sie könne daher dem gläubigen Leser der Schrift die Person per se nicht näher bringen. Bei allem Respekt und bei aller Achtung vor den zahlreichen und wichtigen Erkenntnissen, welche wir durch das historisch-kritische Studium der Schrift erhalten haben, könne diese Methode nicht zum Maßstab eines adäquaten Schriftverständnisses werden. Vielmehr gelte es, sie durch eine *theologische* Exegese zu ergänzen. Die theologische Exegese legt die Schrift von der inneren Einheit des Glaubens her aus. Sie sieht in Jesus Christus den Schlüssel für das Verständnis der gesamten Schrift, also des Alten wie des Neuen Testamentes. Die theologische Exegese wahrt also nicht die Neutralität in Bezug auf ihren Forschungsgegenstand, so wie dies die reine historische Methode tut. Sie ist entschieden für das, womit sie sich auseinandersetzt. Sie setzt also die Glaubensentscheidung voraus und ermöglicht dadurch eine direkte persönliche Beziehung zu Jesus, von der die historische Kritik von ihrem Selbstverständnis her absehen müsse.[5]

Joseph Ratzinger steckt die Aufgabe der Fachexegeten deutlich enger ab als dies das II. Vatikanische Konzil in seiner Dogmatischen Konstitution über die göttliche Offenbarung *Dei Verbum* getan hat. Für die Konzilsväter war jener Part, welchen Joseph Ratzinger als „theologische Exegese" streng von der historischen Methode scheidet, durchaus Bestandteil der Aufgabe der Fachexegeten. In Nummer 12 der Konzilskonstitution heißt es:

„Da Gott in der Heiligen Schrift durch Menschen nach Menschenart gesprochen hat, muß der Schrifterklärer, um zu erfassen, was Gott uns mitteilen wollte, sorgfältig erforschen, was die heiligen Schriftsteller wirklich zu sagen beabsichtigten und was Gott mit ihren Worten kundtun wollte.

Um die Aussageabsicht der Hagiographen zu ermitteln, ist neben anderem auf die literarischen Gattungen zu achten; denn die Wahrheit wird je anders dargelegt und ausgedrückt in Texten von in verschiedenem Sinn geschichtlicher, prophetischer oder dichterischer Art oder in anderen Redegattungen. Weiterhin hat der Erklärer nach dem Sinn zu forschen, wie ihn aus einer gegebenen Situation heraus der Hagiograph den Bedingungen seiner Zeit und seiner Kultur entsprechend – mit Hilfe der damals üblichen literarischen Gattungen – hat ausdrücken wollen und wirklich zum Ausdruck gebracht hat. Will man richtig verstehen, was der heilige Verfasser in seiner Schrift aussagen wollte, so muß man schließlich genau auf die vorgegebenen umweltbedingten Denk-, Sprach- und Erzählformen achten, die zur Zeit des Verfassers herrschten, wie auf die Formen, die damals im menschlichen

Alltagsverkehr üblich waren. Da die Heilige Schrift in dem Geist gelesen und ausgelegt werden muß, in dem sie geschrieben wurde, erfordert die rechte Ermittlung des Sinnes der heiligen Texte, dass man mit nicht geringerer Sorgfalt auf den Inhalt und die Einheit der ganzen Schrift achtet, unter Berücksichtigung der lebendigen Überlieferung der Gesamtkirche und der Analogie des Glaubens. Aufgabe der Exegeten ist es, nach diesen Regeln auf eine tiefere Erfassung und Auslegung des Sinnes der Heiligen Schrift hinzuarbeiten, damit so gleichsam auf Grund wissenschaftlicher Vorarbeit das Urteil der Kirche reift. Alles, was die Art der Schrifterklärung betrifft, untersteht letztlich dem Urteil der Kirche, deren gottgegebener Auftrag und Dienst es ist, das Wort Gottes zu bewahren und auszulegen." (Dei Verbum 12.)

Für Joseph Ratzinger scheinen die Postulate des Konzils nicht durch eine einheitliche, wissenschaftlich stringente Fachexegese einlösbar zu sein. Die Unterscheidung von historischer und theologischer Exegese mit dem daraus resultierenden Vorrang der theologischen Exegese wirft die Frage auf, welchen Status die Ergebnisse der historischen Kritik für den Glauben unter diesen methodischen Voraussetzungen dann noch haben.

Die Frage des Verhältnisses von historisch-kritischer und theologischer Exegese oder noch etwas grundsätzlicher: die Frage des Verhältnisses von historisch-kritischer Exegese und verbindlichen Glaubensaussagen des kirchlichen Lehramtes bezeichnet Ratzinger im Jahr 2003 in einem Vortrag mit dem Thema „Die Beziehung zwischen Lehramt der Kirche und Exegese"[6] sogar als Problem seiner eigenen Autobiographie.[7]

Das in der historisch-kritischen Exegese selbst entwickelte Instrumentarium der Redaktionskritik, welche nach der genuinen Aussageintention der Evangelisten und nicht nach den vermeintlich frühesten Textschichten fragt, geht sicherlich einen deutlichen Schritt über die analytische und zerlegende Vorgehensweise der Text- oder der Literarkritik hinaus. Die redaktionskritischen Befunde sind genuin theologisch, ohne einen Graben zwischen sich und den Ergebnissen der historischen Kritik aufzureißen. Dieser Redaktionskritik räumt Joseph Ratzinger in seinen Überlegungen zu diesem Problembereich allerdings kaum Bedeutung bei. Stattdessen gehen seine Überlegungen in eine andere Richtung. Er verweist ausdrücklich auf „*das Projekt der ‚kanonischen Exegese'*"[8], welches sich vor ca. 30 Jahren in den USA entwickelt hat. Die kanonische Exegese zerlegt die Schrifttexte nicht in Einzelteile, um dadurch frühe von späten Schichten trennen zu können, sondern versucht die einzelnen Texte vom Ganzen der Schrift her zu verstehen. Diese grundsätzlichen methodischen Überlegungen können hier natürlich keiner Lösung zugeführt werden. Sie sollen lediglich dazu dienen, einerseits die Position Joseph Ratzingers aus sich heraus etwas verständlicher zu machen. Andererseits auch den Standpunkt seiner theologischen Kritiker besser einordnen zu können. Es ist deutlich geworden, dass es Joseph Ratzinger aus innerstem Glaubensinteresse heraus darum geht, die Schrift für uns heute gegenwärtig und lebendig werden zu lassen. In welch hohem Maße ihm das gelingt, zeigen seine Schriftauslegungen bzw. Schriftmeditationen. Im Folgenden sollen einige Beispiele angeführt und durch kurze Kommentierungen in den oben aufgezeigten Zusammenhang gestellt werden.

Fronleichnam als Ausdruck biblischer Kerngedanken

Schauen wir zunächst auf eine kleine Meditation, die Ratzinger, jetzt bereits als Papst Benedikt über Fronleichnam anstellt. Die historische Entstehung der Form dieses Festes ist eng mit den gegenreformatorischen Bestrebungen der katholischen Kirche verknüpft. Aber Benedikt setzt unmittelbar am ökumenischen Kern dieses Festes an:

„Warum eigentlich gibt es so viel Hunger in der Welt? Warum müssen Kinder Hungers sterben, während andere in ihrem Überfluß ersticken? […] Gewiß nicht deswegen, weil die Erde nicht Brot für alle hervorbringen könnte. In den Ländern des Westens werden Prämien gezahlt für die Vernichtung von Früchten der Erde, um die Preise zu erhalten, während anderswo Menschen verhungern. Die Vernunft des Menschen ist erfinderischer, immer neue Mittel der Zerstörung zu entdecken als neue Wege zum Leben. Sie ist erfinderischer, um in allen Winkeln der Welt die Waffen der Zerstörung reichlichst präsent zu machen, als um Brot dorthin zu bringen. Warum dies alles? Weil unsere Seelen unterernährt sind. Weil unser Herz blind und verhärtet ist. Das Herz zeigt dem Verstand nicht den Weg. Die Welt ist in Unordnung, weil ihm die Liebe fehlt, die den Weg zur Gerechtigkeit weisen würde.“[9]

Noch ehe Benedikt auch nur einen einzigen biblischen Satz bedenkt, beschreibt er die Situation, in der sich die Menschheit heute befindet. Er beschreibt diese Situation als Skandal der Unterdrückung und Ungerechtigkeit, sieht darin aber grundsätzliche menschliche Strukturen, die sich so ähnlich auch in anderen Epochen finden lassen. Von dieser Situationsbeschreibung aus blickt er auf einen biblischen Vers, der sich in seinem Sinn nun ganz von selbst zu erschließen scheint:

„Wenn wir all dies bedenken, dann verstehen wir das Wort der heutigen Lesung, das der Herr dann dem Satan entgegenhielt, als der ihn aufforderte, Steine zu Brot zu machen: Der Mensch lebt nicht vom Brot allein, sondern von jedem Wort, das aus dem Munde Gottes kommt (Mt 4,4). Damit es Brot für alle gibt, muß zuvor das Herz des Menschen genährt werden. Damit Gerechtigkeit unter den Menschen werde, muß Gerechtigkeit in den Herzen wachsen, und die wächst nicht ohne Gott und ohne die grundlegende Nahrung seines Wortes. Dieses Wort ist Fleisch geworden, Mensch geworden, damit wir es empfangen können, damit es uns Nahrung werden kann. Weil der Mensch zu klein ist, als dass er an Gott heranreichen könnte, ist Gott selbst klein geworden, damit er unsere Nahrung werden kann und damit wir Liebe von seiner Liebe empfangen können und die Welt sein Reich wird.“[10]
Jetzt erst ist Benedikt beim Anlass seiner Meditation angelangt. Dies ist das Licht, in dem Fronleichnam gefeiert werden muss.

„Um diese Zusammenhänge geht es am Fronleichnamsfest. Wir tragen den Herrn, den fleischgewordenen Herrn, den zum Brot gewordenen Herrn hinaus in die Straßen unserer Städte und Dörfer. Wir tragen ihn hinaus in den Alltag unseres Lebens. Diese Straßen sollen seine Wege werden. Er soll nicht eingeschlossen in den Tabernakeln neben uns leben, sondern mitten unter uns, in unserem Alltag. Wo wir gehen, soll er gehen, wo wir leben, soll er leben. Die Welt, der Alltag, soll sein Tempel sein.“[11]

Was bedeutet Auferstehung?

Benedikts methodisches Vorgehen bei der Schriftexegese lässt sich genauer betrachten, wenn man die beiden Bände seines Jesus-Buches studiert. Im zweiten Teil seines Jesus-Buches behandelt Benedikt die Fragen um den Einzug nach Jerusalem, über das Letzte Abendmahl, die Kreuzigung bis zur Auferstehung. Bei seinen Ausführungen über Jesu Auferstehung stellt Benedikt gleich am Anfang klar: *„Insofern ist bei unserer Suche nach der Gestalt Jesu die Auferstehung der entscheidende Punkt. Ob Jesus nur war oder ob er auch ist – das hängt an der Auferstehung. Im Ja und Nein dazu geht es nicht um ein einzelnes Ereignis neben anderen, sondern um die Gestalt Jesu als solche.“*[12]
Am Glauben an die Auferstehung hängt der christliche Glaube. Deshalb ist

es von zentraler Bedeutung, zu klären, was unter Auferstehung letztlich zu verstehen ist. Dabei stellt Benedikt zunächst einmal klar, was Auferstehung im christlichen Sinn sicherlich *nicht* bedeuten kann: „*Nun in der Tat: Wenn es sich bei der Auferstehung Jesu nur um das Mirakel einer wiederbelebten Leiche handeln würde, ginge es uns letztlich nichts an. Dann wäre sie nicht wichtiger, als die Wiederbelebung klinisch Toter durch die Kunst der Ärzte es ist. An der Welt als solcher und an unserer Existenz hätte sie nichts geändert.*"[13] Würden wir Jesu Auferstehung in dieser Weise missverstehen, dann wäre sie im Grund nur ein Ereignis in dieser Welt gewesen, wie wir sie kennen. Benedikt weist demgegenüber darauf hin, dass Jesu Auferstehung etwas ist, das sich zwar konkret in der Geschichte ereignet hat, das aber nicht wie andere Ereignisse der Vergangenheit angehört, sondern in seiner Bedeutung weit über seine Zeit hinausweist: „*In Jesu Auferstehung ist eine neue Möglichkeit des Mensch-seins erreicht, die alle angeht und Zukunft, eine neue Art von Zukunft, für die Menschen eröffnet.*"[14]

Für die Jüngerinnen und Jünger, die diese Erfahrung der Auferstehung Jesu gemacht haben, war es eine Erfahrung, die sie überwältigt haben muss, gegen die sie sich nicht wehren konnten, so wirklich trat ihnen hier etwas entge-gen. Zugleich hatten sie keine Möglichkeit, das Erlebte in bekannte Katego-rien zu fassen, weil es alles bisher Dagewesene unendlich überstieg. „*Das Paradox war unbeschreibbar: dass er ganz anders war, keine wiederbelebte Leiche, sondern ein von Gott her neu und für immer Lebender. Und dass er doch gerade so, obwohl nicht mehr unserer Welt zugehörend, zugleich real da war, ganz er selbst. Es ging um eine ganz einzigartige Erfahrung, die die gewöhnlichen Erfahrungs-räume sprengte und für die Jünger doch ganz unbestreitbar war. Von daher erklärt sich die Eigenart der Auferstehungszeugnisse: Sie sprechen von etwas Paradoxem, von etwas, das alle Erfahrung überschreitet und dennoch ganz real da ist.*"[15]

Benedikt wendet sich anschließend dem biblischen Zeugnis der Auferste-hung zu, um einem Verständnis dieses zentralen Glaubensinhaltes näher zu kommen. Das Neue Testament kennt zwei unterschiedliche Weisen, Jesu Auferstehung zu bezeugen. Zum einen gibt es eine Erzähltradition, in welcher von den Erscheinungen des Auferstandenen berichtet wird. Die Auferstehungsberichte der vier Evangelien unterscheiden sich sehr, die Auf-erstehung selbst wird jedoch von keinem geschildert.

Demgegenüber steht die Bekenntnistradition, welche versucht, in kurzen Formeln den Kern des Geschehenen festzuhalten, und als Ausdruck des gemeinsamen Glaubens der jungen christlichen Gemeinde verstanden werden will.

War Jesu Grab leer?

Bei der Frage des leeren Grabes zeigt sich, dass Benedikt zum einen ein sehr scharfsinniger Interpret der Hl. Schrift ist und zum anderen die Ergebnisse der historischen Bibelforschung zur Untermauerung theologischer Aussagen heranzieht. Benedikt stellt zunächst fest, dass in der modernen Theologie das leere Grab nicht als Beweis für die Auferstehung angesehen werde, dass man daraus schließe, dass das leere Grab für den Auferstehungsglauben unerheblich sei und mehr oder weniger deutlich davon ausgehe, dass es wohl nicht leer gewesen sei, was dem modernen wissenschaftlich geprägten Bewusstsein entgegen komme. Dazu Benedikt:

„Natürlich kann das leere Grab als solches kein Beweis für die Auferstehung sein. Maria von Magdala fand es gemäß Johannes leer vor und nahm an, irgendjemand müsse den Leichnam Jesu weggenommen haben. Das leere Grab als solches kann die Auferstehung nicht beweisen, das ist wahr. Aber es gibt die umgekehrte Frage: Ist Auferstehung mit dem Verbleiben des Leichnams im Grab vereinbar? Kann Jesus auferstanden sein, wenn er im Grab liegt? Welche Auferstehung ist das dann? […] Wie dem auch sei: Thomas Söding, Ulrich Wilckens und andere stellen mit Recht fest, dass im Jerusalem von damals die Verkündigung der Auferstehung schlechterdings unmöglich gewesen wäre, wenn man auf den im Grab liegenden Leichnam hätte verweisen können. Insofern muss man von einer richtigen Fragestellung her sagen, dass das leere Grab als solches gewiss die Auferstehung nicht beweisen kann, dass es aber eine notwendige Bedingung für den Auferstehungsglauben ist, der sich ja gerade auf den Leib und durch ihn auf die Person in ihrer Ganzheit bezieht.“[16]

Benedikt stützt diese Argumentation durch eine Interpretation der Pfingstpredigt des Hl. Petrus. Zur Verkündigung der Auferstehung greift Petrus auf den Psalm 16 zurück. Er zitiert den Psalm in der griechischen Fassung (die sich von der hebräischen etwas unterscheidet): „[…] mein Leib wird in sicherer Hoffnung ruhen; denn du gibst mich nicht der Unterwelt preis, noch lässt du deinen Frommen die Verwesung schauen. Du zeigst mir den Weg zum

Leben [...]" (Apg 2,26 ff). Benedikt zeigt, wie gerade die Verwendung dieser Psalmform bei der Ermittlung der biblischen Aussageintention helfen kann: *„Die Verwesung nicht schauen' – das ist geradezu die Definition von Auferstehung. Erst die Verwesung galt als das Endgültigwerden des Todes. Mit der Dekomposition des Leibes, der in seine Elemente zerfällt, was den Menschen auflöst und ihn ins All zurückgibt, hat der Tod gesiegt. Nun gibt es diesen Menschen nicht mehr – nur ein Schatten mag in der Unterwelt verbleiben. Von dieser Sicht her war es für die Alte Kirche grundlegend, dass Jesu Leib nicht verwest ist. Nur dann galt, dass er nicht im Tod geblieben ist, dass in ihm wirklich das Leben über den Tod gesiegt hat. [...] In diesem Sinn ist das leere Grab als Teil der Auferstehungsverkündigung ein streng schriftgemäßes Faktum."*[17]

Auch hier zeigt sich wieder Benedikts Vorgehensweise in Bezug auf die Auslegung der Schrift. Er geht nicht der Frage nach, welche Form des Bekenntnisses die früheste war, um von da aus die frühe gegen die spätere Form zu stellen. Sein Interesse liegt auf der Erkenntnis der Aussageintention der biblischen Schriftsteller. Nur über sie können wir uns heute noch dem geschichtlichen Ereignis der Auferstehung nähern. Der Sinn der einzelnen Berichte und Bekenntnisformeln zur Auferstehung erschließt sich nur über ihre Lektüre aus der Perspektive des Glaubens, wobei historische Erkenntnisse insofern eine Rolle spielen, als sie uns helfen, die biblische Aussageintention besser zu erkennen.

Die Zeugen der Auferstehung

Dass diese Vorgehensweise manchmal durchaus zu strittigen Ergebnissen führen kann, zeigen insbesondere Benedikts Ausführungen über die Zeugen der Auferstehung.

„Er erschien dem Kephas, dann den Zwölfen', heißt es lapidar. Wenn wir diesen Vers als den letzten der alten Jerusalemer Formel ansehen dürfen, so hat diese Nennung besonderes theologisches Gewicht: Es wird das Fundament des Glaubens der Kirche selbst aufgezeigt. Einerseits bleiben ,die Zwölf' der eigentliche Grundstein der Kirche, auf den sie immer verwiesen ist. Andererseits wird der besondere Auftrag an Petrus unterstrichen [...] und Petrus gleichsam in die eucharistische Struktur der Kirche [eingeführt]. Nun, nach der Auferstehung zeigt sich der Herr zuerst ihm, vor den Zwölfen, und erneuert damit noch einmal seine einzigartige

Sendung."[18] Benedikt sieht natürlich durchaus, dass die Erzähltradition der Evangelien Frauen als Erstzeuginnen benennt. So verweist er auf den Unterschied zwischen Bekenntnis- und Erzähltradition, „*dass in der Bekenntnistradition nur Männer mit Namen genannt werden, während in der Erzähltradition die Frauen eine entscheidende Rolle spielen, ja Vorrang vor den Männern haben*".[19] Zur Erklärung dieses Sachverhaltes greift Benedikt wiederum auf Ergebnisse der historischen Forschung zurück: „*Das wird damit zusammenhängen, dass in der jüdischen Überlieferung nur Männer als Zeugen bei Gericht zugelassen wurden, das Zeugnis von Frauen als nicht verlässlich galt. Und so muss die ‚amtliche' Überlieferung, die gleichsam vor dem Gericht Israels und der Welt steht, sich an diese Norm halten, um in dem in gewisser Weise weitergehenden Prozess Jesu bestehen zu können.*"[20] Aus diesem Zugeständnis an die historischen Gegebenheiten zieht Benedikt nun aber weit reichende theologische und über die konkrete historische Situation der christlichen Urgemeinde hinausweisende Konsequenzen: „*Die Kirche ist in ihrer rechtlichen Struktur auf Petrus und die Elf gegründet, aber in der konkreten Gestalt des kirchlichen Lebens sind es immer wieder die Frauen, die dem Herrn die Tür öffnen, die bis zum Kreuz mitgehen und so auch den Auferstandenen erfahren dürfen.*"[21] Die Frage, ob in einer anderen historischen Situation, in der Frauen die Fähigkeit zur Zeugenschaft nicht mehr abgesprochen wird, die rechtliche Struktur der Kirche weiterhin ausschließlich auf Männer gegründet werden muss, wird nicht einmal gestellt. Bei all dem zeigt sich, dass Benedikt trotz aller Kritik an der historisch-kritischen Exegese durchaus nicht auf die Ergebnisse dieser wissenschaftlichen Bibelauslegung verzichten will. Er stellt sie vielmehr neu in einen theologischen Gesamtkontext und fordert, dass die sich seiner Ansicht nach rein historisch verstehende Exegese theologisch erweitern muss.

Diesem Postulat entspricht die Bevorzugung des Johannes-Evangeliums vor den drei synoptischen Evangelien nach Markus, Matthäus und Lukas. Das Johannes-Evangelium ist das am spätesten entstandene Evangelium und somit von den konkreten historischen Ereignissen um Jesus am weitesten entfernt. Dennoch gibt Benedikt Johannes in Fällen, in denen er von den synoptischen Evangelien abweicht oder ihnen gar zu widersprechen scheint, häufig den Vorzug und hält ihn für den geschichtlich verlässlicheren Zeugen. Die Begegnung mit dem wirklichen Jesus, der für uns Gott in unserer menschlichen Geschichte anschaulich gemacht hat, ist nicht gleichbedeutend mit dem Schürfen nach möglichst frühen Überresten seiner historischen Existenz.

Hinweise

1   J. Ratzinger, Aus meinem Leben. Erinnerungen (1927-1977), München 1998, S. 58.

2   J. Ratzinger/Benedikt XVI., Jesus von Nazareth, Erster Teil: Von der Taufe im Jordan bis zur Verklärung, Freiburg 2007, S. 22.

3   Ebd., S. 14.

4   Ebd., S. 11.

5   Vgl. ebd., S. 15.

6   J. Ratzinger, Zum hundertjährigen Bestehen der Päpstlichen Bibelkommission – Die Beziehung zwischen kirchlichem Lehramt und Exegese, in: Die Tagespost, 5. Juli 2003, S. 5-6.

7   Ebd., S. 5. Empfindlich ist dieses Thema nicht zuletzt auch deshalb, weil sich aus Ratzingers Sichtweise dieses Verhältnisses ein grundlegendes Problem in Bezug auf die Auslegungskompetenz ergibt: Wer hat im Zweifel Recht, wenn unterschiedliche Befunde vorliegen: der Wissenschaftler oder der gläubige Leser der Schrift. Von Ratzingers Denkansatz her kann es nicht der Wissenschaftler sein, zumal in diesem Fall der Inhalt der Schrift bestenfalls nur über wissenschaftlich sehr wahrscheinliche (aber niemals im Sinne einer Glaubensentscheidung gewisse) Ergebnisse antizipiert werden könnte. Der einzelne Gläubige aber kann genauso irren. Er steht jedoch in einer größeren Gemeinschaft von Glaubenden. Somit kann letztlich nur die kirchliche Autorität über die Adäquatheit der Schriftauslegung entscheiden. – Es wäre zu fragen, ob sich eine derartige Zuspitzung der Problematik durch eine andere Sicht auf das Verhältnis von Geschichte und Dogma nicht entschärfen oder gar vermeiden ließe.

8   J. Ratzinger/Benedikt XVI., Jesus von Nazareth, Erster Teil, S. 17.

9   J. Ratzinger, Unterwegs zu Jesus Christus, Augsburg 2003, S. 103.

10 Ebd., S 104.

11 Ebd.

12 J. Ratzinger/Benedikt XVI., Jesus von Nazareth. Zweiter Teil: Vom Einzug in Jerusalem bis zur Auferstehung, Freiburg 2011, S. 267.

13 Ebd., S. 268.

14 Ebd.

15 Ebd., S. 270.

16 Ebd., S. 279 f.

17 Ebd., S. 281 f.

18 Ebd., S. 285.

19 Ebd., S. 287.

20 Ebd., S. 287 f.

21 Ebd., S. 288.

Eucharistie und liturgisches Feiern als Lebensmittelpunkt der Kirche und kirchlichen Handelns

Liturgietheologische Aspekte Benedikts XVI.

Sabine Müller

Die Liturgie ist „der Höhepunkt, dem das Tun der Kirche zustrebt, und zugleich die Quelle, aus der all ihre Kraft strömt. Denn die apostolische Arbeit ist darauf hingeordnet, dass alle, durch Glauben und Taufe Kinder Gottes geworden, sich versammeln, inmitten der Kirche Gott loben, am Opfer teilnehmen und das Herrenmahl genießen. […] Aus der Liturgie, besonders aus der Eucharistie, fließt uns wie aus einer Quelle die Gnade zu; in höchstem Maß werden in Christus die Heiligung der Menschen und die Verherrlichung Gottes verwirklicht, auf die alles Tun der Kirche als auf sein Ziel hinstrebt" (Liturgiekonstitution „Sacrosanctum Concilium" [= SC] 10). Die Schriften Papst Benedikts XVI. weisen in vielfältiger Hinsicht dieses Gedankengut auf. Auf weiten Strecken seines theologischen Denkens und Arbeitens widmet er sich der Theologie der Liturgie, ihren Grundlagen, ihrem Gewordensein. In besonderer Weise bedenkt er ihre Mitte: die Eucharistie, ihre Ursprünge, Gehalt und Gestalt und ihre verwandelnde Kraft. Sein Augenmerk gilt dann vor allem auch *der* Ekklesiologie, die in der Eucharistie wurzelt, und den sich aus der eucharistischen Realität ergebenden Implikationen.

Unsere derzeitige Situation der Pastoral gibt nicht wenige Fragestellungen auf, die die Liturgie, näherhin die Eucharistie betreffen: Wie entwickeln sich die Möglichkeiten, Eucharistie zu feiern? Was heißt es, dass künftig liturgisches Feiern mehr die ganze Vielfalt liturgischer Formen im Blick haben muss? Und was erfordert die Ausbildung zur Leitung von Wort-Gottes-diensten – an Inhalten, an Kompetenzen hinsichtlich menschlicher, fachlicher und nicht zuletzt geistlicher/spiritueller Voraussetzungen?

Vorrangig jedoch muss nach der Bedeutung und der Chance liturgischen Feierns gefragt werden in einer Zeit der Suche nach neuer Orientierung, neuen Wegen pastoraler Entwicklung, nach lebendigen und heilsamen Perspektiven kirchlicher Existenz. In diese heutige Situation hinein spricht die Theologie Benedikts XVI. eine deutliche Sprache.

Wovon zu reden ist ...

Von liturgietheologischen Aspekten bei Benedikt XVI. zu reden, heißt, von Gott zu reden. Es geht Benedikt XVI. primär um die Begegnung mit und die Verwurzelung in Gott. Die „Erstrangigkeit des Themas Gott" hat eine Eindeutigkeit gewonnen hinsichtlich der Anordnung der Konzilstexte und auch angesichts des ersten Bandes des Gesamtwerks Joseph Ratzingers über die „Theologie der Liturgie".

„Gott zuerst, so sagt uns der Anfang mit der Liturgie. Wo der Blick auf Gott nicht bestimmend ist, verliert alles andere seine Richtung."[1]

Die Liturgietheologie Benedikts XVI. öffnet gerade diesem Blick immer neue Räume.

Es ist weiter von Jesus Christus zu reden, der Antlitz Gottes ist in Welt und Zeit, um im Schauen und Hören auf ihn die Liebe und Wahrheit, die Gerechtigkeit und Barmherzigkeit Gottes zu erkennen.

Und es ist vom Heiligen Geist zu reden und seinem dynamischen Wirken: in der Liturgie, explizit der Eucharistie, in den gläubigen Mitfeiernden, in dem, was von der Feier der Liturgie her Ausstrahlung gewinnen will in das persönliche Lebensumfeld und – insbesondere auch im Handeln der Kirche – in Welt und Gesellschaft hinein.

Die Theologie Benedikts XVI. formuliert eine Dynamik, die in der Beziehungsnahme zu diesem Gott wach wird und den Menschen immer neu ins Leben und in die Liebe hineinruft. Dieser Dynamik, die gerade in der Liturgie und Eucharistie lebendig wird, soll hier in einigen andeutenden Linien nachgegangen werden. Die Fülle der Themen gebietet dabei die Beschränkung auf wenige, aber zentrale Aspekte: die Beziehung zu Jesus Christus, seine Selbsthingabe in der Eucharistie, der daraus gestiftete Aufbau der Kirche, der grundlegende Aspekt der Verwandlung und dessen Implikationen auf Sendung bzw. kirchliches Handeln hin. In allem geht es darum, was wir feiern:

Gott selbst, der die Liebe ist, und sein Handeln aus Liebe in und durch Jesus Christus, sein Geistwirken, in dem er berühren, durchdringen und verwandeln will für den Dienst am Nächsten. Damit die Feiernden selbst als vom Geist Ergriffene und Verwandelte diesem Gott Gestalt geben, sein Antlitz werden in dieser Welt und Zeit: in der gelebten Liebe.

Was heißt Liturgie?

Benedikt XVI. zeichnet große Linien. Und es geht um das zutiefst Existentielle, nicht um Vordergründiges. Es geht um Leben und Tod – und neues Leben. *„Liturgie ist Fest". „Im Fest geht es um Freiheit, bei der Freiheit um das Sein hinter den Rollen; wo aber das Sein auftaucht, tritt auch die Frage des Todes hervor. Darauf vor allem muß das Fest antworten. Umgekehrt: Das Fest setzt Ermächtigung zur Freude voraus; diese Ermächtigung ist nur stichhaltig, wenn sie der Todesfrage standhält. Demgemäß hat das Fest in der Religionsgeschichte immer kosmischen und universalen Charakter gehabt."*[2]
Der bewusste Umgang mit existentiellen Fragen und Herausforderungen hat in allen Kulturen und Religionen immer schon Ausdruck und Gestalt in der Feier gefunden. Im Blick auf das Christentum, auf das Spezifische am Fest christlicher Liturgie ist das unüberbietbar Neue der Durchgang Jesu Christi durch den Tod zum (neuen) Leben: die Auferstehung.
So *„ist christliche Liturgie – Eucharistie – ihrem Wesen nach Fest der Auferstehung, Mysterium Paschae. Als solches trägt sie das Kreuzgeheimnis in sich, das ja die innere Voraussetzung der Auferstehung ist."*[3] In solchen Worten beschreibt Benedikt XVI. das Zentrum liturgischen Feierns und deutet die Kraft und Dynamik Gottes an, die in der Liturgie und besonders in der Eucharistie Gestalt findet.
Benedikt XVI. lässt in der Auseinandersetzung mit der Frage „Was ist Liturgie?" auch das innere Zueinander von Altem und Neuem Testament nicht außen vor – im Gegenteil: *„ohne den Zusammenhang mit dem alttestamentlichen Erbe ist die christliche Liturgie schlechterdings nicht zu verstehen."*[4] Hier deutet sich ein weiterer Themenkomplex an, dem Benedikt XVI. adäquaten Raum gibt. Schließlich artikuliert er die Feier der Liturgie in die Weite des Kosmos hinein. Es geht um eine Liturgie, die Schöpfung und Geschichte zugleich umgreift. In diesen Andeutungen zu den genannten Themenaspekten klingt an:

Es geht um Großes und zugleich um die je eigenen Belange ganz menschlicher Befindlichkeiten.

„In der Liturgie wird die ganze Tiefe des Menschen angesprochen, die viel weiter reicht als unser Alltagsbewußtsein; es gibt Wirklichkeiten, die wir nur mit dem Herzen verstehen und mit dem Verstand allmählich, je mehr wir uns vom Herzen erleuchten lassen."[5] Liturgie ist nie Selbstdarstellung, *„wo am Schluß dann wirklich nur noch das 'Ich selbst' wichtig ist. Es kommt vielmehr darauf an, dass wir eingehen in etwas viel Größeres. Dass wir gewissermaßen aus uns selbst heraus und ins Weite gehen können."*[6]

Benedikt XVI. greift zu einem Bild, in dem sich widerspiegelt, was es mit dieser Größe auf sich hat und was im Folgenden in einigen Linien entfaltet wird:

„Die Schönheit der Liturgie […] ist höchster Ausdruck der Herrlichkeit Gottes und stellt in gewissem Sinne ein Sich-Herunterbeugen des Himmels auf die Erde dar."[7]

Quelle und Mitte christlicher Existenz: die Liebe Gottes – Jesus Christus

„Der Glaube ist nicht nur etwas Innerliches, sondern eine Beziehung zu Jemandem."[8] Der christliche Glaube ist Beziehung zu einer Person. Diese Person ist Gott selbst im Antlitz Jesu Christi. Benedikt XVI. wirbt für den Weg einer immer tieferen Beziehung zu Jesus Christus, das immer neue Entdecken der Liebe zu ihm. Dabei geht es in erster Linie um die existentielle Erfahrung der Liebe Jesu, einer Liebe, die nicht abstrakt ist, sondern konkret wird im Glauben, im Leben, im Tun und Lassen.

„Jeder Mensch braucht eine ‚Mitte' für sein Leben, eine Quelle der Wahrheit und der Güte, aus der er in der Abfolge der verschiedenen Situationen und in der Mühe des Alltags schöpfen kann. Beim stillen Innehalten hat es ein jeder von uns nötig, nicht nur den eigenen Herzschlag, sondern das Pochen einer verlässlichen Gegenwart in größerer Tiefe zu verspüren, die mit den Sinnen des Glaubens wahrnehmbar und dennoch weitaus wirklicher ist: die Gegenwart Christi, des Herzens der Welt."[9]

Diese Gegenwart ist in uns wirksam. Davon zu reden wird Benedikt XVI. nicht müde.

„In der Kraft seines Geistes ist Jesus immer in unseren Herzen gegenwärtig und wartet ruhig darauf, dass wir bei ihm still werden, um seine Stimme zu hören, in seiner Liebe zu weilen und die ‚Kraft aus der Höhe' zu empfangen, eine Kraft, die

uns befähigt, Salz und Licht der Welt zu sein."[10] In einem weiteren eindrücklichen Bild sagt Benedikt XVI.: „*Christus ist die ‚Hand' Gottes, die sich der Menschheit entgegenstreckt, damit diese aus dem Treibsand von Krankheit und Tod herausfindet und ihre Füße auf den festen Fels der Liebe Gottes stellen kann.*"[11] Es geht darum, in der Gewissheit der Gegenwart Gottes Leben zu gestalten. Dabei ist in allen Lebensumständen sein liebender Blick, seine Gegenwart beständig. „*Gottes Sehen ist Tun. Dass er mich sieht, mich ansieht, verändert mich und die Welt um mich herum.*"[12]

In der Begegnung mit Jesus Christus wird dies konkret erfahrbar. In ihm will Gott die Mitte sein: des Einzelnen, der Gemeinschaften, der Kirche als Ganzer. Leben in christlicher Existenz soll konsequent und radikal ausgerichtet werden an der Lebensgestalt Jesu Christi. Diese Gedanken durchziehen die Schriften Benedikts XVI.

Was bzw. wer war die Mitte im Leben Jesu? Was zeigt sich ihm als Grund und Ziel, als lebenstragende und -erhaltende Kraft über den Tod hinaus?

„*Jesus spricht mit dem Vater: Das ist die Quelle und der Mittelpunkt all dessen, was Jesus tut; wir sehen, dass sein Predigen, die Heilungen, die Wunder und schließlich das Leiden diesem Mittelpunkt entspringen: seinem Zusammensein mit dem Vater.*"[13] Sehr eindrücklich beschreibt Benedikt XVI. diese Beziehung Jesu zu seinem Vater, deren Kern das „Gespräch mit dem Vater" war und als deren Konzentrat dann die Gebetslehre Jesu entsteht, in der er die Jünger das ‚Vater unser' lehrt.

„*In allen Worten und Taten leuchtet diese stets gegenwärtige und stets wirksame Sohnesbeziehung durch; man kann erkennen, wie sein ganzes Sein in dieser Beziehung eingeborgen ist.*"[14]

Dieses Mit-dem-Vater-in-Beziehung-Sein baut die Person Jesu von innen her auf. Deshalb kann Jesus auch sprechen: „Dazu bin ich gekommen" und „dazu bin ich gesandt". Weil sein ganzes Sprechen und Handeln vom Vater her geschieht. „*Seine ganze Existenz ist Sendung, d. h. Beziehung.*"[15] So ist die „*Mitte von Leben und Person Jesu […] nach dem Zeugnis der Heiligen Schrift seine ständige Kommunikation mit dem Vater […]*"[16] Diese bricht nie ab, selbst im Sterben und im Tod nicht. Eine solche existentielle Beziehungsdimension, wie sie ablesbar wird an Jesu Beziehung zu seinem Vater, soll Vorbild für die Lebens- und Glaubenshaltung jeglicher christlicher Existenz sein. „*Weil das Gebet Zentrum von Jesu Person ist, ist Beteiligung an seinem Beten Voraussetzung für das Erkennen und Verstehen Jesu.*"[17] Es geht um eine Haltung, die um den hohen Wert des Gebetes – der Kommunikation mit Gott – weiß und diese übt.

Quelle und Mitte kirchlicher Existenz: die vollendete Gestalt der Liebe – Selbsthingabe Jesu Christi in der Eucharistie

„Jesus starb betend." Diese Worte meditiert Benedikt XVI. vielfach. *„Er hat seinen Tod zu einem Gebetsakt, zum Akt der Anbetung gemacht."*[18] Der Dialog mit dem Vater war so sehr sein innerstes Wesen, *„dass sein Sterben selbst ein Akt des Betens war, dass Tod so Übereignung an den Vater wurde".*[19] Jesus gibt sich ganz und gar und gibt so der unüberbietbaren Liebe des Vaters Ausdruck und Gestalt.

„Die heilige Eucharistie ist das Geschenk der Selbsthingabe Jesu Christi, mit dem er uns die unendliche Liebe Gottes zu jedem Menschen offenbart. In diesem wunderbaren Sakrament zeigt sich die ‚größte' Liebe, die dazu drängt, ‚das eigene Leben für die Freunde hinzugeben' [...] (vgl. Joh 15,13)."[20]

„Diesem Akt der Hingabe hat Jesus bleibende Gegenwart verliehen durch die Einsetzung der Eucharistie während des Letzten Abendmahles. Er antizipiert seinen Tod und seine Auferstehung, indem er schon in jener Stunde den Jüngern in Brot und Wein sich selbst gibt, seinen Leib und sein Blut als das neue Manna (vgl. Joh 6,31-33)." (Deus caritas est = DCE 13)

„Der Tod, der seinem Wesen nach das Ende, die Zerstörung jeder Kommunikation ist, wird von ihm in einen Akt des Sich-Kommunizierens umgewandelt; und dies ist die Erlösung der Menschen, denn es heißt: Die Liebe besiegt den Tod."[21]

Jesus bricht das Brot und wird darin selbst gebrochen. Er teilt Brot und Wein aus und teilt sich selbst darin aus. Indem er dies tut, *„nimmt er seinen Tod vorweg, nimmt er ihn von innen her an und verwandelt ihn in eine Tat der Liebe. Was von außen her brutale Gewalt ist – die Kreuzigung –, wird von innen her ein Akt der Liebe, die sich selber schenkt, ganz und gar. Dies ist die eigentliche Wandlung, die im Abendmahlssaal geschah und die dazu bestimmt war, einen Prozess der Verwandlungen in Gang zu bringen, dessen letztes Ziel die Verwandlung der Welt dahin ist, dass Gott alles in allem sei (vgl. 1 Kor 15,28)."*[22]

Es ist die „Stunde" Jesu. Die *„Stunde, in der die Liebe siegt. Das heißt: Gott hat gesiegt, denn er ist die Liebe. Die ‚Stunde' Jesu will unsere Stunde werden und wird es, wenn wir uns durch die Feier der heiligen Eucharistie in den Prozess der Verwandlungen hineinziehen lassen, um die es dem Herrn geht. Eucharistie muß Mitte unseres Lebens werden."*[23]

Es geht darum, sich einzulassen auf die Hingabe Jesu. Dieses *„Mit-sein mit seiner Person, das aus der Beteiligung an seinem Gebet hervorgeht, konstituiert so jenes umfassende Mitsein, welches Paulus mit dem Wort ‚Leib Christi' benennt."*[24]

Eucharistie – Wurzelgrund der Gemeinschaft der Glaubenden

Die Eucharistietheologie Benedikts XVI. legt dar, wie die Eucharistie, die liebende Selbsthingabe Jesu, Beziehung stiftet. Sie stiftet Identität und Gemeinschafts-, sprich: Kirchenbildung. Und umgekehrt: Die Kirche wurzelt im eucharistischen Geschehen und baut sich von hier aus auf. Diese Dynamik artikuliert Benedikt XVI. immer wieder in seinem theologischen Schaffen. Von hier aus gewinnt seine eucharistische Ekklesiologie Gestalt.

In der Eucharistie *„nimmt Jesus die Gläubigen in seine ‚Stunde' hinein; auf diese Weise zeigt er uns die Bindung, die er zwischen sich und uns, zwischen seiner Person und der Kirche beabsichtigte. […] Tatsächlich hat Christus selbst im Kreuzesopfer die Kirche gezeugt als seine Braut und seinen Leib […] In der Tat: ‚Die Kirche lebt von der Eucharistie.' […] Die Eucharistie ist Christus, der sich uns schenkt und uns so fortwährend als seinen Leib aufbaut."*[25]

Das heißt ganz konkret, dass wir den Leib des Herrn empfangen, *„damit wir das werden, was wir empfangen (Leib Christi), und in Gemeinschaft mit der Kirche leben".*[26]

„Die Eucharistie ist also grundlegend für das Sein und Handeln der Kirche. Deshalb bezeichnete das christliche Altertum […] den eucharistischen Leib und den kirchlichen Leib Christi mit ein und demselben Begriff als Corpus Christi."[27]

Volk Gottes aus dem Leib Christi – ein großes Thema Benedikts XVI. Kein statisches Geschehen, sondern ein höchst dynamisches.

„Eucharistie ist also vollkommen dynamisch-ekklesiologisch verstanden. Sie ist das lebendige Geschehen, durch das sich immer die Kirche-Werdung der Kirche zuträgt."[28]

Es ist eine Dynamik, die geistbewegt, verwandelnd die Welt, ja, die ganze Wirklichkeit auf dem Fundament der Liebe neu gestalten will.

Eucharistie – und die Dimension der Verwandlung

Verwandlung

Die Mitte der Eucharistie ist die „Wandlung". Dabei geht es nicht um einen punktuellen Vorgang, sondern um ein tief- und weitreichendes Geschehen, das *„dazu bestimmt war, einen Prozess der Verwandlungen in Gang zu setzen"*[29]. *„Alle Menschen warten immer schon irgendwie in ihrem Herzen auf eine Veränderung und Verwandlung der Welt. Dies nun ist der zentrale Verwandlungsakt, der allein wirklich die Welt erneuern kann: Gewalt wird in Liebe umgewandelt und so Tod in Leben. [...] Der Tod ist gleichsam von innen verwundet und kann nicht mehr das letzte Wort sein. Das ist sozusagen die Kernspaltung im Innersten des Seins – der Sieg der Liebe über den Hass, der Sieg der Liebe über den Tod. Nur von dieser innersten Explosion des Guten her, die das Böse überwindet, kann dann die Kette der Verwandlungen ausgehen, die allmählich die Welt umformt. Alle anderen Veränderungen bleiben oberflächlich und retten nicht. Darum sprechen wir von Erlösung: Das zuinnerst Notwendige ist geschehen, und wir können in diesen Vorgang hineintreten. [...] Leib und Blut Christi werden uns gegeben, damit wir verwandelt werden. Wir selber sollen Leib Christi werden, blutsverwandt mit ihm. Wir essen alle das eine Brot. Das aber heißt: Wir werden untereinander eins gemacht."*[30]
Seit Beginn liturgischen Feierns in christlicher Identität wird dieses tiefe Geheimnis gefeiert als das ‚Geheimnis des Glaubens', nicht aus Eigenem machbar, sondern als reines Geschenk. Menschliche Maßstäbe greifen hier zu kurz. Hier ist in einem unbedingten Sinn der Glaube des Einzelnen und der Gemeinschaft gefragt und herausgefordert. Den Glauben auf das setzen, was hier geschieht, heißt: sich aus der (eigenen) Hand zu geben und ganz hineinziehen zu lassen in dieses Geschehen.

Verwandelt werden

Was heißt das nun? Nicht die Kommunizierenden verleiben sich den Herrn ein, sondern er verleibt sich denen ganz und gar ein, die ihn empfangen. Im Bild gesprochen: Die normalen Nahrungsmittel *„werden dazu aufgenommen, dass sie in den Körper des Menschen assimiliert werden und ihn aufbauen. Diese besondere Nahrung aber – die Eucharistie – steht genau umgekehrt über dem*

Menschen, ist stärker als er, und so ist auch der Vorgang, auf den das Ganze abzielt, umgekehrt: Der Mensch, der dies Brot aufnimmt, wird ihm assimiliert, wird von ihm aufgenommen, wird eingeschmolzen in dieses Brot und wird Brot wie Christus selbst [...] Die eucharistische Kommunion zielt auf eine totale Umgestaltung des eigenen Leibes ab. Sie bricht das ganze Ich des Menschen auf und schafft ein neues Wir. Die Kommunion mit Christus ist notwendigerweise Kommunikation auch mit allen, die sein sind: ich werde darin selbst ein Teil dieses neuen Brotes, das er in der Umsubstanziierung der ganzen irdischen Wirklichkeit schafft."[31] Es geht um eine zutiefst innere Umwandlung. Und die ganze irdische Wirklichkeit soll erfasst werden von diesem Geschehen.

Die Liebe Gottes will alles durchdringen und verwandeln, und wird zur Gestalt: in der Kommunion geschieht Kommunikation, die zur Kommunität wird – so bildet sich Gemeinschaft der Liebe. Das ist etwas anderes als Kollektivität und „*nur so wächst wirkliches, an die Wurzel und in die Mitte und in die Höhe des Menschen reichendes Zueinander.*"[32] „*Die Eucharistie zieht uns in den Hingabeakt Jesu hinein. Wir empfangen nicht nur statisch den inkarnierten Logos, sondern werden in die Dynamik seiner Hingabe hineingenommen. Er ,zieht uns in sich hinein'.*"[33]

Benedikt XVI. beschreibt auch hier dieses „*Prinzip einer tiefgreifenden Veränderung*" als eine Art Kernspaltung, „*die bis ins Innerste des Seins getragen worden ist [...]*".[34]
Es ist ein starkes Bild, das die ungeheure Dynamik und Wirkkraft ahnen lässt, die mit diesem Geschehen verbunden ist.
Wenn in den liturgischen Texten von Weihnachten vom „wunderbaren Tausch" die Rede ist, so ist dieses Geschehen der Verwandlung gemeint. *"In dem Schmerz dieses Tausches, und nur hier, vollzieht sich die grundlegende und allein erlösende Veränderung des Menschen, die die Bedingungen der Welt verändert; hier wird Gemeinschaft geboren, hier entsteht Kirche. Der Akt der Beteiligung am Sohnesgehorsam als die wahre Veränderung des Menschen ist zugleich der einzig wirksame und wirkmächtige Akt für die Erneuerung und Veränderung der Gesellschaft und der Welt überhaupt: Nur wo dieser Akt stattfindet, geschieht Veränderung zum Heil – auf das Reich Gottes hin.*"[35]
Es geht um existentielles und konkretes Ergriffen-Werden, das zeigt, dass „*Christsein als solches Verwandlung ist, dass es Bekehrung sein muß und nicht irgendeine Verzierung zum übrigen Leben hinzu. Es greift in die Tiefe hinein und*

lässt uns von der Tiefe her neu werden. Je mehr wir selbst als Christen von der Wurzel her neu werden, desto mehr können wir das Geheimnis von Verwandlung überhaupt verstehen."[36]

Eucharistie – die authentische Teilnahme der Gläubigen in der eigenen Selbsthingabe

Im Sich-Ergreifen-Lassen, im Sich-Hineinziehen-Lassen in das eucharistische Geschehen, im Sich-Verwandeln-Lassen geschieht Erlösung, geschieht Neues. Das Leben der Gemeinschaft bildet sich, Leben und Welt verändern sich von innen her.

Benedikt XVI. weist darauf hin, dass es hinsichtlich einer authentischen Teilnahme der Glaubenden in erster Linie um die mit innerer Teilnahme erlebte liturgische Feier geht. Es geht um das Hineintreten in die Gegenwart des Herrn mit Leib und Geist.

„Die Gläubigen sollen sich durch das Wort Gottes formen lassen und am Tisch des Herrenleibes Stärkung finden. Sie sollen Gott danksagen und die unbefleckte Opfergabe darbringen nicht nur durch die Hände des Priesters, sondern auch gemeinsam mit ihm und dadurch sich selber darbringen lernen. So sollen sie durch Christus, den Mittler, von Tag zu Tag zu immer vollerer Einheit mit Gott und untereinander gelangen."[37]

Diese Sicht bedeutet nicht etwa eine Schmälerung der Stellung und der Wertigkeit der feiernden Gemeinschaft bzw. des Einzelnen. Sie führt den Mitfeiernden eine je eigene und auch gemeinschaftliche Verantwortung vor Augen: selbst zu einer lebendigen Opfergabe zu werden und darin der Liebestat Gottes zu antworten. Das tiefe Eintauchen in die eucharistische Feierdynamik verändert den Menschen. Sie verwandelt sein ganzes Leben in einen Gottesdienst: „Angesichts des Erbarmens Gottes ermahne ich euch, […] euch selbst als lebendiges und heiliges Opfer darzubringen, das Gott gefällt; das ist für euch der wahre und angemessene Gottesdienst" (Röm 12,1). Benedikt XVI. spitzt dies folgendermaßen zu:

„Die Liturgie soll nicht etwas sein, das neben der Wirklichkeit der Welt existiert, sondern die Welt selbst soll lebendige Hostie werden, sie soll Liturgie werden […]."[38]

Was wäre, wenn Christen sich wirklich auf diese Hingabe, auf dieses Verwandelt-Werden einließen: als einzelne, als ganze Gemeinde? Welche

Dynamik, welche Inspiration für Leben im Alltag, in Welt und Gesellschaft würde daraus erwachsen? Welches Gesicht hätte die Welt, wären in den vielen täglichen Eucharistiefeiern immer mehr wache, veränderungsbereite, lebendige Menschen?

Eucharistie – Sendung der Liebe

Es geht im Geschehen der Liturgie um eine Dramaturgie. Benedikt XVI. artikuliert dies immer wieder neu.

Das Wirken Jesu Christi *„kommt aus dem Eingesenktsein in den Vater: Gerade dieses Eingesenktsein in den Vater bedeutet, dass er herausgehen und durch alle Dörfer und Städte ziehen muss, um Gottes Reich, das heißt seine Gegenwart, sein ‚Dasein' mitten unter uns zu verkünden, damit es in uns Gegenwart werde und durch uns die Welt verwandle, damit sein Wille geschehe, wie im Himmel so auf Erden, und der Himmel auf die Erde komme."*[39]

Eucharistie feiern heißt auch: Gesendet-Sein in den Alltag, in dem der Glaube konkret werden will. Dabei sind Glaube und Eucharistie eben keine privaten Befindlichkeiten, sondern sind zutiefst verwiesen auf die Gemeinschaft der Glaubenden. *„Die Eucharistie könnte auch als ‚Vergrößerungsglas' aufgefasst werden, durch die das Antlitz und der Weg der Kirche ständig überprüft werden sollen, denn Christus hat die Kirche gestiftet, damit jeder Mensch die Liebe Gottes erkennen und in ihr die Fülle des Lebens finden kann."*[40]

Die Eucharistie ist *„der vitale Mittelpunkt der gesamten Evangelisierungstätigkeit der Kirche, in etwa so, wie es das Herz für den menschlichen Körper ist. Ohne die Eucharistiefeiern, in der sich die christlichen Gemeinden vom zweifachen Mahl des Wortes und des Leibes Christi nähren, würden sie ihr wahres Wesen verlieren: Nur als ‚eucharistische' Gemeinschaften können sie den Menschen Christus vermitteln und nicht bloß Ideen oder Werte, so edel und wichtig diese auch sein mögen."*[41]

In seiner Enzyklika ‚Deus caritas est' hat Benedikt XVI. dies verdeutlicht: *„Die ‚Mystik' des Sakraments hat sozialen Charakter. […] Die Vereinigung mit Christus ist zugleich eine Vereinigung mit allen anderen, denen er sich schenkt. Ich kann Christus nicht allein für mich haben, ich kann ihm zugehören nur in der Gemeinschaft mit allen, die die Seinigen geworden sind oder werden sollen. Die Kommunion zieht mich aus mir heraus zu ihm hin und damit zugleich in die Einheit mit allen Christen. Wir werden ‚ein Leib', eine ineinander verschmolzene Existenz.*

Gottesliebe und Nächstenliebe sind nun wirklich vereint: Der fleischgewordene Gott zieht uns alle an sich." (DCE 14.)

Benedikt XVI. wird noch deutlicher: *„Eucharistie, die nicht praktisches Liebeshandeln wird, ist in sich selbst fragmentiert, und umgekehrt wird […] das ‚Gebot' der Liebe überhaupt nur möglich, weil es nicht bloß Forderung ist: Liebe kann ‚geboten' werden, weil sie zuerst geschenkt wird."* (DCE 14.)

So ist die *„Berufung eines jeden von uns […] wirklich die, gemeinsam mit Jesus gebrochenes Brot für das Leben der Welt zu werden."*[42]

Dies glaubend und vertrauend nachzuvollziehen, ist keine geringe und auch keine leichte Aufgabe: Wir selbst sollen wie gebrochenes Brot sein. Und das heißt nichts anderes, als dass auch wir in die Welt hinein ausgeteilt werden, damit mein und unser Leben dem seinen ähnlich wird. Es bedarf ständiger Vergewisserung der unbedingten und unüberbietbaren Liebe Gottes. Diese schenkt sich uns in Jesus Christus in jeder Eucharistiefeier neu, und ermöglicht uns, die Liebe zu leben in einer Weise, die den anderen eben nicht zum Objekt macht, ihn ausnützt oder gar missbraucht. Im Schauen auf Jesus Christus ist diese Liebe immer neu zu lernen.

„Jedes Mal, wenn wir […] an der Eucharistie, der Quelle und Schule der Liebe, teilnehmen, werden wir fähig, diese Liebe zu leben, sie zu verkünden und sie durch unser Leben zu bezeugen."[43] Denn was *„die Welt braucht, ist die Liebe Gottes – Christus zu begegnen und an ihn zu glauben. Darum ist die Eucharistie nicht nur Quelle und Höhepunkt des Lebens der Kirche, sondern auch ihrer Sendung: eine authentisch eucharistische Kirche ist eine missionarische Kirche."*[44]

Sendung – Bauen einer „Zivilisation der Liebe"

Das eucharistische Mysterium öffnet den Blick für ein neues Wahrnehmen sozialer, gesellschaftlicher Belange.

Die *„Vereinigung mit Christus, die sich im Sakrament vollzieht, befähigt uns auch zu einer Neuheit der sozialen Beziehungen […] Die liebevolle Fürsorge der Christen gegenüber den Menschen in schwierigen Lebenslagen und ihr Engagement für eine solidarische Gesellschaft werden ständig genährt durch die aktive und bewusste Teilnahme an der Eucharistie. Wer sich am Tisch der Eucharistie gläubig von Christus nährt, nimmt auch dessen Lebensstil an, den Stil des aufmerksamen Dienstes insbesondere an den Schwächsten und Benachteiligten."*[45] Benedikt XVI.

charakterisiert es als „*unerlässlich, dass unsere Taten in der Eucharistie verwurzelt sind. Auf der Grundlage dieses eucharistischen Maßstabes müssen sich die Perspektiven für die Bewegung der kirchlichen Nächstenliebe entwickeln […].*"[46]

„*Die Begegnung mit Christus in der Eucharistie löst das Engagement für die Evangelisierung aus und gibt der Solidarität Auftrieb; sie weckt im Christen den starken Wunsch, das Evangelium zu verkünden und von ihm in der Gesellschaft Zeugnis zu geben, um sie gerechter und menschlicher zu machen. Aus der Eucharistie ist im Laufe der Jahrhunderte ein unermesslicher Reichtum an Nächstenliebe, Anteilnahme an den Schwierigkeiten der anderen, an Liebe und Gerechtigkeit hervorgegangen. Nur aus der Eucharistie wird die Zivilisation der Liebe hervorkeimen.*"[47]

Das Leben aus der Eucharistie bildet und gestaltet Gemeinschaft. Es befähigt zu einem wahrhaftigen, friedens- und gerechtigkeitsstiftenden Wirken in Welt und Gesellschaft. Die Konsequenz ist unmissverständlich:

„*Wir können nicht zum eucharistischen Mahl hinzutreten, ohne uns in die Bewegung der Sendung hineinziehen zu lassen, die vom Innersten Gottes selbst ausgehend darauf abzielt, alle Menschen zu erreichen. Darum ist ein grundlegender Bestandteil der eucharistischen Form christlichen Lebens das missionarische Streben.*"[48]

Benedikt XVI. spricht geradezu von einer ‚Schule der Eucharistie': „*Besonders der durch die Schule der Eucharistie geprägte christliche Laie ist berufen, seine politische und soziale Verantwortung direkt wahrzunehmen.*"[49]

Benedikt XVI. ist unmissverständlich deutlich: „*In der konkreten Entfaltung dieser Verantwortung geschieht es, dass die Eucharistie im Leben das wird, was sie in der Feier bedeutet.*"[50] Und er pointiert weiter: „*Wer dem Mitmenschen nicht die Wahrheit der Liebe vermittelt, hat noch nicht genug gegeben.*"[51]

Sendung – von der Eucharistie her den Alltag leben

„*Die Eucharistie als ein Geheimnis, das man leben muss, bietet sich jedem von uns in der Lage an, in der er sich befindet, und lässt seine existentielle Situation zu dem Ort werden, an dem er tagtäglich die christliche Neuheit leben muss.*"[52]

Die Feier der Eucharistie und auch – wofür Benedikt XVI. sehr eindringlich wirbt – die eucharistische Anbetung als die Verlängerung der Eucharistie bewirken, in jeder und für jede Lebenssituation die Selbsthingabe für die Menschen – kurz: die Liebe Christi – zu leben, und in allem, was geschieht, nicht zu lassen von dieser Liebe. So wird der Alltag, wie er auch ist, durchdrungen von der Liebe Gottes für diese Welt, für die Menschen, wie sie auch sind. Es geht Benedikt XVI. darum, dass wir, genährt von der Eucharistie, von der Liebe Gottes und darin verwurzelt, Zeugen dieser Liebe werden – Zeugen füreinander und für die Welt, wo immer wir stehen.[53]

Dazu gehört der tiefe Glaube, dass diese Liebe wahrhaftig da ist und wirkt. Die ‚Schule' der Eucharistie lädt ein, dies zu lernen. Und dabei geht es nicht um Moralität, sondern darum, sich existentiellen Herausforderungen zu öffnen. Es ist vor allem eine Schule, die den ersten Lehrer, Jesus Christus, vor Augen führt in seinem Tun der Liebe: Wie er den Menschen begegnete, sie berührte, sie heilte. Wie er sie ansah – ihnen Ansehen gegeben hat, wer immer sie waren. Wie er mit ihnen gegessen und getrunken hat und letztlich sein Leben drangab, um der Liebe Gottes einen unüberbietbaren Ausdruck zu geben und darin einzustehen für diesen Gott des Lebens.

Zum Schluss: Für die (Wieder-)Gewinnung einer liturgischen und eucharistischen Spiritualität

Benedikt XVI. weiß um die Glaubensnot unserer Zeit, die *„Technik-gläubigkeit"*, die alles machbar und den Menschen autonom und unabhängig erscheinen lässt. Umso mehr betont er, *„dass die gläubige Begegnung mit dem lebendigen Gott erforderlich ist, deren Fehlen den tiefsten Kern kirchlichen Lebens in Wahrheit angreife und zerstöre; diese lebendige Mitte gottesdienstlichen Lebens der Kirche müsse wiedergewonnen werden".*[54]

Und er wird nicht müde, die Menschen einzuladen, *„das Ja des Glaubens wieder tiefer zu lernen, seine Freude wieder zu empfangen und so auch das Beten, die Eucharistie selbst wieder neu zu lernen".*[55]

Schulen des Glaubens und Betens

Einer der ersten Schritte auf dem Weg der Gewinnung einer liturgischen und eucharistischen Spiritualität ist das Gebet, wie Jesus es uns vorgelebt hat. „[…] unsere christlichen Gemeinden müssen echte Schulen des Gebets werden […]", so schrieb schon Johannes Paul II. in ‚Novo millennio ineunte' (33). Und auch Benedikt XVI. plädiert für eine Glaubens- und Gebetserziehung, für erschließende Ebenen, was die Liturgie und im Besonderen die Eucharistie betrifft.

„Darum muß eine Erziehung zum eucharistischen Glauben gefördert werden, die die Gläubigen vorbereitet, persönlich zu erleben, was gefeiert wird."[56]

Dabei steht die Liturgie an zentraler Stelle. Denn: *„Die Liturgie ist die vornehmliche Schule des Glaubens."*[57]

Wenn die Liturgie der Höhepunkt kirchlichen Tuns ist und die Quelle, aus der ihr alle Kraft zuströmt, ist es vornehmste Aufgabe der Kirche, der liturgischen Bildung adäquaten Raum zu geben. All das Gesagte impliziert Schritte, Wege, Prozesse liturgischer und geistlicher Bildung, *„dem Gottesvolk den Reichtum des Gottesdienstes (zu) erschließen und es darin zu den Quellen des wahren Lebens zu führen".*[58]

Es geht um eine Erneuerung der Liturgie, die einhergeht mit Erneuerung der Kirche. Angesichts vieler, oft alle Kräfte absorbierender Aktivitäten ist eine neue Aufmerksamkeit für die Liturgie als Quelle kirchlichen Handelns unerlässlich. Dabei sollte die Dimension der Verwandlung, sprich: Veränderung zuerst auf das Eigene hin durchbuchstabiert werden. Es ist eine spannende Frage, was das heißen könnte in unserem Gemeinde- und Kirche-Sein, für unsere christliche Identität generell und hinsichtlich der liturgischen Gestalt der Eucharistie, der Vielfalt liturgischen Feierns. Es geht um eine Neubelebung unserer Identität – einer spirituellen und kirchlichen Identität, die Gottes Geist neu ausstrahlt und die Menschen von heute ergreift. Für Benedikt XVI. ist die Liturgie und Eucharistie Quelle seines theologischen Denkens, wie sie „beseelende Mitte der Kirche und [...] Mitte des christlichen Lebens ist".[59] Vor allen äußeren Reformen ist zu fragen nach der Vergewisserung dieser Mitte. So kommt es heute entscheidend darauf an, „das innere Verständnis für die Liturgie neu zu wecken, um erst von daher über weitere äußere Reformen nachzudenken".[60]

Die Bedeutung der hier skizzierten Linien der Liturgietheologie Benedikts XVI. ist nicht zu übersehen. Sie spricht in aktuelle Ereignisse hinein, die sich in den derzeitigen Vorbereitungen auf den 98. Deutschen Katholikentag in Mannheim so artikulieren: „Einen neuen Aufbruch wagen". Hier öffnen sich Chancen, miteinander die Schule des Lebens, der Liebe, des Glaubens zu gestalten und zu wagen und dabei neue Schritte zu gehen – in der bewegenden, verwandelnden und erneuernden Dynamik der Liebe Gottes.

Hinweise

1   Ratzinger, Joseph: Theologie der Liturgie. Gesammelte Schriften Bd. 11. Freiburg ²2008, 5 (zitiert als: JRGS 11).

2   Ratzinger, Joseph: Das Fest des Glaubens. Einsiedeln ³1993, 58 (zitiert als: Fest).

3   Ebd.

4   JRGS 11, 8.

5   Fest, 130.

6   Ratzinger, Joseph: Licht der Welt. Der Papst, die Kirche und die Zeichen der Zeit. Ein Gespräch mit Peter Seewald. Freiburg 2010, 131.

7   Nachsynodales Schreiben ‚Sacramentum Caritatis' Nr. 35 (zitiert als: Sacramentum).

8   Rede in der Generalaudienz am 10.12.2008.

9   Angelus am 1.6.2008.

10 Ansprache in Sydney, 2008.

11 Angelus am 12.2.2006.

12 In Rom am 25.12.2008.

13 Predigt in ‚Sant' Anna' im Vatikan am 5.2.2006.

14 Ratzinger, Joseph: Schauen auf den Durchbohrten. Versuche zu einer spirituellen Christologie. Einsiedeln ³2007, 20 (zitiert als: Schauen).

15 Schauen, 20.

16 Schauen, 15.

17 Schauen, 23.

18 Schauen, 20f.

19 Schauen, 22.

20 Sacramentum, 1.

21 Schauen, 23.

22 Auf dem Marienfeld in Köln am 21.8.2005 (zitiert als: Marienfeld).

23 Ebd.

24 Schauen, 25.

25 Sacramentum, 14.

26 Predigt in Québec am 22.6.2008.

27 Sacramentum, 15.

28 Ratzinger, Joseph: Gott ist uns nah. Eucharistie: Mitte des Lebens. Augsburg 2005, 121. (zitiert als: Gott).

29 Marienfeld.

30 Ebd.

31 Schauen, 75 f.

32 Gott, 83.

33 Sacramentum, 11.

34 Ebd.

35 Schauen, 78 f.

36 Gott, 88.

37 Sacramentum, 52.

38 In Aosta am 24.7.2009.

39 In Freising am 14.9.2006.

40 Angelus am 2.10.2005.

41 Ebd.

42 Sacramentum, 88.

43 In Rom am 18.3.2007.

44 Sacramentum, 84.

45 Angelus am 19.6.2005.

46 Ansprache am 21.6.2007.

47 In Lateinamerika am 13.5.2007.

48 Sacramentum, 84.

49 Ebd., 91.

50 Ebd., 89.

51 Ebd., 86.

52 Ebd., 79.

53 Vgl. ebd., 85.

54 Berger, Rupert: Erlebte Liturgie in Ratzingers Studienzeit, in: Vorderholzer, Rudolf (Hg.): Der Logos-gemäße Gottesdienst. Theologie der Liturgie bei Joseph Ratzinger (Ratzinger-Studien Bd.1). Regensburg 2009, 90 (zitiert als: Berger).

55 Gott, 77.

56 Sacramentum, 64.

57 In Cagliari/Sardinien am 7.9.2008.

58 Berger, 90.

59 Koch, Kurt: Das Geheimnis des Senfkorns. Grundzüge des theologischen Denkens von Papst Benedikt XVI (Ratzinger-Studien Bd. 3). Regensburg 2010, 26 (zitiert als: Koch).

60 Koch, 27.

„Ein Mann des Heiligen, der Welt entrückt"

Zum Priesterbild von Joseph Ratzinger / Papst Benedikt XVI.

Tobias Speck

Papst Benedikt XVI. hat am 19. Juni 2009 das Priesterjahr ausgerufen, das am 11. Juni 2010 zu Ende ging. In diesem Zeitraum sind viele Predigten, Ansprachen und Betrachtungen entstanden, die ein Schlaglicht werfen auf seine Art und Weise, das Wesen des Priestertums, seine Eigenart und Aufgabe in der katholischen Kirche zu sehen. Texte aus den früheren Jahren zeigen große Übereinstimmungen und Konstanz in seiner Haltung zu diesem Thema. Es können deshalb Äußerungen aus ganz unterschiedlichen Zusammenhängen und Zeiträumen exemplarisch herangezogen werden.

Krise

Eine der großen Konstanten im Denken und Schreiben Joseph Ratzingers ist die Erfahrung, dass Priester und Priestertum angegriffen werden. Diese Erfahrung hat er selbst als junger Mensch im Zweiten Weltkrieg als Rekrut machen müssen.[1]

Eine tiefergehende Krise jedoch stellt der Papst für die Jahre nach dem II.Vatikanischen Konzil fest, als das Priestertum durch äußere Ursachen und innere Verunsicherung vielen fraglich geworden sei:

„Das katholische Bild vom Priestertum, wie es durch das Konzil von Trient gültig definiert und vom Vaticanum II biblisch erneuert und vertieft wurde, ist nach dem Konzil in eine tiefe Krise geraten [...] all die anderen Ursachen hätten keine solche Durchschlagskraft erreichen können, wenn nicht vielen Priestern und jungen Menschen auf dem Weg zum Priestertum dieser Dienst von innen her fraglich geworden wäre."[2]

Seiner Ansicht nach begründet sich die theologische Krise aus fragwürdigen theologischen Vorentscheidungen[3] und Missdeutungen in der Auslegung der

110

biblischen Wurzeln[4]. Diese falsche Betrachtungsweise führe zu einer funktionalen Sicht des Priestertums, die dem Priestertum Christi nicht gerecht werde. So urteilt der Papst in einer Ansprache vom 12. März 2010:

„In einem Umfeld verbreiteter Säkularisierung, das fortschreitend Gott aus der öffentlichen Sphäre und tendenziell auch aus dem miteinander geteilten sozialen Bewusstsein ausschließt, erscheint der Priester oft dem allgemeinen Empfinden als ‚fremd‘, und das gerade wegen der grundlegendsten Aspekte seines Amtes: Mann des Heiligen, der Welt entrückt zu sein, um für die Welt einzutreten, und der in diese Sendung von Gott und nicht von den Menschen eingesetzt wird (vgl. Hebr 5,1). Aus diesem Grund ist es wichtig, gefährliche Verkürzungen zu überwinden, die in den vergangenen Jahrzehnten unter Anwendung eher funktionalistischer als seinsbezogener Kategorien den Priester gleichsam als ‚Sozialarbeiter‘ präsentiert haben und dabei Gefahr liefen, das Priestertum Christi zu verraten."[5]

Die richtige Betrachtungsweise ist für Benedikt XVI. die ontologische Sicht des Priestertums. Der Priester hat nicht nur eine besondere Funktion, sondern er ist durch das Sakrament der Priesterweihe ein anderer geworden:

„In seiner Art zu denken, zu sprechen, die Gegebenheiten der Welt zu beurteilen, zu dienen und zu lieben, mit den Menschen auch im Priestergewand in Beziehung zu treten, soll der Priester aus seiner sakramentalen Zugehörigkeit, aus seinem tiefsten Wesen prophetische Kraft beziehen. Er muss also alle Sorge darauf verwenden, sich der vorherrschenden Mentalität zu entziehen, die dahin tendiert, den Wert des Priesters nicht mit seinem Sein, sondern mit seiner Funktion zu verbinden, wobei das Werk Gottes verkannt wird, das in die tiefe Identität der Person des Priesters einschneidet und ihn sich auf endgültige Weise gleichgestaltet (vgl. Katechismus der katholischen Kirche = KKK 1583)."[6]

Der geweihte Priester unterscheidet sich darin auch von den anderen Gläubigen, obgleich alle Getauften dem allgemeinen Priestertum angehören.[7]

Berufung

Der Priester ist ein von Gott Berufener, ein Mann, der einen *„Durst nach Gott"*[8] verspürt. Damit diese Berufung geweckt wird, braucht es das einfache Lebenszeugnis glaubwürdiger Priester, wie es der Papst in Jean-Marie Vianney, dem hl. Pfarrer von Ars, den Gläubigen im Priesterjahr besonders nahebringen wollte.[9] Auf den *„Durst nach Gott"* kann dann die Ausbildung aufbauen, die neben der Theologie, am Katechismus orientiert[10], eine spirituelle Formung mit sich bringen muss. Stille und Gebet gehören genauso dazu[11] wie eine menschliche Reifung, ein Den-anderen-annehmen-Können, was Benedikt XVI. eine „*Schule der Toleranz*"[12] nennt.

Der Papst legt sehr großen Wert darauf, dass zur Grundstruktur des Glaubens das Von-außen-Kommen gehört[13]. Als Zeichen dafür, dass die Bestellung zum Priester nicht von der Gemeinde[14], sondern von außen, d. h. von Gott her, kommt, ist dieser Dienst ein Sakrament und wird durch Handauflegung übertragen.[15]

Weil das Priestertum ein Sakrament und eine Berufung von außen ist, darf es nicht als Chance oder Recht missverstanden werden. Es gibt also kein Recht darauf, Priester zu werden, wie Joseph Ratzinger immer wieder betonte, wenn man ihn auf die Zulassung von Frauen zum Priesteramt ansprach:

„Vorläufig ist einfach festzuhalten, dass die Kirche gar nicht beliebig über sich selbst verfügt und dass das Priestertum keine von ihr aus eigener Machtvollkommenheit zu vergebende Chance ist. Es ist überhaupt nicht unter den Begriffen einer Chance oder eines Rechts zu werten, sondern als eine Berufung anzusehen, auf die schlechthin niemand einen Rechtsanspruch hat und die auch nicht von der Kirche einfach gesetzt werden darf, obwohl sie ohne das aufnehmende Ja der Kirche nicht vollständig werden kann."[16]

Damit das Priestertum nicht fälschlicherweise als Privileg angesehen und angestrebt wird, ist freilich immer wieder darauf zu achten, dass die konkrete Gestalt vom Anschein des Privilegs gereinigt wird.[17] Die Beschränkung des Priesteramtes auf Männer stellt nach Aussage Ratzingers gerade keine Diskriminierung der Frauen dar, indem diese ungerechterweise um eine Karrieremöglichkeit gebracht werden. Es gehe vielmehr darum, die Einsicht festzuhalten, dass jede Frau als Frau sie selber sein darf. Wenn nämlich von Gleichheit im gesellschaftlichen Leben die Rede sei, so stellt sich die Emanzipation der Frau nach Aussage Joseph Ratzingers allzu oft als eine Vermännlichung heraus.[18] Das solle in der Kirche nicht so sein. Es müsse der Dienst der Frau vielmehr seinen „*eigenen Raum, seine eigene Größe und Würde in der Kirche*" finden.[19]

Aufgaben

Es ist die ureigenste Aufgabe des Priesters, Christus zu repräsentieren, in der Person Christi zu handeln. Davon handelt eine längere Ausführung in der Generalaudienz am 14. April 2010:

„Der Priester vertritt Christus. Was heißt, was bedeutet es, jemanden zu ‚vertreten‘? […] Der Priester, der ‚in persona Christi Capitis‘ und stellvertretend für den Herrn handelt, handelt niemals im Namen eines Abwesenden, sondern in der Person des auferstandenen Christus, dessen Gegenwart sich in seinem real wirkenden Handeln zeigt. Er handelt wirklich und wirkt das, was der Priester nicht tun könnte: die Wandlung von Brot und Wein in die Realpräsenz des Herrn, die Lossprechung von den Sünden. Der Herr macht sein eigenes Wirken in der Person gegenwärtig, die diese Handlungen durchführt.“[20]

Der Priester lässt Christus durch sich wirken, der nach einer immer wiederkehrenden Formulierung Papst Benedikts XVI. der eigentliche und wahre Priester und Hohepriester ist.[21] Er hat das Weihepriestertum eingesetzt, damit die geweihten Priester sein Wirken in der Zeit fortsetzen.[22]

Damit die Priester Christus wirklich und wahrhaftig repräsentieren können, müssen sie in Freundschaft mit Christus leben, müssen sie *„in Christus sein“*:

„Das grundlegende und charakteristische Element jeder Berufung zum Priestertum und zum geweihten Leben ist die Freundschaft mit Christus. Jesus lebte in ständiger Einheit mit dem Vater. Das weckte auch in den Jüngern den Wunsch, dieselbe Erfahrung machen zu dürfen und von ihm zu lernen, in ständiger Gemeinschaft und in immerwährendem Dialog mit Gott zu leben. Wenn der Priester ein ‚Mann Gottes‘ ist, der Gott gehört und der anderen hilft, Gott kennen und lieben zu lernen, muss er eine tiefe Verbindung mit Gott pflegen, in seiner Liebe verweilen und dem Hören auf sein Wort Raum geben.“[23]

Die Christusrepräsentation vollzieht der Priester auf elementare Weise in den Sakramenten, vor allem in der täglichen Eucharistiefeier, die der Papst den Priestern mit Nachdruck ans Herz legt:

„[…] das Zentrum unseres Lebens muss wirklich die tägliche Eucharistiefeier sein; und hier sind die Wandlungsworte zentral: ‚Das ist mein Leib, das ist mein Blut‘, das heißt wir sprechen ‚in persona Christi‘. Christus erlaubt es uns, sein ‚Ich‘ zu benutzen, wir sprechen im ‚Ich‘ Christi, Christus zieht uns in sich hinein und erlaubt uns die Vereinigung mit ihm, er vereint uns mit seinem ‚Ich‘. Und so, durch sein Handeln, durch diese Tatsache, dass er uns in sich ‚hineinzieht‘, so dass unser

,Ich' mit seinem *,Ich'* vereint wird, verwirklicht er das Andauern, die Einzigartigkeit seines Priestertums; so ist er wahrhaft immer der einzige Priester, und dennoch sehr gegenwärtig in der Welt, weil er uns in sich hineinzieht und so seine priesterliche Sendung gegenwärtig macht."[24]

Eine weitere wichtige Aufgabe, die nach Wahrnehmung des Papstes allzu oft unter der Menge der sonstigen Arbeit leidet, ist das Beten, auch das stellvertretende Beten für andere.[25] Ebenso erfordern die anderen beiden Säulen des Priestertums, die Verkündigung und der Nächstendienst, die Aufmerksamkeit des Priesters. Im Dienst am Wort soll er Christus authentisch bezeugen[26], als Hörer und Gesprächspartner Gottes soll er Sein Wort weitergeben[27], die Freude des Evangeliums allen Menschen bringen[28], nach dem Beispiel Jesu gerade zu denen, für die sonst niemand da ist[29].

Dem Priester ist die Leitung der Gläubigen anvertraut, er muss daher ein gemeinschaftsfähiger Mensch sein[30], die Gemeinschaft zusammenhalten[31] und neue Menschen hinzugewinnen[32].

In der Fülle der Aufgaben muss der Priester aufpassen, sich nicht in einen Spezialisten zu verwandeln. Der Priester soll ein Mensch für das Ganze sein und bleiben.[33]

Die Anforderungen und Aufgaben des Priesters münden in das Bild des guten Hirten:

„Die Liturgie legt uns die Sprache des Herzens Jesu aus, die vor allem von Gott als dem Hirten der Menschen spricht und uns damit das Priestertum Jesu zeigt, das im Innersten seines Herzens verankert ist und den immerwährenden Grund wie den gültigen Maßstab alles priesterlichen Dienstes zeigt, der immer im Herzen Jesu verankert sein und von daher gelebt werden muss."[34]

Dieses Bild vom Hirten legt der Papst immer wieder aus[35]: Zum Hirtendienst gehört der Stab, der Halt schenkt und hilft, ebenso wie der Stock, der Irrlehren und Sünde abwehrt[36]. Das Bild vom guten Hirten ist so fundamental, dass in ganz praktischer Anwendung der Papst auch bei größer werdenden Strukturen fordert,

„[...] dass der Pfarrer trotz neuer Situationen und neuer Formen der Verantwortlichkeit nicht die Nähe zum Volk verlieren darf. Er muss wirklich persönlich der Hirte dieser ihm vom Herrn anvertrauten Herde sein."[37]

Hingabe

Weil durch den Priester Christus selbst wirkt, was der Priester aus sich heraus gar nicht könnte[38], weil der Priester *„ein für das Heilswirken Gottes notwendiges Werkzeug, aber dennoch stets ein Werkzeug"*[39] ist, hat er sich selbst ganz zurückzunehmen, sein Selbst dem eigenen Dienst zu opfern. In vielen Predigten und Ansprachen und in den Begriffen von „Opfer" und „Selbstopfer" umschreibt der Papst die Hingabebereitschaft des Priesters:

„[...] wie Christus müssen der Priester und die in der Berufungspastoral Tätigen ein ‚Weizenkorn' sein, das sich selbst opfert, um den Willen des Vaters zu tun; das im Verborgenen lebt, kein Aufhebens und keinen Lärm um sich macht; das nicht nach jener selbstherrlichen Sichtbarkeit strebt, die in vielen Bereichen unserer Kultur oft zum Kriterium, wenn nicht gar zum Lebenszweck erhoben wird und wovon sich viele junge Menschen angezogen fühlen."[40]

Das Priestertum gründet in dem Mut eines Menschen, zu einem anderen Willen als dem eigenen Ja zu sagen.[41] Es geht beim priesterlichen Dienst, so der Papst, nicht um Selbstverwirklichung, um das Erreichen einer Stellung im Leben, um Ansehen und Sicherheit, sondern um Hingabe, wobei freilich die eigene Identität nicht ausgelöscht, sondern in Wahrheit gefunden wird:

„Die Nachfolge, doch wir könnten ruhig sagen: das Priestertum darf nie eine Weise darstellen, um Sicherheiten im Leben zu erreichen oder sich eine gesellschaftliche Stellung zu erobern. Wer beim Priestertum nach der Zunahme seines persönlichen Ansehens und der eigenen Macht strebt, hat den Sinn dieses Dienstes von der Wurzel her missverstanden. [...] Das Priestertum – rufen wir uns das immer in Erinnerung – gründet auf dem Mut, zu einem anderen Willen ‚Ja' zu sagen, in dem Bewusstsein, das man jeden Tag wachsen lassen muss, dass gerade dadurch, dass wir uns dem Willen Gottes angleichen, ‚eingetaucht' in diesen Willen, unsere Originalität nicht nur nicht ausgelöscht werden wird, sondern dass wir im Gegenteil immer mehr in die Wahrheit unseres Seins und unseres Dienstes eingehen werden."[42]

Das Opfer, von dem hier die Rede ist, muss als ein Hineingehen in die Liebe Christi, die im eucharistischen Brot symbolisiert wird, verstanden werden. Dieses Hineingehen verlangt Verzicht und das Annehmen von Leid[43], das Mitleiden in wahrer Menschlichkeit[44], das auch hilft, anderen im Leid beistehen zu können. Dies gilt freilich in analoger Weise auch für die christlichen Eheleute:

„Mir scheint, dass wir Priester auch von den Eheleuten lernen können, gerade von ihren Leiden und Opfern. Wir denken oft, nur der Zölibat sei ein Opfer. Aber wenn wir die Opfer der verheirateten Menschen kennen – denken wir an ihre Kinder, an die entstehenden Probleme, an die Ängste, die Leiden, die Krankheiten, an die Auflehnung gegen die Eltern und auch an die Probleme der ersten Lebensjahre, in denen es überwiegend schlaflose Nächte gibt, weil die kleinen Kinder weinen –, müssen wir es von ihnen, von ihren Opfern lernen, unser Opfer zu bringen. Und miteinander müssen wir lernen, dass es schön ist, durch die Opfer zu reifen und so für das Heil der anderen zu arbeiten."[45]

Grenzen

Der Missbrauchsskandal des Jahres 2010 hat den Blick auf das Scheitern gelenkt. Im Missbrauch sieht der Pontifex den Teufel am Werk, er bittet die Opfer um Verzeihung und verspricht, alles dafür zu tun, dass schon in der Ausbildung der Priester die entsprechende Vorsorge getroffen wird.[46] Der Priester müsse ein Mensch sein, der gelernt hat, auch die eigene Sexualität in gelungener Weise in seine Persönlichkeit zu integrieren. Der Missbrauch stelle jedoch das Priestertum als solches nicht in Frage:

„Ob alledem kann bei vielen Menschen, wohl auch bei Euch selber, die Frage aufkommen, ob es gut sei, ein Priester zu werden; ob der Zölibat ein sinnvoller Weg menschlichen Lebens sei. Aber der zutiefst zu missbilligende Missbrauch kann die priesterliche Sendung nicht diskreditieren, die groß und rein bleibt. Gottlob kennen wir alle überzeugende, von ihrem Glauben geformte Priester, an denen uns sichtbar wird, dass man in diesem Stand und gerade auch im Leben des Zölibats zu wirklicher, reiner und reifer Menschlichkeit kommen kann."[47]

Der Papst denkt in den Kategorien von „*Reinheit*" und „*Schmutz*", wenn er das Böse beschreibt, das auch die Kirche und ihre Diener bedrängt und heimsucht.[48] Niemand ist davor gefeit, den Versuchungen zu erliegen, sich der Unzulänglichkeit und Sünde zu ergeben[49], zu denen gerade für die Priester der Klerikalismus gehört, d. h. sich rein im Kult zu verlieren[50]. Schon allein im Blick auf das Bußsakrament müsse der Priester deswegen ein starkes Bewusstsein der eigenen Umkehrbedürftigkeit haben, fordert der Papst.[51] In den konkreten Fragen, welche die Pfarrer in den Begegnungen mit dem Papst an ihn stellen, zeigt sich immer wieder die schwierige Situation des

Priesters bei größer werdenden pastoralen Einheiten und die Gefahr der Überforderung. Hier setzt Benedikt XVI. ganz auf das Verständnis der Gläubigen gegenüber dem Priester, der wirklich seine Berufung lebt:

„Ich denke, dass es vor allem wichtig ist, dass die Gläubigen sehen können, dass der Priester nicht nur einen ‚Job' erfüllt, eine Arbeitszeit, und dann hat er frei und lebt nur für sich selbst, sondern dass er ein von der Leidenschaft für Christus geprägter Mann ist, der das Feuer der Liebe Christi in sich trägt. Wenn die Gläubigen sehen, dass er ganz von der Freude des Herrn erfüllt ist, verstehen sie auch, dass er nicht alles tun kann, sie akzeptieren seine Grenzen, und sie helfen dem Pfarrer."[52]

Heiligkeit

Der Priester repräsentiert Christus und ist darin für die Welt und für die Kirche unverzichtbar. Das Priestertum ist mehr als ein *„Job"*. Deswegen fordert der Papst die Priester dringend und immer wieder auf, nach Heiligkeit und Vollkommenheit zu streben:

„Sicher, die lange kirchliche Tradition hat die Wirkkraft des Sakraments zu Recht von der konkreten Lebenssituation des einzelnen Priesters losgelöst; dadurch werden die rechtmäßigen Erwartungen der Gläubigen adäquat geschützt. Aber diese richtige lehrmäßige Klarstellung mindert nicht das notwendige, ja unverzichtbare Streben nach moralischer Vollkommenheit, das in jedem wirklich priesterlichen Herzen wohnen muss."[53]

Die Heiligkeit, nach welcher der Priester streben muss, besteht in der vollkommenen Hingabe an den eigenen Dienst[54], in der Angleichung an das Gebet und das Lebensprogramm Jesu[55], in einem prophetischen Leben[56]. Das Bestehen des Papstes auf der persönlichen Heiligkeit des Priesters gründet in der Einsicht:

„Von der Heiligkeit hängt die Glaubwürdigkeit des Zeugnisses und letztlich auch die Wirkkraft der Sendung eines jeden Priesters ab."[57]

Heilige Priester sind für Benedikt XVI. die besten Zeugen der frohen Botschaft[58].

Kirche

Weil die Kirche aus und in den Sakramenten lebt, vor allem aus der Eucharistie, die der Priester in der Vollmacht Christi vollzieht, sind die Priester ein „unermessliches Geschenk nicht nur für die Kirche, sondern auch für die Menschheit überhaupt"[59] und schlechterdings unersetzlich[60]. Allerdings kann kein Priester allein sein und allein wirken, sondern es kommt auf das Miteinander aller Gläubigen in der Kirche an:

„Ich würde zwei wesentliche Teile in meiner Antwort gerne sehen wollen: Einerseits die Unersetzlichkeit des Priesters, Bedeutung und Weise des priesterlichen Dienstes heute; andererseits – was uns heute mehr aufgeht als früher – die Vielheit der Charismen und dass alle miteinander Kirche sind, Kirche bauen, und dass wir darum uns um das Wecken der Charismen, um dieses lebendige Miteinander mühen müssen, das dann auch den Priester trägt. Er trägt die anderen, sie tragen ihn, und nur in diesem vielschichtigen und vielfältigen Miteinander kann Kirche heute und in die Zukunft hineinwachsen."[61]

Überhaupt muss der priesterliche Dienst in Relation zur Kirche gesehen werden: Zum einen ist der Priester in die Hierarchie der Kirche eingebettet, und kann nur in Gemeinschaft mit dem Bischof und dem Presbyterium ausgeübt werden – der Papst spricht vom *„Netz des Gehorsams gegenüber dem Wort Christi"*[62] –, zum zweiten ist das Priestertum als Dienst auf die Gläubigen hingeordnet. Joseph Ratzinger greift ein Augustinuswort auf und schreibt:

„Amt und Relation sind identisch, Amtsein und Relationsein fallen ineinander. Das Amt ist die Relation des ‚für euch'. Bischof (und entsprechend Presbyter) ist man immer ‚für euch' oder man ist es nicht."[63]

Das Priestertum des Amtes hat dem allgemeinen Priestertum der Gläubigen zu dienen, wie es das II. Vatikanische Konzil vorgezeichnet hat.[64]

Leben und Spiritualität

Viele Ansprachen und Predigten des Papstes enden mit der Empfehlung der Priester an Maria. Ihr, der Gottesmutter, sind die Priester in besonderer Weise zugeordnet:

„Maria bringt ihnen [den Priestern] nämlich aus zwei Gründen besondere Liebe entgegen: weil sie Jesus, der höchsten Liebe ihres Herzens, ähnlicher sind, und

118

weil auch sie, wie sie selbst, in die Sendung eingebunden sind, der Welt Christus zu verkünden, zu bezeugen und zu schenken. Durch seine Identifizierung und sakramentale Gleichgestaltung mit Jesus, dem Sohn Gottes und Sohn Marias, kann und muss jeder Priester sich wirklich als besonders geliebter Sohn dieser erhabenen und zutiefst demütigen Mutter fühlen."[65]

Diese besondere Beziehung zu Maria ist im Konzilsdokument „Presbyterorum Ordinis" grundgelegt, auf das sich der Papst in seinen Ausführungen bezieht. Ein besonderes Kennzeichen priesterlichen Lebens ist der Zölibat. Diese in unserer Zeit angefragte Lebensform begründet der Papst immer wieder aus dem inneren Wesen des Priestertums, aus der Selbsthingabe:

„Er [der Zölibat] ist eine echte prophetische Ankündigung des Reiches, Zeichen der Weihe mit ganzem Herzen an den Herrn und an die ‚Sache des Herrn' (1 Kor 7,32), Ausdruck der Selbsthingabe an Gott und an die anderen (vgl. KKK 1579)."[66]

Der Zölibat dürfe nicht als Absage an Bindung oder Bindungsunfähigkeit missverstanden werden, sondern habe als Akt des Vertrauens auf Gott zu gelten[67], als die existentielle Annahme Gottes bis ins Innerste hinein[68]. Der Zölibat ist ein Charisma, darf jedoch nicht Privatentscheidung des Einzelnen sein, sondern bedarf der Verbindlichkeit und des Getragenseins durch die Kirche[69]. Wie der Zölibat der Stütze und des Getragenseins bedarf, so der ganze priesterliche Dienst überhaupt. Deswegen ist es dem Papst ein großes Anliegen, die Gemeinschaft der Priester untereinander zu fördern:

„So wie der Herr uns trägt, so sollen wir einander tragen. Deshalb ist es wichtig, dass wir als Priester uns umeinander kümmern: Als Priester gehört man immer zum Presbyterium, zur Gemeinschaft der Priester und dies sollte sich nach Möglichkeit auch in unseren gegenseitigen Beziehungen ausdrücken."[70]

Zusammenfassung

Der Papst stellt den Priestern ein hohes Ideal vor Augen. In der theologischen Krise, in der das Priestertum sich befindet, versucht er sowohl die Würde und besondere Stellung wie den existentiellen Ernst priesterlichen Seins vor Augen zu stellen. Gott weckt in Männern die Berufung zum priesterlichen Dienst. Diese Berufung wird von der Kirche aufgegriffen und unterstützt, indem die Kandidaten zu theologischer Klugheit und menschlicher Reife geführt werden. In der Weihe werden sie zu „neuen Menschen", die sich ganz in ihren Auftrag und Dienst hineingeben. Durch sie will Christus, der Priester, sein Wirken in dieser Welt fortsetzen. Der Priester repräsentiert Christus und übt dadurch eine Vollmacht aus, die er aus sich selbst nicht haben könnte. In herausragender Weise geschieht dies in der Feier der Eucharistie und der anderen Sakramente, im Gebet, in der Verkündigung des Evangeliums, im Dienst am Nächsten und in der Leitung der Gemeinschaft. Das bevorzugte Modell ist für Benedikt XVI. das Bild vom guten Hirten.

Damit der Priester Christus durch sich zur Wirkung kommen lassen kann, muss er sich selbst zurücknehmen, sich als Werkzeug ganz dem Willen eines anderen hingeben.

Die Missbrauchsfälle haben den Blick auf die Defizite und Grenzen von Priestern gelenkt. Auch Priester werden vom „Schmutz" der „Welt" getroffen und erliegen den Versuchungen des Bösen. Stete Umkehrbereitschaft und das Getragensein durch die Gemeinschaft sollen dagegen helfen. Umso mehr legt der Papst Wert darauf, dass alle Priester dem Ideal der Heiligkeit nacheifern, damit ihr Zeugnis für das Evangelium glaubwürdig ist und wirksam werden kann. Der Priester übt seinen Dienst in der Gemeinschaft der Kirche und für sie aus. Darin ist er freilich unverzichtbar. Als diejenigen, die Christus in die Welt bringen, sind die Priester der Muttergottes besonders nahe.

Hinweise

1 Die Liebe Gottes leben und lehren. 40-jähriges Priesterjubiläum von Franz Niegel. Unterwössen 1994, in: Joseph Ratzinger, Künder des Wortes und Diener Eurer Freude. Theologie und Spiritualität des Weihesakramentes, Freiburg 2010 (= Gesammelte Schriften, Bd. 12), 768. – Die gesammelten Schriften haben eine Vielzahl von kleineren und größeren theologischen Beiträgen und Predigten zur Theologie und Spiritualität des Weihesakramentes zusammengetragen. Die Endnoten nennen neben der Fundstelle im Sammelband zusätzlich die Kleinschrift.

2 Vom Wesen des Priestertums, in: Künder des Wortes, 33.

3 Vgl. Vom Wesen des Priestertums, in: Künder des Wortes, 35.

4 Vgl. Diener Eurer Freude. Meditationen über die priesterliche Spiritualität, in: Künder des Wortes, 528. – Nach seiner Beobachtung wurde das katholische Priestertum als Rückfall in das als überholt angesehene Priestertum des Alten Testaments missverstanden. Die biblischen Wurzeln von Joseph Ratzingers Priesterbild selbst liegen wesentlich im Apostelverständnis des Paulus (vgl. Das priesterliche Amt, in: Künder des Wortes, 403). Der Apostel ist zwar nicht gleich dem Priester, die Brücke schlägt jedoch Apg 20,28 und 1 Petr 5,1-4, wo Apostel und Presbyter miteinander identifiziert werden und auf die sich Ratzinger daher stark bezieht (vgl. Das priesterliche Amt, in: Künder des Wortes, 406).

5 Ansprache an die Teilnehmer an dem von der Kleruskongregation organisierten theologischen Kongress zum Priesterjahr am 12. März 2010. – Wir tragen der Vielzahl der Beiträge von Benedikt XVI. zum Priesterbild Rechnung, dass wir keine Kurztitel für die Beiträge einführen, sondern jeweils Anlass und Datum, zumeist auch den Ort nennen. Alle Beiträge sind in deutscher Übersetzung über die Homepage des Vatikan einzusehen: www.vatican.va.

6 Ebd.; vgl. auch: Generalaudienz am 24. Juni 2009.

7 Vgl. Ansprache an die Teilnehmer der Vollversammlung der Kongregation für den Klerus am 16. März 2009.

8 Das große Wagnis priesterlichen Ringens. 60-jähriges Priesterjubiläum von G.R. Vinzenz Irger. München 1983, in: Künder des Wortes, 722.

9 Vgl. Ansprache an die Teilnehmer der europäischen Tagung über die Berufungspastoral am 4. Juli 2009.

10 Vgl. Gebetswache anlässlich des internationalen Priestertreffens. Gespräch mit den Priestern, Petersplatz am 10. Juni 2010.

11 Vgl. Besuch des römischen Priesterseminars anlässlich des Festes der „Muttergottes vom Vertrauen". Predigt am 1. Februar 2008.

12 Schreiben an die Seminaristen vom 18. Oktober 2010.

13 Vgl. Vom Wesen des Priestertums, in: Künder des Wortes, 42 f.

14 Vgl. Zur Frage nach dem Sinn des priesterlichen Dienstes, in: Künder des Wortes, 384 f. - In einer recht frühen Schrift von 1967 gesteht Ratzinger zu, dass die konkrete Übertragung des Dienstes durchaus durch Wahl von Seiten der Gemeinde erfolgen könnte. Aber selbst dann erfolgt die Ausübung dieses Dienstes nicht aufgrund von Delegation durch die Gemeinde, sondern in Vollmacht vom Herrn her.

15 Vgl. Der Priester im Umbruch der Zeit, in: Künder des Wortes, 398.

16 Das Priestertum des Mannes – ein Verstoß gegen die Rechte der Frau?, in: Künder des Wortes, 133.

17 Vgl. ebda., in: Künder des Wortes, 135. – Die Aufgabe des Lenkens und Leitens, die der Priester nach Aussage des Hl. Vaters hat, genauso wie den theologischen Lobpreis und die besondere Stellung nicht als Privilegierung zu sehen, dürfte jedoch schwerfallen.

18 Vgl. ebda., in: Künder des Wortes, 136 und 137 f.

19 Ebda., in: Künder des Wortes, 138.

20 Generalaudienz am 14. April 2010. - In der Generalaudienz am 24. Juni 2009 hat der Papst den Priester als „alter Christus" (= der andere Christus) bezeichnet.

21 Nach der Theologie des Hebräerbriefs. Vgl. Feier der Vesper mit den Priestern, Ordensleuten, Seminaristen und Diakonen. Ansprache in der Dreifaltigkeitskirche Fatima am 12. Mai 2010; Gebetswache anlässlich des internationalen Priestertreffens. Gespräch mit den Priestern, Petersplatz am 10. Juni 2010 und die Predigt an Fronleichnam 2010. – In Letzterer gesteht der Papst freilich zu, dass Jesus kein Priester im jüdisch-kultischen Sinn war, sondern vielmehr in der Tradition der Propheten stand.

22 Vgl. Feier der Vesper mit den Priestern, Ordensleuten, Seminaristen und Diakonen. Ansprache in der Dreifaltigkeitskirche Fatima am 12. Mai 2010.

23 Botschaft zum 47. Weltgebetstag um geistliche Berufungen vom 25. April 2010.

24 Gebetswache anlässlich des internationalen Priestertreffens. Gespräch mit den Priestern am 10. Juni 2010.

25 Vgl. Begegnung mit Priestern der Diözese Albano, Apost. Palast in Castelgandolfo am 31. August 2006 und Begegnung mit den Priestern der Diözese Roma am 22. Februar 2007.

26 Vgl. Generalaudienz am 24. Juni 2009.

27 Vgl. Begegnung mit Priestern der Diözese Albano, Apost. Palast in Castelgandolfo am 31. August 2006.

28 Vgl. Priesterweihe im Petersdom, Predigt am 27. April 2008.

29 Vgl. Zur Frage nach dem Sinn des priesterlichen Dienstes, in: Künder des Wortes, 377 in Auslegung des Konzilsdekrets PO 6.

30 Vgl. Bereitung zum priesterlichen Dienst, in: Künder des Wortes, 436.

31 Vgl. Botschaft zum 47. Weltgebetstag um geistliche Berufungen vom 25. April 2010.

32 Vgl. Priesterweihe von 15 Diakonen der Diözese Rom, Predigt im Petersdom am 7. Mai 2006.

33 Vgl. Diener Eurer Freude. Meditationen über die priesterliche Spiritualität, in: Künder des Wortes, 528.

34 Messe zum Abschluss des Priesterjahres, Herz-Jesu-Fest, Petersdom, Predigt am 11. Juni 2010.

35 Dabei deutet Joseph Ratzinger die Problematik des Hirtenbildes selbst an, wenn er in Künder des Wortes, 695, schreibt: „,Hirte' war der Titel, mit dem sich die Herrscher des alten Orients bezeichneten, um damit ihre unbedingte Macht über die Völker auszudrücken, die für sie nur Schafe waren.' Eigentlich kann der Hirtenbegriff nur deshalb benutzt werden, weil Jesus Christus dieses Bild vom Hirten grundlegend geändert hat."

36 Vgl. Messe zum Abschluss des Priesterjahres, Herz-Jesu-Fest, Petersplatz, Predigt am 11. Juni 2010.

37 Begegnung mit dem Klerus der Diözesen Belluno-Felltre und Treviso, Kirche „Santa Giustina Martiry", Auronzo di Cadore, am 24. Juli 2007.

38 Vgl. Messe mit Priesterweihe, Predigt im Petersdom am 3. Mai 2009.

39 Generalaudienz am 26. Mai 2010.

40 Ansprache an die Teilnehmer der europäischen Tagung über die Berufungspastoral am 4. Juli 2009.

41 Vgl. Priesterweihe von 15 Diakonen der Diözese Rom, Predigt im Petersdom am 20. Juni 2010.

42 Ebda. – Diese Klarstellung ist dringend notwendig, um dem Missverständnis zu wehren, das die häufige Verwendung des Opferbegriffs nahelegt, dass es nämlich darum gehe, die eigene Identität, die eigenen Kräfte und Charismen zu verdrängen oder gar zu vernichten. Eine solche Deutung des Entweder-oder, dass Gott nur dann voll zur Geltung kommen kann, wenn der Mensch die Menschlichkeit ablegt, widerspräche der Inkarnationslehre, die in Jesus Göttlichkeit und Menschlichkeit „unvermischt und ungetrennt" sieht. Vgl. KKK 465 ff. mit Verweis auf das Konzil von Chalkedon. Ebenso wäre die katholische Tradition des Sowohl-als-auch („et-et") sowie der scholastische Grundsatz „gratia supponit naturam", die sich auf das Gott-Mensch-Verhältnis beziehen, nicht berücksichtigt.

43 Vgl. Begegnung mit dem Klerus der Diözese Rom am 18. Februar 2010.

44 Ebd.

45 Begegnung mit Priestern der Diözese Albano. Apostolischer Palast in Castelgandolfo am 31. August 2006.

46 Vgl. Messe zum Abschluss des Priesterjahres, Herz-Jesu-Fest, Petersplatz, Predigt am 11. Juni 2010.

47 Schreiben an die Seminaristen vom 18. Oktober 2010.

48 Vgl. Messe mit Priesterweihe, Petersdom, Predigt am 3. Mai 2009.

49 Vgl. Gebetswache anlässlich des internationalen Priestertreffens, Petersplatz, Gespräch mit den Priestern am 10. Juni 2010.

50 Ebd.

51 Vgl. Ansprache an die Teilnehmer eines von der Apostolischen Pönitentiarie veranstalteten Kurses über das „forum internum" am 11. März 2010.

52 Gebetswache anlässlich des internationalen Priestertreffens, Petersplatz, Gespräch mit den Priestern am 10. Juni 2010.

53 Ansprache an die Teilnehmer der Vollversammlung der Kongregation für den Klerus am 16. März 2009.

54 Vgl. Schreiben zum Beginn des Priesterjahres anlässlich des 150. Jahrestages des „dies natalis" von Johannes Maria Vianney vom 16. Juni 2009.

55 Vgl. Im Atemraum seines Geistes „geistlich Geistliche" (J.M. Sailer) werden. Zur Missa Chrismatis 1979, in: Künder des Wortes, 541.

56 Vgl. Feier der Vesper mit den Priestern, Ordensleuten, Seminaristen und Diakonen, Ansprache in der Dreifaltigkeitskirche Fatima am 12. Mai 2010 und das Schreiben zum Beginn des Priesterjahres anlässlich des 150. Jahrestages des „dies natalis" von Johannes Maria Vianney vom 16. Juni 2009.

57 Generalaudienz am 5. August 2009.

58 Vgl. Eröffnung des Priesterjahres anlässlich des 150. Todestages des hl. Johannes Maria Vianney, Petersdom, Predigt am 19. Juni 2009.

59 Schreiben zum Beginn des Priesterjahres anlässlich des 150. Jahrestages des „dies natalis" von Johannes Maria Vianney vom 16. Juni 2009.

60 Vgl. Begegnung mit Priestern, Diakonen und Seminaristen aus Südtirol am 6. August 2008.

61 Ebda.

62 Vgl. Messe mit Priesterweihe, Petersdom, Predigt am 15. Mai 2005.

63 Zur Frage nach dem Sinn des priesterlichen Dienstes, in: Künder des Wortes, 379.

64 Vgl. Eröffnung des Priesterjahres anlässlich des 150. Todestages des hl. Johannes Maria Vianney, Petersdom, Predigt am 19. Juni 2009.

65 Generalaudienz am 12. August 2009.

66 Ansprache an die Teilnehmer an dem von der Kleruskongregation organisierten theologischen Kongress zum Priesterjahr am 12. März 2010.

67 Vgl. Gebetswache anlässlich des internationalen Priestertreffens, Gespräch mit den Priestern, Petersplatz am 10. Juni 2010.

68 Vgl. Das große Wagnis priesterlichen Dienens. 60-jähriges Priesterjubiläum von G.R. Vinzenz Irger. München 1983, in: Künder des Wortes, 725.

69 Vgl. Zum Zölibat des katholischen Priesters. Stellungnahme zu Prof. Dr. Richard Egenters „Erwägungen zum Pflichtzölibat", in: Künder des Wortes, 155.

70 Unser priesterlicher Dienst. Ansprache an die Priester in Ecuador, in: Künder des Wortes, 412.

Christliche Hoffnung über den Tod hinaus

Gedanken von Benedikt XVI. zu letzten Fragen

Franziska Knapp

Was kommt nach dem Tod? Welche Vorstellungen von Tod und Jenseits vermittelt der christliche Glaube? Fragen nach einer Zukunft über die Grenzen des Todes hinaus, nach dem endgültigen Ziel des menschlichen Lebens und der Geschichte sind zutiefst menschliche Fragen. Sie beziehen sich sowohl auf die Zukunft des Einzelnen: Tod, ewiges Leben, Unsterblichkeit der Seele – wie auch auf die Zukunft der Menschheitsgeschichte als Ganze: Wiederkunft Christi, Auferstehung der Toten, Jüngstes Gericht.
Für Benedikt XVI. sind dies keine Randthemen. In seinem Denken ist die Frage nach dem Ende die *„Frage nach dem Wesen des Christlichen überhaupt".*[1]

Der folgende Artikel will seine Überlegungen zu diesem Themenkreis dem interessierten Leser zugänglich machen. Daher sind die Zitate so ausgewählt, dass Argumentation und Gedankenfolge Benedikts XVI. als Autor in breitem Umfang im originalen Wortlaut vermittelt werden.

Welche Bedeutung hat der Tod im Licht des christlichen Glaubens?

Der Tod ist Endpunkt jedes menschlichen Lebens. Dieser Tatsache des Menschseins auszuweichen, kennt unsere Gesellschaft viele Strategien, medizinisch-technologische Lebensverlängerung, Gewöhnung durch die Medien, Leistungsorientierung.
„Rechtfertigung durch das Werk, durch das, was man leistet, bedeutet im Kern, dass der Mensch sich selbst seine eigene kleine Unsterblichkeit bauen möchte; […] Aber ein solches Unterfangen kann allemal nur Illusion sein, auf welcher Ebene es sich auch bewegt: auf archaischer oder höchst wissenschaftlicher bis zu dem Versuch hin, durch medizinische Forschung den Tod auszuschalten.

Durch solche Selbstbehauptung [...] verkennt der Mensch die Wirklichkeit und seine eigene Wahrheit. Denn diese seine Wahrheit ist es, dass er vergänglich ist und in sich keinen Bestand hat."[2]

Der christliche Glaube nimmt den Tod bewusst in den Blick. Zugleich integriert er ihn in sein Gottesbild. Im Leben Jesu zeigt sich der äußerste Ernstfall des Lebens im Kreuz. Hier lässt sich Gott selbst vom Tod betreffen. Wie muss man sich das vorstellen? Im Alten Testament ist die Scheol der Ort der Toten, eine Art Schattenreich, in dem Gott nicht mehr zugegen ist. An diesen gottfernen Ort geht der Sohn Gottes – Mensch und Gott zugleich – in seinem Tod am Kreuz. Im Leben wie im Sterben hat er seinem Vater radikal vertraut, sodass nun die Scheol, der Ort der Gottesferne, der radikalen Einsamkeit, von innen heraus mit Leben erfüllt und verwandelt wird:

„Der Gerechte ist in die Scheol, in das unreine Land hinab gestiegen, wo Gott nicht gelobt wird. Mit diesem Hinabsteigen Jesu steigt Gott selbst in die Scheol: damit aber hört der Tod auf, das gottverlassene Land zu sein. In Christus ist Gott selbst in den Bereich des Todes eingetreten und hat den Raum der Kommunikationslosigkeit zum Raum seiner Anwesenheit gemacht. Das ist nicht Glorifizierung des Todes; indem Gott ihn durch Christus heimgesucht hat, hat er ihn als Tod aufgehoben und überwunden."[3]

So wird aus dem Tod ein Raum des Heils, in dem uns Gott selbst durch Christus mit seiner Liebe erwartet. Weil der Sohn Gottes in seinem Tod das menschliche Leben in der ganzen Dimension bis in die letzte Tiefe hinab durchlebt hat, darf der, der auf Christus vertraut, hoffen, in seinem eigenen Tod in Gott hineinzufallen:

„Der Christ stirbt in den Tod Christi hinein – diese überlieferte Formel gewinnt nun einen ganz praktischen Sinn: Die unverfügbare Macht, die allenthalben sein Leben begrenzt, ist nicht eine blinde Naturgesetzlichkeit, sondern eine Liebe, die sich ihm selbst so in die Verfügung gegeben hat, dass sie für ihn und mit ihm gestorben ist. [...] Der Tod, der Feind des Menschen, der ihn berauben, ihm das Leben stehlen will, wird besiegt, [...] wo mit Christus in Christus hinein gestorben wird."[4]

Nicht mehr der Tod, sondern das Leben hat das letzte Wort.

Was bedeutet „ewiges Leben"?

An ein ewiges Leben zu glauben ist heutzutage nicht mehr selbstverständlich und für viele Menschen auch kein wirkliches Ziel mehr. Benedikt XVI. gibt zu bedenken:

„Wollen wir das eigentlich – ewig leben? Vielleicht wollen viele Menschen den Glauben heute einfach deshalb nicht, weil ihnen das ewige Leben nichts Erstrebenswertes zu sein scheint. Sie wollen gar nicht das ewige Leben, sondern dieses jetzige Leben, und der Glaube an das ewige Leben scheint dafür eher hinderlich zu sein. Ewig – endlos – weiterzuleben scheint eher Verdammnis als Geschenk zu sein. Gewiss, den Tod möchte man so weit hinausschieben wie nur irgend möglich. Aber immerfort und ohne Ende zu leben – das kann doch zuletzt nur langweilig und schließlich unerträglich sein."[5]

Was für eine Erfahrung und Sehnsucht verbirgt sich hinter der Hoffnung auf ewiges Leben, die sich andererseits auch nicht generell verdrängen lässt?

„Alle Lust will Ewigkeit, will tiefe, tiefe Ewigkeit. Es gibt Augenblicke, die nie vergehen sollten. Was darin berührt wird, dürfte nie enden. Dass es dennoch vorübergeht, ja, überhaupt nur in Augenblicken erfahrbar ist, ist die eigentliche Melancholie der menschlichen Existenz. Aber wie sieht der Augenblick aus, in dem der Mensch erfährt, was Leben ist? Es ist der Augenblick der Liebe, der für ihn zugleich zum Augenblick der Wahrheit, der Entdeckung des Lebens wird. Das Unsterblichkeitsverlangen steigt nicht aus der isolierten, in sich verschlossenen Existenz auf, die unbefriedigend ist, sondern aus der Erfahrung der Liebe, der Gemeinschaft, des Du. Es entsteht aus der Forderung, die das Du an das Ich stellt und umgekehrt. Die Entdeckung des Lebens schließt ein Überschreiten des Ich, Zurücklassen des Ich mit ein. Sie trägt sich nur dort zu, wo der Mensch sich wegwagt von sich selbst und sich fallen lässt. Wenn das Mysterium des Lebens mit dem Mysterium der Liebe identisch ist, dann ist es auch an ein Todesgeschehen gebunden. Damit sind wir wieder bei der christlichen Botschaft vom Kreuz mit ihrer Deutung von Tod und Leben angelangt. Sie deutet den Tod dadurch, dass sie uns lehrt, in ihm mehr als den Schlusspunkt unseres biologischen Daseins zu sehen."[6]

Es besteht also ein zwiespältiges Verhältnis zur Hoffnung auf ewiges Leben:

„Offenbar gibt es da einen Widerspruch in unserer Haltung, der auf eine innere Widersprüchlichkeit unserer Existenz selbst verweist. Einerseits wollen wir nicht sterben, will vor allem auch der andere, der uns gut ist, nicht, dass wir sterben. Aber andererseits möchten wir doch auch nicht endlos weiterexistieren, und auch

die Erde ist dafür nicht geschaffen. Was wollen wir also eigentlich? Diese Para-
doxie unserer eigenen Haltung löst eine tiefere Frage aus: Was ist das eigentlich
‚Leben'? Und was bedeutet das eigentlich ‚Ewigkeit'? Es gibt Augenblicke, in denen
wir plötzlich spüren: Ja, das wäre es eigentlich – das wahre ‚Leben' – so müsste
es sein. Daneben ist das, was wir alltäglich ‚Leben' nennen, gar nicht wirklich
Leben. Augustinus hat [...] einmal gesagt: Eigentlich wollen wir doch eines – ‚das
glückliche Leben', das Leben, das einfach Leben, einfach ‚Glück' ist. Um gar nichts
anderes beten wir im Letzten. Zu nichts anderem sind wir unterwegs – nur um
das eine geht es. Aber Augustinus sagt dann auch: Genau besehen wissen wir gar
nicht, wonach wir uns eigentlich sehnen, was wir eigentlich möchten. Wir kennen
es gar nicht; selbst in solchen Augenblicken, in denen wir es zu berühren meinen,
erreichen wir es nicht wirklich. [...] Wir wissen nur: Das ist es nicht. [...] Dies
Unbekannte ist die eigentliche ‚Hoffnung', die uns treibt [...]. Das Wort ‚ewiges
Leben' versucht, diesem unbekannt Bekannten einen Namen zu geben. [...] Wir
können nur versuchen, aus der Zeitlichkeit, in der wir gefangen sind, hinaus zu
denken und zu ahnen, dass Ewigkeit nicht eine immer weitergehende Abfolge von
Kalendertagen ist, sondern etwas wie der erfüllte Augenblick, in dem uns das
Ganze umfängt und wir das Ganze umfangen. Es wäre der Augenblick des Ein-
tauchens in den Ozean der unendlichen Liebe, in dem es keine Zeit, kein Vor- und
Nachher mehr gibt."[7]

Ewiges Leben ist mithin nicht eine Frage der größtmöglichen Ausdehnung
von Zeit, sondern umgekehrt eine Verdichtung, größtmögliche Intensität.
Ewiges Leben ist ein Leben ganz von Gott her und mit Gott, ein von der
Liebe Gottes umfangenes, erfülltes und gefülltes Leben – eine Erfahrung, die
in diesem Leben nur augenblick- und bruchstückhaft aufscheinen kann.
Es geht auch nicht um neugierige Blicke und Spekulationen über die Todes-
grenze hinaus, sondern um eine Botschaft, die den an Christus Glaubenden
hilft, das alltägliche Leben im Hier und Jetzt zu bewältigen:

„Nicht als ob sie im Einzelnen wüssten, was ihnen bevorsteht; wohl aber wissen
sie im Ganzen, dass ihr Leben nicht ins Leere läuft. Erst wenn Zukunft als positive
Realität gewiss ist, wird auch die Gegenwart lebbar. [...] Die christliche Botschaft
war nicht nur ‚informativ', sondern ‚performativ' – das heißt: Das Evangelium ist
nicht nur Mitteilung von Wissbarem; es ist Mitteilung, die Tatsachen wirkt und
Leben verändert. Die dunkle Tür der Zeit, der Zukunft, ist aufgesprengt. Wer
Hoffnung hat, lebt anders; ihm ist ein neues Leben geschenkt worden."[8]

Und der, der glaubt, kann vertrauend sein Leben loslassen, denn diese Hoffnung bedeutet schon Erlösung, weil sie in der Zusage besteht, vorbehaltlos geliebt zu sein. So kann Benedikt XVI. in einem Gebet diesem Vertrauen Ausdruck verleihen:

„Erneuern wir am heutigen Tag die Hoffnung auf das ewige Leben, das wirklich im Tod und in der Auferstehung Christi gründet. ‚Ich bin auferstanden und bin jetzt immer bei dir', sagt uns der Herr, und meine Hand trägt dich. Wo auch immer du fallen magst – du wirst in meine Hände fallen, und ich werde sogar an der Pforte des Todes da sein. Wohin dich keiner mehr begleiten kann und wohin du nichts mitnehmen kannst, dort warte ich auf dich, um für dich die Finsternis in Licht zu verwandeln.“[9]

Unsterblichkeit der Seele – eine christliche Vorstellung?

Dass die Seele sich im Tod vom Leib trennt und bis zur Auferstehung am Ende der Zeit den Tod überdauert, ist eine Vorstellung, welche die Verkündigung über Generationen hinweg geprägt hat, aber heute fast verschwunden ist. Mit Blick auf das Neue Testament, das eine solche Art des Zwischenzustandes kennt, ruft Benedikt XVI. dazu auf, diese Überzeugung nicht in Vergessenheit geraten zu lassen, denn *„die ungebrochene Kontinuität zwischen jüdischen und frühchristlichen Vorstellungen ist offenkundig: Sowohl der Paradiesgedanke (Lk 23,43) […] wie das Warten der Seelen unter Gottes Thron (Offb 6,9) begegnen uns in der neutestamentlichen Überlieferung.“*[10]
Hier kann und will nicht der Ort sein, auf die moderne theologische Diskussion um den Seelenbegriff und die Auseinandersetzung mit dem griechischen Denken einzugehen, welche das frühe Christentum stark mitgeprägt hat. Für die Argumentation Benedikts XVI. ist ausschlaggebend, dass eine bereits im Judentum beheimatete Idee im Glauben an Christus eine neue Dimension gewinnt. Dabei entspricht das Paradies in diesem Zusammenhang jenem Zwischenzustand nach der Trennung von Leib und Seele im Tod, der noch nicht mit dem Himmel nach dem Endgericht identisch ist.
„Was nach jüdischer Überzeugung das Schicksal nur der Märtyrer oder jedenfalls der privilegierten Gerechten sein wird, das verheißt der Verurteilte, der am Kreuz hängt, einem Mitverurteilten: Er hat die Vollmacht, den Verlorenen das Paradies aufzutun; sein Wort ist der Schlüssel dazu. So gewinnt das ‚mit mir' eine umwandelnde Bedeutung. Das Paradies ist, von diesem Wort her betrachtet, nun doch nicht mehr

einfach ein je schon vorhandener Ort, an dem sich vor allem der Messias (mit vielen anderen) aufhält. Das Paradies öffnet sich in Jesus. Es hängt an seiner Person."[11] Über diesen Zwischenzustand der unsterblichen Seele entscheidet die Beziehung zu Gott und dem Nächsten. Der Mensch *"ist als Geschöpf, von Wesen her, in einer Relation geschaffen, die Unzerstörbarkeit einschließt. […] Wenn […] nicht ein beziehungsloses Selbersein den Menschen unsterblich macht, sondern gerade seine Bezogenheit, die Beziehungsfähigkeit auf Gott hin, dann müssen wir jetzt hinzufügen, dass diese Geöffnetheit der Existenz nicht eine Zutat zu einem etwa auch unabhängig davon bestehenden Sein ist, sondern das Tiefste des menschlichen Wesens ausmacht: Sie ist gerade das, was wir ,Seele' nennen. […] Ein Wesen ist umso mehr es selbst, je offener es ist, je mehr es Beziehung ist."*[12] Dann ist *"Seele […] nichts anderes als die Beziehungsfähigkeit des Menschen zur Wahrheit, zur ewigen Liebe. […] Platon hatte erkannt, dass die Unsterblichkeit nur von dem kommen kann, was unsterblich ist, von der Wahrheit, und dass für den Menschen daher die Hoffnung des ewigen Lebens in seiner Beziehung zur Wahrheit gründet. Aber die Wahrheit bleibt letztlich ein Abstraktum. Als dann derjenige in die Welt trat, der von sich sagen konnte ,Ich bin die Wahrheit' (Joh 14,6), war auch die Bedeutung dieser Aussage von Grund auf verändert. […] Die Formel war zu einem Weg geworden: In der Beziehung zu Christus kann die Wahrheit geliebt werden […]."*[13] Gerade durch seine Seele ist der Mensch Person im christlichen Sinne.

Keine andere Religion stellt die Dimension von Beziehung, Mitsein, Miteinander, Gemeinschaft so grundlegend als das Wesentliche des Gottes- und Menschenbildes heraus wie das Christentum. Gott selbst ist lebendige Beziehung, weil er Liebe ist. Dies wird sichtbar im Bild des dreifaltigen Gottes. Als Geschöpf Gottes hat der Mensch an der Beziehung von Vater, Sohn und Geist Anteil. Er ist in diese Beziehung hineingestellt:

"Das christliche Unsterblichkeitsverständnis geht entscheidend vom Gottesbegriff aus und hat deshalb dialogischen Charakter. Weil Gott der Gott der Lebendigen ist und sein Geschöpf, den Menschen beim Namen ruft, darum kann dieses Geschöpf nicht untergehen. Dieser Akt der Annahme des Menschen durch Gott in Gottes eigenes Leben hinein hat in Jesus Christus sozusagen Fleisch empfangen: Christus ist der Baum des Lebens, von dem der Mensch das Brot der Unsterblichkeit empfängt. Nicht aus der isolierten Einzelexistenz und ihrer eigenen Macht erklärt sich das ewige Leben, sondern aus der Bezogenheit, die für den Menschen konstitutiv ist. Diese Aussage über den Menschen weist aber ihrerseits wieder zurück

auf das Gottesbild, sie deckt den Kern des christlichen Wirklichkeitsverständnisses überhaupt auf: Auch Gott hat Unsterblichkeit, oder richtiger: ist Unsterblichkeit als Beziehungsgeschehen trinitarischer Liebe. Gott selbst ist nicht ‚Atom‘, sondern Beziehung, weil er Liebe ist, und darum ist er das Leben.“[14]

Was geschieht bei der Auferstehung der Toten?

Dass Jesus von den Toten auferstanden ist, ist das christliche Grundbekenntnis. Für Paulus verbindet sich damit die Hoffnung, dass, wer zu Christus gehört, auch von den Toten auferstehen wird. Auferstehung bedeutet Aufgenommensein bei Gott. Damit werden alle Bedingungen der Welt zurückgelassen, auch die Gebundenheit an die Zeit. Wird dann aber die konkrete Lebensgeschichte des Einzelnen bedeutungslos? Und welche Vorstellung verbirgt sich hinter dem Glauben an die Leibhaftigkeit der Auferstehung?
Zur Bedeutung der irdischen Lebenszeit schreibt Benedikt XVI.:
„Der Mensch hat Zeit nicht nur physikalisch, sondern anthropologisch. Nennen wir diese ‚menschliche Zeit‘ im Anschluss an Augustin Memoria-Zeit; wir können dann noch hinzufügen, dass diese Memoria-Zeit von der Beziehung des Menschen auf die körperliche Welt geprägt, aber nicht gänzlich an sie gebunden und auch nicht gänzlich in sie auflösbar ist. Das bedeutet dann, dass sich beim Heraustreten des Menschen aus der Welt des Bios die Memoria-Zeit von der physikalischen Zeit löst und dann als reine Memoria-Zeit bleibt, aber nicht zu ‚Ewigkeit‘ wird. Darin liegt dann auch der Grund für die Endgültigkeit des in diesem Leben Vollbrachten und für die Möglichkeit einer Reinigung wie eines sich vollendenden letzten Geschicks in einer neuen Beziehung auf die Materie: Nur so bleibt Auferstehung als neue Möglichkeit des Menschen, ja, als eine für ihn zu erwartende Notwendigkeit verstehbar. Das schließt eine weitere Erkenntnis ein: Der Mensch, der stirbt, tritt selbst aus der Geschichte heraus – sie ist für ihn (vorläufig!) abgeschlossen; aber er verliert nicht die Beziehung auf die Geschichte, weil das Netz der menschlichen Relationalität zu seinem Wesen selber gehört.“[15]
Der Mensch nimmt seine Geschichte, alles, was ihn geprägt hat und alle Beziehungen mit in das neue Leben hinein. Sie wird nicht einfach ausgelöscht und wertlos. Dieser Gedanke birgt jedoch ein Problem in sich. Menschliche Geschichte ist immer auch eine Geschichte der Schuld, der ungelebten und der zerbrochenen Beziehungen. Wenn diese noch nicht geheilt sind, dann

wirken sie weiter und lassen noch nicht den ersehnten Frieden finden:
„Kann ein Mensch ganz fertig und am Ende sein, solange seinetwegen noch gelit-
ten wird, solange Schuld, die von ihm ausgeht, auf Erden weiterglimmt und Men-
schen leiden macht? [...] Weitergehende Schuld ist ein Stück meiner selbst, reicht
in mich selber hinein und ist so auch ein Stück meiner bleibenden Ausgeliefertheit
an die Zeit, in der Menschen meinetwegen sehr real weiterleiden und die dadurch
in mich hineinreicht.“[16] Denn *„solange Geschichte wirklich geschieht, bleibt sie*
auch von jenseits des Todes her Wirklichkeit und kann nicht dort als schon in
einem ewigen Jüngsten Tag aufgehoben erklärt werden“.[17]

Die Verflochtenheit der Geschichte des Einzelnen mit der Geschichte der
Anderen hat zur Folge, dass wenn alle, die zu Christus gehören, mit ihm
gemeinsam einen Leib, den Leib Christi bilden, alle nur bruchstückhaften
Beziehungen bewirken, dass der Leib Christi selbst noch nicht vollkommen ist:
„Die Lehre vom Leibe Christi formuliert hier nur mit jener letzten Konsequenz, die
die Christologie ermöglicht, was an sich von der Anthropologie her zu erwarten
ist: Jeder Mensch existiert in sich und außer sich; jeder existiert zugleich in den
anderen, und was im einzelnen geschieht, wirkt auf das Ganze der Menschheit;
was in der Menschheit geschieht, geschieht an ihm. Leib Christi heißt dann, dass
alle Menschen ein Organismus sind und dass daher das Schicksal des Ganzen eines
jeden eigenes Schicksal ist. Zwar steht der Entscheid seines Lebens im Tod mit dem
Ende seines irdischen Wirkens fest; insofern wird er jetzt gerichtet und erfüllt jetzt
sich sein Geschick. Aber sein endgültiger Platz kann doch erst bestimmt werden,
wenn der ganze Organismus erbaut ist, wenn alle Geschichte ausgelitten und aus-
getan ist. Die Sammlung des Ganzen ist doch auch ein Akt an ihm selber und ist so
erst das endgültige allgemeine Gericht, das den einzelnen hineinrichtet ins Ganze
und ihm seinen richtigen Platz zuordnet, den er erst im Ganzen erhält.“[18]

Alle Aussagen über eine Existenz nach diesem Leben, können letztendlich
nur bildliche Vorstellungen sein, auch die Rede von der Leiblichkeit der Auferstehung. Benedikt XVI. hält fest:
„Hinsichtlich der Materialität dieser Auferstehung bleibt nahezu alles offen. Ihr
Ganz-anders wird eindringlich behauptet.“[19] Für das christliche Menschenbild gilt:
„Nicht die einzelnen Atome und Moleküle als solche sind ‚der Mensch‘ und nicht an
ihnen hängt daher die Identität der ‚Leiblichkeit‘ [...]. Gerade weil die Leiblichkeit
nun so unlösbar zum Menschsein gehört, wird die Identität der Leiblichkeit nicht
von der Materie, sondern von der Seele her bestimmt.“[20]

Leib ist in diesem Zusammenhang mehr als nur Körper. Der Mensch ist Leib als Ganzer, auch mit seiner Gesinnung und seinen Beziehungen. Eine geradezu materielle Vorstellung einer Art Wiederbelebung der Gebeine aus den Gräbern wird dem biblischen Denken daher nicht gerecht wird. Schon Paulus machte auf diese Unterscheidung aufmerksam, denn ihm lag daran, dass der konkrete Mensch mit seiner ganz individuellen Geschichte in der Auferstehung in den Heilsraum Gottes aufgenommen wird.

„Das bedeutet, dass sich Paulus der herrschenden jüdischen Auffassung entschieden entgegenstellt, die den Auferstehungsleib in voller Identität mit dem irdischen Leib und die Auferstehungswelt als eine einfache Fortsetzung der irdischen Welt versteht. Die Begegnung mit dem Auferstandenen, der als der Ganzandere sich irdischem Sehen und Erkennen entzog, den Gesetzen der Materie nicht unterlag, sondern in der Weise der Theophanie – des Erscheinens aus Gottes Welt heraus – sichtbar wurde, diese Begegnung hatte solche Vorstellungen unwiderruflich zerbrochen. [...] Aber die Unbedingtheit, mit der Paulus hier naturalistischen Konzeptionen entgegentritt, hindert ihn doch nicht daran, auch weiterhin von Auferstehung des Leibes zu sprechen, die etwas anderes ist als Wiederkehr der ‚Körper' nach der Weise dieser Welt."[21]

Die Wiederkunft Christi und das Gericht

„Maranatha" – „Komm, Herr Jesus!" Dieser Gebetsruf der frühen Kirche spricht die Hoffnung aus, dass Christus als Weltenrichter wiederkommen und endgültige Gerechtigkeit aufrichten soll. Nicht mehr wie im Mittelalter ist diese Vorstellung vom Ende der zeitlichen Welt mit der Angst vor dem aufrechnenden und strafenden Gott verbunden. Gott bleibt die Liebe, aber in dieser Wahrheit, die Gott selber ist, wird der Mensch sich wie in einem Spiegel sehen. Nur so kann alle noch unvollkommene Liebe, alles, was die volle Gemeinschaft mit Gott und den Mitmenschen noch verhindert, erkannt werden. Darin besteht der eigentliche Sinn des Gerichtsgedankens: *„Der Mensch tritt in seinem Sterben heraus in die unverdeckte Wirklichkeit und Wahrheit. Er nimmt nun den Platz ein, der ihm der Wahrheit nach zukommt. Das Maskenspiel des Lebens, die Zuflucht hinter Positionen und Fiktionen ist vorbei. Der Mensch ist das, was er in Wahrheit ist. In diesem Wegfallen der Masken, das der Tod mit sich bringt, besteht das Gericht. Das Gericht ist einfach die Wahrheit*

selber, ihr Offenkundigwerden. Diese Wahrheit ist freilich nicht ein Neutrum. Gott ist die Wahrheit, die Wahrheit ist Gott, ist ‚Person'. Eine richtende, endgültige Wahrheit kann es nur geben, wenn sie göttlichen Charakter hat; Gott ist Richter, sofern er die Wahrheit selber ist. Gott aber ist die Wahrheit für den Menschen als Mensch Gewordener, in dem er selbst Maßbild des Menschen ist. So ist Gott Wahrheitsmaßstab für den Menschen in und durch Christus. Darin liegt die erlösende Umprägung des Gerichtsgedankens, die der christliche Glaube bedeutet: Die Wahrheit, die den Menschen richtet, ist selbst aufgebrochen, ihn zu retten. Sie hat ihm selber eine neue Wahrheit geschaffen. Sie hat sich selbst als Liebe an seine Stelle begeben und ihm eine Wahrheit besonderer Art: Die Wahrheit des Geliebtseins von der Wahrheit gegeben. […] Die wirkliche Grenzlinie zwischen Tod und Leben […] verläuft eigentlich nicht im biologischen Tod, sondern zwischen dem Mitsein mit dem, der das Leben ist, und der Isolation, die sich diesem Mitsein verweigert.“[22]*
In diesem nicht nur individuellen, sondern gemeinschaftlichen Charakter der Hoffnung liegt die Sehnsucht begründet, die Gerechtigkeit möge das letzte Wort haben.

„Gott hat sich selbst ein ‚Bild' gegeben: im menschgewordenen Christus. […] Dieser unschuldig Leidende ist zur Hoffnungsgewissheit geworden: […] Gott weiß Gerechtigkeit zu schaffen auf eine Weise, die wir nicht erdenken können und die wir doch im Glauben ahnen dürfen. Ja, es gibt die Auferstehung des Fleisches. Es gibt Gerechtigkeit. Es gibt den ‚Widerruf' des vergangenen Leidens, die Gutmachung, die das Recht herausstellt. Daher ist der Glaube an das Letzte Gericht zuallererst und zuallermeist Hoffnung – die Hoffnung, deren Notwenigkeit gerade im Streit der letzten Jahrhunderte deutlich geworden ist. Ich bin überzeugt, dass die Frage der Gerechtigkeit das eigentliche, jedenfalls das stärkste Argument für den Glauben an das ewige Leben ist. Das bloß individuelle Bedürfnis nach einer Erfüllung, die uns in diesem Leben versagt ist, nach der Unsterblichkeit der Liebe, auf die wir warten, ist gewiss ein wichtiger Grund zu glauben, dass der Mensch auf Ewigkeit hin angelegt ist, aber nur im Verein mit der Unmöglichkeit, dass das Unrecht der Geschichte das letzte Wort sei, wird die Notwendigkeit des wiederkehrenden Christus und des neuen Lebens vollends einsichtig.“[23]
So aber wird die Vorstellung des Gerichts zu einem verdichteten Bild für den Ernst der Verantwortung, die einer für den anderen hat:

„Das Bild des Letzten Gerichts ist zuallererst nicht ein Schreckbild, sondern Bild der Hoffnung, für uns vielleicht sogar das entscheidende Hoffnungsbild. Aber ist es nicht doch auch ein Bild der Furcht? Ich würde sagen: ein Bild der Verantwor-

134

tung. [...] Gott ist Gerechtigkeit und schafft Gerechtigkeit. Das ist unser Trost und unsere Hoffnung. Aber in seiner Gerechtigkeit ist zugleich Gnade. Das wissen wir durch den Blick auf den gekreuzigten und auferstandenen Christus. Beides – Gerechtigkeit und Gnade – muss in seiner rechten inneren Verbindung gesehen werden. Die Gnade löscht die Gerechtigkeit nicht aus. Sie macht das Unrecht nicht zu Recht. Sie ist nicht ein Schwamm, der alles wegwischt, so dass am Ende dann eben doch alles gleich gültig wird, was einer auf Erden getan hat."[24]

Das Fegefeuer als Ort der Reinigung

Diese Wahrheit, die dem Menschen am Ende zum Gericht wird, wird in der Vorstellung des Fegefeuers, als einer Art Ort der Läuterung, bildlich ausgestaltet. Eine Eigenschaft von Feuer ist seine reinigende Kraft. Die Idee des Fegefeuers hat sich besonders im Zuge der Auseinandersetzung der katholischen Kirche mit der Reformation entfaltet. Sie greift die jüdische Vorstellung des Zwischenzustandes auf. Heute wird das Fegefeuer geradezu personifiziert. Damit wird, ähnlich der Vorstellung von Ewigkeit, der zeitliche Charakter in den Hintergrund gestellt. Stattdessen wird auch diese Vorstellung heute vom Beziehungsgedanken her gedeutet:
„Es ist nicht eine Art von jenseitigem Konzentrationslager [...], in dem der Mensch Strafen verbüßen muss, die ihm in einer mehr oder weniger positivistischen Weise zudiktiert sind. Es ist vielmehr der von innen her notwendige Prozess der Umwandlung des Menschen, in dem er christus-fähig, gott-fähig und so fähig zur Einheit mit der ganzen Communio sanctorum wird."[25]
„Einige neuere Theologen sind der Meinung, dass das verbrennende und zugleich rettende Feuer Christus ist, der Richter und Retter. Das Begegnen mit ihm ist der entscheidende Akt des Gerichts. Vor seinem Anblick schmilzt alle Unwahrheit. Die Begegnung mit ihm ist es, die uns umbrennt und freibrennt zum Eigentlichen unserer selbst. Unsere Lebensbauten können sich dabei als leeres Stroh, als bloße Großtuerei erweisen und zusammenfallen. Aber in dem Schmerz dieser Begegnung, in der uns das Unreine und Kranke unseres Daseins offenbar wird, ist Rettung. Sein Blick, die Berührung seines Herzens heilt uns in einer gewiss schmerzlichen Verwandlung ‚wie durch Feuer hindurch'. Aber es ist ein seliger Schmerz, in dem die heilige Macht seiner Liebe uns brennend durchdringt, so dass wir endlich ganz wir selber und dadurch ganz Gottes werden. So wird auch das Ineinander von

Gerechtigkeit und Gnade sichtbar: Unser Leben ist nicht gleichgültig, aber unser Schmutz befleckt uns nicht auf ewig, wenn wir wenigstens auf Christus, auf die Wahrheit und die Liebe hin ausgestreckt geblieben sind. Er ist im Leiden Christi letztlich schon verbrannt. […] Es ist klar, dass wir die ‚Dauer' dieses Umbrennens nicht mit Zeitmaßen unserer Weltzeit messen können. Der verwandelnde ‚Augenblick' dieser Begegnung entzieht sich irdischen Zeitmaßen – ist Zeit des Herzens, Zeit des ‚Übergangs' in die Gemeinschaft mit Gott im Leibe Christi. Das Gericht Gottes ist Hoffnung sowohl weil es Gerechtigkeit wiewohl weil es Gnade ist. Wäre es bloß Gnade, die alles Irdische vergleichgültigt, würde uns Gott die Frage nach der Gerechtigkeit schuldig bleiben – die für uns entscheidende Frage an die Geschichte und an Gott selbst. Wäre es bloße Gerechtigkeit, würde es für uns alle am Ende nur Furcht sein können.“[26]

Gerade bei der Beschreibung des Fegefeuers wird deutlich, wie sehr die Sprache auf Bilder angewiesen ist, welche nur andeutungsweise eine Vorstellung davon geben können, welcher Art diese Gottesbegegnung am Ende der Zeit nach biblischem Zeugnis sein wird. Wird das Fegefeuer als ein Beziehungsgeschehen gedeutet, dann gewinnt auch das Bittgebet für die Verstorbenen wieder einen neuen Sinn:

„*Wenn das ‚Fegefeuer' einfach das Reingebranntwerden in der Begegnung mit dem richtenden und rettenden Herrn ist, wie kann dann ein Dritter einwirken, selbst wenn er dem anderen noch so nahesteht? Bei solchem Fragen sollten wir uns klarmachen, dass kein Mensch eine geschlossene Monade ist. Unsere Existenzen greifen ineinander, sind durch vielfältige Interaktionen miteinander verbunden. Keiner lebt allein. Keiner sündigt allein. Keiner wird allein gerettet. In mein Leben reicht immerfort das Leben anderer hinein: in dem, was ich denke, rede, tue, wirke. Und umgekehrt reicht mein Leben in dasjenige anderer hinein: im Bösen wie im Guten. So ist meine Bitte für den anderen nichts ihm Fremdes, nichts Äußerliches, auch nach dem Tode nicht. In der Verflochtenheit des Seins kann mein Dank an ihn, mein Gebet für ihn ein Stück seines Reinwerdens bedeuten. […] An das Herz des anderen zu rühren, ist nie zu spät und nie vergebens. So wird ein wichtiges Element des christlichen Begriffs von Hoffnung nochmals deutlich. Unsere Hoffnung ist immer wesentlich auch Hoffnung für die anderen; nur so ist sie wirklich auch Hoffnung für mich selbst. Als Christen sollten wir uns nie nur fragen: Wie kann ich mich selber retten? Sondern auch: Wie kann ich dienen, damit andere gerettet werden und dass anderen der Stern der Hoffnung aufgeht?“*[27]

Himmel und Hölle

Himmel ist dann die Verwirklichung der Erlösung aller, nicht als physikalischer Ort, sondern als eine neue Qualität, eine neue Dimension des Lebens: *„Himmel […] ist nicht ein geschichtsloser Ort, ‚in den' man kommt; dass es ‚Himmel' gibt, beruht darauf, dass Jesus Christus als Gott Mensch ist, dem menschlichen Sein einen Ort im Sein Gottes selbst gegeben hat. Der Mensch ist im Himmel dann und in dem Maß, in dem er bei Christus ist, […]. So ist der Himmel primär eine personale Wirklichkeit, die auf immer von ihrem geschichtlichen Ursprung im österlichen Geheimnis von Tod und Auferstehung geprägt bleibt.“*[28] Denn *„im letzten geht es immer um das eine – die reine Durchdringung des ganzen Menschen von der Fülle Gottes und seine reine Offenheit, die Gott ‚alles in allem' und so ihn selbst grenzenlos erfüllt sein lässt. […] Wenn Himmel auf dem Insein in Christus gründet, dann schließt er das Mitsein all derer ein, die zusammen den einen Leib Christi bilden. Der Himmel kennt keine Isolierung; er ist die offene Gemeinschaft der Heiligen und so auch die Erfüllung alles menschlichen Miteinander, die nicht Konkurrenz zu, sondern Konsequenz aus dem reinen Geöffnetsein für Gottes Angesicht ist. Auf solchem Wissen beruht die christliche Heiligenverehrung, die nicht eine mythische Allwissenheit der Heiligen unterstellt, sondern einfach die trennungslose Offenheit des ganzen Leibes Christi aufeinander hin und die durch nichts begrenzte Nähe der Liebe voraussetzt, die im anderen Gott und in Gott den anderen zu erreichen sicher ist.“*[29] Oder anders ausgedrückt: *„Das Heil des einzelnen […] ist erst ganz und voll, wenn das Heil des Alls und aller Erwählten vollzogen ist, die ja nicht einfach nebeneinander im Himmel, sondern miteinander als der eine Christus der Himmel sind.“*[30]

Aber ist das nicht doch ein zu harmonisches Ende, welches das unbegreifliche Leid, das Menschen erfahren, letztendlich relativiert und damit verniedlicht? Dieser Frage entspringt der Gedanke der Möglichkeit einer Hölle. Niemand kann eine solche Möglichkeit ernsthaft wünschen wollen, aber sie nimmt letztendlich die ganze Tragweite menschlicher Freiheit ernst:

„Die Lebensentscheidung des Menschen wird mit dem Tod endgültig – dieses sein Leben steht vor dem Richter. Sein Entscheid, der im Lauf des ganzen Lebens Gestalt gefunden hat, kann verschiedene Formen haben. Es kann Menschen geben, die in sich den Willen zur Wahrheit und die Bereitschaft zur Liebe völlig zerstört haben. Menschen, in denen alles Lüge geworden ist; Menschen, die dem Hass gelebt und die Liebe in sich zertreten haben. Dies ist ein furchtbarer Gedanke, aber manche

Gestalten gerade unserer Geschichte lassen in erschreckender Weise solche Profile erkennen. Nichts mehr wäre zu heilen an solchen Menschen, die Zerstörung des Guten unwiderruflich: Das ist es, was mit dem Wort Hölle bezeichnet wird."[31]

Diese Entscheidung hat auch Konsequenzen für Gott selbst:

„Christus, geht in die Hölle und leidet sie leer; aber er behandelt die Menschen nicht als unmündige Wesen, die letztlich ihr eigenes Geschick nicht verantworten können, sondern sein Himmel beruht auf der Freiheit, die auch dem Verdammten das Recht lässt, seine Verdammnis zu wollen. Das Besondere des Christlichen zeigt sich hier in seiner Überzeugung von der Größe des Menschen: Sein Leben ist ein Ernstfall; es wird nicht alles durch die List der Idee zuletzt zu einem Moment von Gottes Plänen umgebaut; es gibt das Unwiderrufliche, auch die unwiderrufliche Zerstörung – mit diesem Ernstfall und mit diesem Bewusstsein des Ernstfalls hat der Christ zu leben."[32]

In diesem Spannungsverhältnis der Liebe Gottes und der menschlichen Freiheit bewegt sich die Lehre von den sogenannten Letzten Dingen, aber auch auf die Hoffnung zu, dass sich die Liebe Gottes in jedem Menschen verwirklichen darf.

Schlussgedanken

Aus den Gedanken Benedikts XVI. wird also ein Mehrfaches deutlich: Nimmt man die eigentliche Botschaft der christlichen Hoffnung über den Tod hinaus in seiner eigentlichen Dimension ernst, dann rücken allzu konkrete, volkstümliche und bildhafte Vorstellungen in den Hintergrund bzw. sie werden neu gedeutet. Die Ausführungen Benedikts XVI. zeigen, dass der christliche Glaube offen ist für den Dialog mit den modernen Naturwissenschaften. Christlicher Glaube lässt sich nicht auf ein bestimmtes Weltbild fixieren und spricht daher auch den modernen Menschen an, dem die Bilder von Gericht, Fegefeuer, Himmel und Hölle antiquiert anmuten müssen. Deutet man jedoch diese Vorstellungen unter dem Aspekt des ganzheitlichen biblischen Menschenbildes, so wird deutlich, dass sie eine sehr aktuelle Bedeutung haben. Sie sind zentral mit dem konkreten Leben des Einzelnen, seinen Erfahrungen und Hoffnungen auf eine gerechte, friedvolle und freie Gesellschaft verbunden, auf den ganz verschiedenen Ebenen, auf denen Christen ihr Zusammenleben gestalten.

Hinweise

1 Benedikt XVI. Josef Ratzinger: Eschatologie. Tod und ewiges Leben. Regensburg 2007, 29.

2 Ebd., 86 f.

3 Ebd., 82.

4 Ebd., 85.

5 Enzyklika SPE SALVI von Papst Benedikt XVI. an die Bischöfe, an die Priester und Diakone, an die gottgeweihten Personen und an alle Christgläubigen über die christliche Hoffnung. 30. November 2007 (3., korrigierte Auflage 2008) Verlautbarungen des Apostolischen Stuhls Nr. 179, 18.

6 Eschatologie, 83.

7 Spe salvi, 19-21.

8 Ebd., 6.

9 Gebet in der Ansprache beim Angelusgebet an Allerseelen am 2. November 2008.

10 Eschatologie, 104.

11 Ebd., 106.

12 Ebd., 127.

13 Ebd., 219 f.

14 Ebd., 129 f.

15 Ebd., 148 f.

16 Ebd., 151.

17 Ebd., 152.

18 Ebd., 153.

19 Ebd., 139.

20 Ebd., 144 f.

21 Ebd., 137.

22 Ebd., 165.

23 Spe salvi, 53 f.

24 Ebd., 54 f.

25 Eschatologie, 183.

26 Spe salvi, 58 f.

27 Ebd., 60 f.

28 Eschatologie, 185 f.

29 Ebd., 186.

30 Ebd., 188.

31 Spe Salvi, 56 f.

32 Eschatologie, 173.

Caritas – gesellschaftliche Herausforderungen und theologische Perspektiven

Marc Breuer

Im Januar 2006 veröffentlichte Papst Benedikt XVI. unter dem Titel „ Deus caritas est" seine erste Enzyklika. Dem Text wurde für das neue Pontifikat vielfach eine programmatische Bedeutung zugesprochen. Zudem sah man darin Kernelemente der Theologie Joseph Ratzingers formuliert. Gleichzeitig macht bereits der Titel einen engen Zusammenhang mit der Arbeit des Caritasverbandes als dem Wohlfahrtsverband der katholischen Kirche geltend. Nun geht es in der Enzyklika keinesfalls ausschließlich oder auch nur primär um diesen Verband: „Caritas", das lateinische Wort für Liebe, steht gleichermaßen für die Liebe Gottes zu den Menschen wie umgekehrt für die Liebe der Menschen zu Gott. Die Liebe zu dem unsichtbaren Gott realisiere sich, so der Papst, ebenso in der Feier der Gottesdienste wie im *„Liebesdienst"* am Mitmenschen. Diese praktizierte Nächstenliebe, die Antwort auf die Hilfsbedürftigkeit anderer, sei ebenso zentral im Alltag der einzelnen Christen verankert, wie sie für die Kirche als Ganze einen *„Wesensauftrag"* (Deus caritas est[1] = DCE 32) darstelle. Damit bezieht sich die Enzyklika auch auf die organisierte Seite der Caritas. Das Dokument wird in den Caritasverbänden ebenso als Bestätigung und Stärkung des eigenen Auftrags verstanden, wie man darin zahlreiche Anregungen zur Klärung des Selbstverständnisses findet.

Dem folgenden Beitrag geht es daher um die Bedeutung der Enzyklika „Deus caritas est" für die organisierte Caritas. Bei *der Caritas* handelt es sich um ein umfangreiches, in sich stark differenziertes und äußerst komplexes kirchliches Handlungsfeld, keinesfalls um eine zentral gesteuerte Organisation, sondern um ein Netzwerk von Organisationen, die einem gemeinsamen Auftrag verpflichtet sind und über eine gemeinsame Programmatik verfügen.

140

Caritas und die gesellschaftliche Relevanz der Religion

Die Enzyklika „ Deus caritas est" steht am Beginn einer Reihe von kirchlichen Dokumenten, die sich ausführlich dem Thema Caritas widmen. Während die organisierte Caritas der Kirche bis dahin in lehramtlichen Dokumenten – in Enzykliken, im Kirchenrecht, im Katechismus der Katholischen Kirche oder selbst im 2004 veröffentlichten „Kompendium der Soziallehre der Kirche" – kaum vorkam, erfuhr sie nun erstmals eine ebenso prominente wie ausführliche Thematisierung und Würdigung. Die Enzyklika „Caritas in Veritate"[2] nahm 2009 den Faden auf, indem sie nach den Impulsen der christlichen Nächstenliebe für die Gestaltung von Politik und Wirtschaft fragt, insbesondere in Bezug auf die globalen sozialen Herausforderungen. Neben den päpstlichen Lehrschreiben lässt sich eine Konjunktur des Themas Caritas aber auch in kirchlichen Dokumenten aus Deutschland feststellen: Bereits Ende 2005 wurden unter dem Titel „Den Aufbruch gestalten" die „Pastoralen Leitlinien der Erzdiözese Freiburg" vorgelegt, worin dem „diakonischen Dienst" ebenfalls eine grundlegende Bedeutung für den „Lebensvollzug der Kirche" zugesprochen wird: „Caritas und Pastoral stehen nicht nebeneinander, sondern bilden eine unaufhebbare Einheit."[3] Vorgesehen ist dort etwa die Einrichtung eines Ausschusses für „Caritas und Soziales" in jeder Seelsorgeeinheit. Anfang 2010 veröffentlichten die deutschen Bischöfe dann ihr Dokument „Berufen zur caritas"[4], welches als Anwendung der Enzyklika „Deus caritas est" auf das kirchliche Leben in Deutschland konzipiert ist und für die entsprechenden kirchlichen Aktivitäten grundlegende Bedeutung hat. Wie schon in der Enzyklika fällt in diesem Dokument die hohe Wertschätzung der kirchlichen Caritas auf.

Worin liegen die Ursachen für diese Häufung des Themas Caritas in kirchlichen Dokumenten? Möglicherweise lassen sich wichtige Hintergründe im öffentlichen Bedeutungsverlust der Kirchen einerseits und im nach wie vor hohen Ansehen der Caritas andererseits finden. Dass der gesellschaftliche Einfluss der katholischen Kirche zumindest in Europa in den vergangenen Jahrzehnten kontinuierlich zurückging, ist hinreichend bekannt; dass die Beteiligung der Kirchenmitglieder an den kirchlichen Aktivitäten und die Zustimmung zu zentralen Glaubensaussagen erheblich nachgelassen hat, ebenfalls. Noch vor wenigen Jahren meinten manche Beobachter, eine „Wiederkehr der Religion" zu erkennen, von der auch die katholische Kirche profitiere. Nicht zuletzt im öffentlichen Interesse am Tod Johannes Pauls II. und an der Wahl Benedikts XVI. sowie in den Weltjugendtagen sah man Belege dafür. Die Krisen und Kontroversen der jüngeren Zeit haben diesen Eindruck jedoch nachhaltig gestört: Nach den Diskussionen um die Wiederzulassung der tridentinischen Messe und um die Piusbruderschaft wurde insbesondere durch den Missbrauchsskandal ein erheblicher Vertrauens- und Ansehensverlust der katholischen Kirche sichtbar. 2010 stiegen die ohnehin schon hohen Zahlen der Kirchenaustritte nochmals um ca. 40 % auf einen Rekordwert von geschätzten 180.000 Personen und übertrafen erstmals die Austrittszahlen der evangelischen Kirche[5].

Wie kann die Kirche also Vertrauen zurückgewinnen und erneut ein Interesse an ihrer Botschaft wecken? Zweifellos kommt den Gottesdiensten, der Liturgie, den kirchlichen Ritualen dabei eine besondere Bedeutung zu. Nach wie vor wird ein großer, wenn auch deutlich rückläufiger Teil der Katholiken über die Liturgie erreicht: neben den Sonntagsgottesdiensten insbesondere an Weihnachten und Ostern durch Rituale an den Lebenswenden: Taufe, Erstkommunion, Firmung, Ehe, Beerdigung. Vor diesem Hintergrund ist folgende Einschätzung von Joseph Ratzinger interessant: *„Im Umgang mit der Liturgie entscheidet sich das Geschick von Glaube und Kirche.“*[6] Diese Einschätzung ist theologisch begründet, nicht soziologisch. Dennoch fällt folgender Zusammenhang auf: Sowohl die katholische als auch die evangelische Kirche setzen ganz offensichtlich auf die Überzeugungskraft ihrer Gottesdienste, um ihre Anhänger in Zukunft weiterhin erreichen zu können. Es geht „letztlich" – so das willkürlich herausgegriffene Zitat des evangelischen Landesbischofs von Thüringen – „darum, lebendige, anziehende Gottesdienste zu gestalten"[7]. Man findet innerhalb der Kirche höchst unterschiedliche Auffassungen, wie Liturgie angemessen zu gestalten sei – immer wieder aber ist sichtbar, dass man sich von dieser oder jener Gestaltung der Gottesdienste erhofft, die Menschen besser erreichen zu können. Liest man die Bezüge auf die Liturgie in den Schriften des gegenwärtigen Papstes neben jenen auf die Caritas, so fällt auf: Beide Bereiche stehen in engem Zusammenhang mit den derzeitigen gesellschaftlichen Herausforderungen an die Religion. In beiden Bereichen setzt der Papst auf *zukunftsfähige* Ausdrucksformen der Kirche. Neben der Liturgie ist es insbesondere die Caritas, über welche die Kirche eine große Zahl ihrer Mitglieder und auch der nichtzugehörigen Bevölkerungsteile erreicht. Nach der zwischen 2002

142

und 2006 durchgeführten Online-Befragung „Perspektive Deutschland" genießen Institutionen wie Caritas oder Diakonie in der Bevölkerung ein erheblich höheres Ansehen als die großen Kirchen selbst: Im Jahr 2003 gaben nur 9 % der Befragten an, kein Vertrauen zur Caritas zu haben, während der entsprechende Wert für die katholische Kirche mit 45 % fünfmal höher lag[8]. Angesichts der Krisen der vergangenen Jahre mag sich diese Differenz sogar noch gesteigert haben. Auch der 2010 veröffentlichte „Trendmonitor Religiöse Kommunikation" kommt zu dem Ergebnis, dass unter den Katholiken die Zustimmung zu den karitativen Aktivitäten und Positionen der Kirche signifikant hohe Werte erreicht: „Die ‚helfende Kirche', sei es durch aktives sozial-caritatives Engagement oder Werteerziehung, sei es durch moralische Appelle, den Einsatz der Kirche für den Frieden, für die Einhaltung der Menschenrechte oder eine gerechtere, humanere Arbeitswelt wird von der großen Mehrheit der Kirchenmitglieder geschätzt und unterstützt. Auf Ablehnung stößt dagegen bei vielen Katholiken die ‚fordernde Kirche', die mit verbindlichen Verhaltensgeboten das Verlangen nach Selbstverwirklichung einschränkt."[9] Zwar erfährt auch die Caritas öffentliche Kritik, wie sich in jüngerer Zeit z. B. anhand an der Diskussion über Gewalt in der Heimerziehung der Nachkriegszeit zeigte. Dennoch scheint in diesem Bereich in Teilen der Öffentlichkeit weiterhin ein Vertrauensvorschuss vorhanden zu sein, welcher der Kirche in der Öffentlichkeit ansonsten vielfach abhandengekommen ist.

Die Caritas bietet sich für die Kirche also als ein wichtiger Zugang an, um Menschen mit ihrer Botschaft zu erreichen. Relevant ist darüber hinaus jedoch ein zweiter Zusammenhang: Wenn es der Kirche in der Moderne zunehmend schwergefallen ist und fällt, das Evangelium breiteren Bevölkerungsteilen nahe zu bringen, dann liegt eine Ursache in der Eigenart moderner Gesellschaften selbst. Spätestens im 20. Jahrhundert wurde sichtbar, dass sich weite Teile der Kultur von ihrer ursprünglichen religiösen Bindung gelöst haben: Das gilt etwa für Staat und Politik, die sich nicht mehr auf Gott berufen, sondern demokratisch legitimiert sind; für die Wirtschaft, die keine religiösen Regulierungen mehr akzeptiert (z. B. ein Zinsverbot); ebenso für Wissenschaft, Kunst oder Erziehung, die ursprünglich alle mit religiösen Geltungsansprüchen verknüpft waren und seit einiger Zeit ohne diese auskommen. Max Weber (1864–1920), einer der Begründer der deutschsprachigen Soziologie, hat diese Problematik als zunehmende „Spannungsverhältnisse" zwischen Religion und den übrigen gesellschaftlichen „Wertsphären" analysiert. Diese folgten zunehmend ihren jeweiligen „immanenten Eigengesetzlichkeiten"[10] und würden daher einer unmittelbaren religiösen Sinngebung umso unzugänglicher. Das Zweite Vatikanische Konzil macht auf die gleichen Zusammenhänge in der Pastoralkonstitution „Gaudium et Spes" (= GS) eindrücklich aufmerksam: Dort ist von einer „Autonomie der irdischen Wirklichkeiten" (GS 36) die Rede. Die gleiche Pastoralkonstitution hält aber dennoch – und umso entschiedener – an dem Anspruch fest, dass das Evangelium der „Welt" höchst Bedeutsames zu sagen habe: „Freude und Hoffnung, Trauer und Angst der Menschen von heute, besonders der Armen und Bedrängten aller Art, sind auch Freude und Hoffnung, Trauer und Angst der Jünger Christi" (GS 1). Die Kirche – so lautet die Konsequenz – kann sich nicht von den säkularen Bereichen der Gesellschaft fernhalten, kann sich nicht auf einen isolierten Bereich zurückziehen, sondern sie ist mitverantwortlich. Sie hat die Menschen in ihren unterschiedlichen Handlungsfeldern zu begleiten und zumal in ihrer Not nicht alleine zu lassen. Gerade auf die *Caritas* kommt es also an, wenn die Kirche diesem Auftrag gerecht werden will. Nach dem Anspruch des Konzils wird sie in einer säkularen Gesellschaft umso stärker auf ihren Dienst in den unterschiedlichen weltlichen Bereichen, auf ihre Mitverantwortung für die Menschen und die Gesellschaft auch außerhalb eines eng umgrenzten religiösen Feldes achten müssen.

Es überrascht daher kaum, wenn sich der Papst in „ Deus caritas est" ausdrücklich auf die Pastoralkonstitution „Gaudium et Spes" und die „Autonomie der irdischen Wirklichkeiten" bezieht: Die Kirche habe die Autonomie des Staates zu beachten, während dieser umgekehrt den Religionen ihre Freiheit lassen müsse. Aber dennoch könne der Staat der Kirche nicht egal sein: *„Beide Sphären sind unterschieden, aber doch aufeinander bezogen"* (DCE 28). Aus religiöser Perspektive ließen sich Ansprüche an die staatliche Gerechtigkeit formulieren und es sei Aufgabe der Kirche und der Christen, sich für diese Gerechtigkeit einzusetzen.

Deutlich ist also, dass die kirchliche Aufmerksamkeit auf die Caritas nicht zuletzt in gesellschaftlichen Veränderungen bzw. im sich verändernden Zusammenhang von *Religion und Gesellschaft* ihren Ausgangspunkt hat. Wenn die Kirche ihren karitativen Auftrag hervorhebt, dann nicht zuletzt, um die Relevanz des Evangeliums für die Welt und die unterschiedlichen gesellschaftlichen Bereiche deutlich zu machen. Es spricht einiges dafür, dass die

Aufmerksamkeit auf die damit präsenten Phänomene und Probleme auch in den nächsten Jahren anhalten wird. Der Freiburger Erzbischof Robert Zollitsch etwa sieht einen ersten „Fragehorizont" für die gerade angelaufene Dialoginitiative in dem Bereich „Dienst als Kirche an und in der Gesellschaft": „Was hat die Welt – die Arbeitswelt, die Umwelt, meine Lebenswelt – mit Gott zu tun? Wie gelingt es uns auch heute, die Gottesfrage in unserer Gesellschaft wachzuhalten? Wie lernen wir, nicht nur auf unser eigenes Denken, Planen und Handeln zu vertrauen, sondern am Arbeitsplatz, in der Freizeit, in Familie, in Politik und Freundeskreis auch mit dem Wirken des Geistes Gottes zu rechnen?"[11] Im Bereich der Caritas dürften einige Antworten auf diese Fragen zu finden sein.

Theologisches Verständnis der Caritas

Die theologische Bedeutung der Enzyklika „Deus caritas est" kann – so formuliert der Freiburger Caritaswissenschaftler Klaus Baumann – zunächst darin gesehen werden, „dass es sie überhaupt gibt"[12]. Nachdem die organisierte Caritas in lehramtlichen Dokumenten lange Zeit keine besondere Rolle spielte, sind mit der Enzyklika grundlegende Aussagen getroffen. Kirche und Caritas sind nicht zwei voneinander unabhängige Wirklichkeiten, sondern die Caritas sei ein zentraler und unverzichtbarer Auftrag der Kirche. Wie beschreibt der Papst diesen Auftrag? Im Folgenden sind einige Kernaussagen zu umreißen.

a. Begegnung mit Gott in der Caritas

Der theologische Ausgangspunkt der Enzyklika ist die Einheit von Gottes- und Nächstenliebe. Den Ursprung sieht der Papst in der voraussetzungslosen Liebe Gottes zu den Menschen. Umgekehrt sei der Mensch zur Liebe Gottes berufen. Neben den Sakramenten und Gottesdiensten begegne uns Gott in den Mitmenschen: *„Nur meine Bereitschaft, auf den Nächsten zuzugehen, ihm Liebe zu erweisen, macht mich auch fühlsam Gott gegenüber. Nur der Dienst am Nächsten öffnet mir die Augen dafür, was Gott für mich tut und wie er mich liebt"* (DCE 18). In besonderer Weise gelte das für die Begegnung mit

Hilfsbedürftigen. In der Unterstützung von alten, kranken oder behinderten Menschen, in Beratungsstellen oder in der Arbeit mit Kindern und Jugendlichen, mit wohnungslosen oder straffällig gewordenen Menschen treffen wir auf Gott. Für die Caritas heißt das zunächst, aufmerksam zu sein auf die gesellschaftlichen Notlagen und die entsprechenden Veränderungen. Als ein gravierendes Problem erweist sich z. B. seit einigen Jahren zunehmend die Armut von Kindern. Eine 2009 von der Caritas vorgelegte Studie zeigt, dass selbst im *reichen* Bundesland Baden-Württemberg jedes zehnte Kind von Leistungen der Grundsicherung nach SGB (Sozialgesetzbuch) II lebt. Das Armutsrisiko steigt, je jünger die Kinder sind sowie in den Städten. Zum Ort der Gottesbegegnung wird demnach die Arbeit mit diesen Kindern und ihren Eltern: In Kindertageseinrichtungen, in Beratungsstellen, in der Schulsozialarbeit, in Kleiderkammern oder Bildungsangeboten. Die Ursachen liegen häufig in der Arbeitslosigkeit der Eltern, oft aufgrund von Risikofaktoren: Überdurchschnittlich häufig betroffen sind insbesondere Alleinerziehende, gering qualifizierte Menschen oder Migranten.

Karitative Arbeit in solchen Bereichen ist keineswegs nur materielle Hilfe, sie muss sinnvollerweise ganzheitlich ansetzen. In ihrer Praxis stoßen die Mitarbeiterinnen und Mitarbeiter der Caritas immer wieder auch auf seelsorgliche Aspekte und sehen sich selbst mit Sinnfragen konfrontiert. Die Begegnung mit Gott kann dabei unmittelbar bewusst werden, sie kann aber auch unterschwellig bleiben oder übersehen werden. Oft lassen sich solche Gottesbegegnungen erst im Nachhinein erkennen: in der Ruhe und im Alleinsein, im Gespräch mit anderen, im Gebet, bei der Feier von Gottesdiensten. Die deutschen Bischöfe machen daher auf die Bedeutung eines „geistlich wachsamen Klimas" aufmerksam, welches eine „Kultur der Anerkennung, Achtsamkeit und Zuwendung"[13] ermögliche und von den Organisationen zu fördern sei.

b. Caritas – innerhalb und außerhalb der gleichnamigen Organisation

Die Verbindung von Gottes- und Nächstenliebe – wie sie im Gleichnis vom barmherzigen Samariter exemplarisch dargestellt ist – richtet sich nach Papst Benedikt als *„Auftrag an jeden einzelnen Gläubigen"* (DCE 20). Um diesen allgemeinen Auftrag der Nächstenliebe zunächst von der Organisation des

146

Caritasverbandes abzugrenzen, führen die deutschen Bischöfe in ihrem Dokument „Berufen zur caritas" eine orthographische Unterscheidung ein: Als „caritas" – kleingeschrieben – bezeichnen sie allgemein die christlich motivierte Nächstenliebe. Diese Aufgabe stelle sich jedem Menschen im Alltag: Wo uns Menschen in Not begegnen, z. B. wenn ein Angehöriger pflegebedürftig wird, oder bei einem Verkehrsunfall, ist karitative Unterstützung gefordert. Diese Hilfe wird auf vielfältige Weise im persönlichen Nahraum geleistet, in der Familie, im Freundeskreis, unter Kollegen. Karitative Anliegen werden auch in Vereinen, Initiativen und Bewegungen verfolgt. In kirchlichen Gemeinden zählt Caritas ebenso zu den zentralen Aufgaben wie in Ordensgemeinschaften. Darüber hinaus ist jedoch professionelle und organisierte Hilfe unerlässlich. In der Kirche steht dafür der Caritasverband als Organisation zur Verfügung, mit seinen Diensten und Einrichtungen – etwa Krankenhäusern, Pflegeheimen, Sozialstationen, Kindertageseinrichtungen, Beratungsstellen. Diesbezüglich sprechen die Bischöfe von „Caritas" – großgeschrieben, weil die Organisation diesen Namen trägt.

c. Caritas als Wesensausdruck der Kirche

Auffällig ist, wie sehr der Papst in der Caritas eine zentrale Aufgabe der Kirche sieht: *„Der Liebesdienst ist für die Kirche nicht eine Art Wohlfahrtsaktivität, die man auch anderen überlassen könnte, sondern er gehört zu ihrem Wesen, ist unverzichtbarer Wesensausdruck ihrer Selbst"* (DCE 24). Dahinter steht die in der Theologie verbreitete Auffassung, dass die Kirche einen *„dreifachen Auftrag"* (DCE 25a) habe. Dabei handelt es sich *erstens* um die Verkündigung, d. h. die Weitergabe des Glaubens in Predigt, Katechese oder Religionsunterricht, im weiteren Sinne aber auch in der religiösen Erziehung, im persönlichen Gespräch oder in den Massenmedien; *zweitens* zählt dazu die Liturgie, als Feier der Eucharistie ebenso wie in Gestalt anderer Feiern der Sakramente, der Wortgottesdienste und Gebete. Die *dritte* Dimension dieses Auftrags bildet demnach der „Dienst der Liebe", der theologisch auch als „Diakonie" (das griechische Wort für „Dienst") bezeichnet wird.

„Die in der Gottesliebe verankerte Nächstenliebe ist zunächst ein Auftrag an jeden einzelnen Gläubigen, aber sie ist ebenfalls ein Auftrag an die gesamte kirchliche Gemeinschaft, und dies auf all ihren Ebenen: von der Ortsgemeinde über die Teilkirche bis zur Universalkirche als ganzer" (DCE 20).

Den drei genannten Dimensionen lassen sich – wie die Beispiele zeigen – unterschiedliche kirchliche Tätigkeitsfelder zuordnen, welche jeweils die eine oder andere Seite stärker betonen. Allerdings sollten die Grunddimensionen keinesfalls voneinander entkoppelt werden: „Eucharistie, die nicht praktisches Liebeshandeln wird, ist in sich selbst fragmentiert" (DCE 14). Umgekehrt verliert der karitative Dienst seinen Ursprung, wenn er nicht immer wieder auch die Dimensionen der Liturgie in der Verkündigung einschließt. Das heißt nicht, dass die Mitarbeiterinnen und Mitarbeiter der Caritas in ihrer Arbeit unentwegt von Gott reden sollten: „Wer im Namen der Kirche karitativ wirkt, wird niemals dem anderen den Glauben der Kirche aufzudrängen versuchen. Er weiß, dass die Liebe in ihrer Reinheit und Absichtslosigkeit das beste Zeugnis für Gott ist, dem wir glauben und der uns zur Liebe treibt. Der Christ weiß, wann es Zeit ist, von Gott zu reden, und wann es recht ist, von ihm zu schweigen und nur einfach die Liebe reden zu lassen" (DCE, 31c). Nicht das Reden über den Glauben sei also im Bereich der Caritas das vorrangige Mittel der Verkündigung, sondern die praktizierte Nächstenliebe selbst, die eben dadurch zugleich einen Teil des Evangeliums vermitteln kann.

Die grundlegenden Aussagen und Anregungen der Enzyklika sind damit nur gestreift. Deutlich ist, dass der Papst auf Herausforderungen antwortet, die nicht zuletzt gesellschaftlich bedingt sind. Für die Caritas der Kirche werden Perspektiven erkennbar. Die zitierten Texte geben Anregungen und laden zur Reflexion und zur Weiterentwicklung der Praxis ein.

Hinweise

1 Papst Benedikt XVI.: Enzyklika DEUS CARITAS EST, 25. Dezember 2005 (Verlautbarungen des Apostolischen Stuhls, Nr. 171), Bonn 2006.

2 Papst Benedikt XVI.: Enzyklika CARITAS IN VERITATE, 29. Juni 2009 (Verlautbarungen des Apostolischen Stuhls, Nr. 186), Bonn 2009.

3 Erzbischöfliches Ordinariat Freiburg (Hrsg.): Den Aufbruch gestalten. Pastorale Leitlinien der Erzdiözese Freiburg. Freiburg 2005, S. 39.

4 Die deutschen Bischöfe: Berufen zur caritas, 5. Dezember 2009 (Die deutschen Bischöfe, Nr. 91), Bonn 2009.

5 Vgl. www.spiegel.de/panorama/gesellschaft/0,1518,755497,00.html (06.04.2011). Genaue Zahlen lagen bei der Abfassung dieses Beitrags im April 2011 noch nicht vor.

6 Joseph Ratzinger: Theologie der Liturgie. Die sakramentale Begründung christlicher Existenz (Gesammelte Schriften, Bd. 11), Freiburg 2008 (Einband-Rückseite).

7 Christoph Kähler; Ulrich Ruh: „Anzeichen für einen Mentalitätswechsel". Ein Gespräch mit dem EKD-Ratsmitglied Bischof Christoph Kähler. In: Herder-Korrespondenz 62 (2008), S. 610–614, hier 611.

8 Vgl. Markus Lehner: Caritas als Sozialunternehmen und Grundfunktion der Kirche. In: Hejo Manderscheid; Joachim Hake (Hrsg.): Wie viel Caritas braucht die Kirche – wie viel Kirche braucht die Caritas? 2. Aufl., Stuttgart 2006, S. 81–94, hier 81.

9 MDG-Trendmonitor Religiöse Kommunikation 2010. Kommentarband I: Erkenntnisse zur Situation von Kirche und Glaube sowie zur Nutzung medialer und personaler Informations- und Kommunikationsangebote der Kirche im Überblick. Im Auftrag der Medien-Dienstleistung GmbH. Durchgeführt vom Institut für Demoskopie Allensbach. In Zusammenarbeit mit Sinus Sociovision, Heidelberg, S. 66.

10 Max Weber: Die Wirtschaftsethik der Weltreligionen. In: ders.: Gesammelte Aufsätze zur Religionssoziologie I. Tübingen 1920, S. 237-573, hier 540 ff.

11 Erzbischof Robert Zollitsch: Fastenhirtenbrief 2011. Die Zeichen der Zeit erkennen und sie im Licht des Evangeliums deuten (http://www.zeit-fuer-dialog.de/fileadmin/media/Materialdownload/dialog-predigten-und-texte/04_fastenhirtenbrief_2011.pdf).

12 Klaus Baumann: Die Bedeutung der Enzyklika Deus caritas est für die Kirche und ihre Caritas. In: Martin Patzek (Hrsg.): Gott ist Caritas. Impulse zur Enzyklika über die christliche Liebe. Kevelaer 2007, S. 9-29, hier 11.

13 Die deutschen Bischöfe: Berufen zur caritas, a.a.O., S. 39.

„Zusammen, was zusammen gehört?"

Papst Benedikt XVI. und das Zweite Vatikanische Konzil

Matthias Mühl

Geht das zusammen? Das Zweite Vatikanische Konzil, dem kollektiven Gedächtnis der kirchlichen wie säkularen Öffentlichkeit eingebrannt als das Konzils eines allzu kurzen kirchlichen Frühlings, und der „Panzerkardinal", „Gods Rottweiler" (The Sun) auf der Cathedra Petri? Müsste der Titel dieses Beitrages nicht besser lauten: Benedikt XVI. *oder* das Zweite Vatikanum?

Tatsächlich aber hat Joseph Ratzinger das Konzil selbst wie dessen Rezeption bis heute geprägt und mitgestaltet. Benedikt XVI. tat dies in ganz unterschiedlichen Rollen: während des Konzils (1962-65) als theologischer Berater des Kölner Kardinals Frings (Ratzinger war seit 1959 Professor für Fundamentaltheologie in Bonn) und offizieller Konzilstheologe („Peritus"), dann als Professor für Dogmatik in Münster, Tübingen und Regensburg (1963-1977), später als Präfekt der Glaubenskongregation (1981-2005) und schließlich als Papst Benedikt XVI. (seit 2005). Es wundert so nicht, dass die herausragenden Themen des Konzils und seiner Rezeptionsgeschichte – Liturgie, Kirche (Ekklesiologie) oder Offenbarungsverständnis – auch zentrale Themen im Denken Ratzingers sind. Damit sind die Schwerpunkte dieses Beitrages schon genannt: das Zweite Vatikanum und dessen Deutung; Liturgie; Kirche und Ekklesiologie; Offenbarungstheologie bzw. das Zueinander von Schrift und Tradition. Dazu kommen noch Ökumene und andere Religionen als vom Konzil neu reflektierte und von Ratzinger immer wieder aufgenommene Themen. Die Gretchenfrage dabei ist, wie Ratzinger die vom Konzil und dabei immer auch ein Stück weit von ihm mit angeschobenen Themenkomplexe weiterdenkt. Ob er dabei den *„Geist, der von der Konzilsmehrheit gefordert worden ist"*,[1] trifft, diese Frage sei offengelassen. Die Lektüre der hier vorgestellten Texte soll selbst eine Einladung sein, sich eine Meinung zu bilden. Dass Benedikt XVI. sich an dem Konzil und dessen Theologie zeitlebens abgearbeitet hat, bleibt unbenommen.

Deutung und Rezeption des Konzils

Das Ringen um die Deutung des Konzils hat seine Vorläufer in den Auseinandersetzungen um die Richtung, die das Konzil nehmen soll. Gegen eine bloße Fortschreibung des Ersten Vatikanischen Konzils sprach schon die von Johannes XXIII. eigens vorgenommene Namenswahl „Vaticanum II".[2] Damit aber war die Frage, „*womit man das Konzil beginnen, was für eine Aufgabe man ihm überhaupt des näheren zumessen*"[3] solle, von Anfang an gegeben. Dies umso mehr als Johannes XXIII., wie Ratzinger in der Rückschau auf sein Leben notiert, „*ja nur eine sehr weitläufige Umschreibung seiner Absicht mit dem Konzil gegeben [hatte], die den Vätern einen fast unbegrenzten Freiraum konkreter Gestaltung ließ*".[4] Zwei Vorgaben nennt Ratzinger dann doch: Zum einen sollte der Glaube „*unter voller Wahrung seiner inhaltlichen Identität neu in diese Zeit ausgesagt werden*".[5] Ein Anliegen, das in dem von Johannes XXIII. geprägten Begriff des „aggiornamento" (deutsch: „Verheutigung") des Glaubens in die Geschichtsbücher eingegangen ist.[6] Zum anderen sollte nach „*einer Periode der Abgrenzungen und der Defensive [...] nicht verurteilt werden*".[7] Die von Johannes XXIII. damit selbst gesetzte Erwartung eines „pastoralen" und „ökumenischen" Konzils[8] kommentiert der 36-jährige Konzilstheologe Ratzinger 1963 so: „*[Die Texte des Konzils] müssten pastoral und ihre Theologie müsse ökumenisch sein. Zugegeben, man kann mit beiden Argumenten [...] Missbrauch treiben. [...] ‚Pastoral' – das sollte nicht heißen: verschwommen, substanzlos, bloß erbaulich [...]. Sondern es sollte heißen: in der produktiven Sorge um den Menschen formuliert [...], in der Sprache der Schrift, der Väter, des Menschen von heute [...]. Und ‚ökumenisch' sollte nicht heißen: Verschweigen von Wahrheiten, um die anderen nicht zu verstimmen [...]. Ökumenisch sollte vielmehr heißen, dass man aufhört, die anderen bloß als Gegner zu sehen, gegen die man sich verteidigt [...], dass man versucht, sie als Brüder zu erkennen, mit denen man spricht und von denen es auch zu lernen gibt. ‚Ökumenisch' sollte heißen: dass man auf die Wahrheit achtet, die der andere hat, auf die ernsthaften christlichen Anliegen, die er selbst da vertreten kann, wo er von uns getrennt ist oder irrt. Und ‚ökumenisch' sollte heißen: das Ganze einbeziehend; nicht bloß jenen Teilaspekt sagen, der im Augenblick nach einer Verurteilung oder Korrektur ruft, sondern die innere Ganzheit des Glaubens hinstellen [...]*".[9]

Zugleich setzt er sich schon hier mit den durch das Konzil und die Art seines Auftakts geweckten Erwartungen kritisch auseinander:

„Wo immer das Konzil [...] freudig aufgegriffen wird, stellt sich unvermerkt fast jedes Mal auch eine gewisse Ungerechtigkeit ein. Ich denke hier zunächst nicht einmal daran, dass Erneuerung da und dort (vielleicht gar nicht so selten) mit Verwässerung und Verbilligung des Ganzen verwechselt wird; dass man da und dort in liturgische Gestaltungsfreudigkeit flüchtet, dem in die Tiefe gehenden Anspruch des Gottesdienstes ausweicht und so das große Anliegen einer wahren Reform verkleinert und diskreditiert; dass man da und dort nicht so sehr nach der Wahrheit als nach der Modernität zu fragen und sie für den genügenden Maßstab allen Tuns anzusehen scheint: Dies alles sind wirkliche Gefahren."[10]

Hier klingt schon an, was der Präfekt der Glaubenskongregation später „versuchsweise" an Gründen anführt, warum die Erwartungen, die das Konzil weckte, „nicht eingelöst wurden"[11]:

„Erstens, hatten wir uns zweifellos zuviel erwartet. [...] Das zweite ist, dass zwischen dem, was die Väter wollten, und dem, was dann das allgemeine Bewusstsein geprägt hat, doch ein bedeutender Unterschied bestanden hat. Die Väter wollten den Glauben aggiornieren – aber ihn gerade dadurch in seiner ganzen Wucht anbieten. Stattdessen bildete sich mehr und mehr der Eindruck, Reform bestünde darin, dass wir einfach Ballast abwerfen; dass wir es uns leichter machen, so dass eigentlich Reform nun nicht in einer Radikalisierung des Glaubens, sondern in irgendeiner Art von Verdünnung des Glaubens zu bestehen schien."[12]

Auch die von dem jungen Professor benannten Gefahren sieht der Kardinal zwanzig Jahre später bestätigt: Die „kritische Entwicklung, die dem II. Vaticanum folgte, [steht] in einer langen Geschichte: überraschen konnte sie eigentlich nur, weil man in der Begeisterung des Anfangs die geschichtlichen Erfahrungen weitgehend abgeblendet hatte; vielleicht auch deshalb, weil man glaubte, alles anders und alles besser gemacht zu haben [...]. In Wahrheit ist es ihm nicht besser ergangen als den Kirchenversammlungen zuvor; die krisenhaften Erscheinungen, in die es hineinführte, kann heute niemand mehr im Ernst bestreiten."[13]

Zu diesen „krisenhaften Erscheinungen" gehört für Ratzinger neben der prekären Lage des Glaubens in den modernen Gesellschaften auch die schwierige Lage der Kirche, die nicht zuletzt geprägt ist von dem Auseinanderdriften zweier Strömungen: einer Richtung, der die Reformansätze des II. Vatikanums nicht weit genug gehen und die unter Berufung auf den „Geist des Konzils" weitere Reformen bzw. eine „neue" Kirche einfordert; und der Gegenströmung, die im Konzil selbst bereits einen Verrat an der Tradition der Kirche sieht. Mit beiden Extremen setzt Ratzinger sich immer wieder auseinander.

Dabei teilt er mit der *„progressistischen"* Auslegung des Konzils die grundsätzliche Bejahung des Zweiten Vatikanums, bemerkt aber zugleich: *„Wo der Geist des Konzils gegen sein Wort gewendet und lediglich vage aus der auf die Pastoralkonstitution zulaufenden Entwicklung destilliert wird, gerät dieser Geist zum Gespenst und führt ins Sinnlose."*[14]

Andererseits brandmarkt er zwar den *„sektiererischen Zelotismus"* und die damit verbundenen *„Verengungen und Verzerrungen von Glaube und Frömmigkeit"*[15] der Traditionalisten, bemerkt aber selbstkritisch: *„Sind ‚Gaudium et Spes' endgültig in ‚luctus et angor' umgeschlagen? War das Konzil ein Irrweg, von dem wir zurückkehren müssen, um die Kirche zu retten? Die Stimmen derer, die solches sagen, werden lauter und ihre Nachfolge wird größer. Zu dem unübersehbaren Phänomen der letzten Jahre zählt das zunehmende Wachstum integralistischer Gruppierungen, in denen der Drang nach Frömmigkeit, nach der Wärme des Geheimnisses seine Antwort findet. Man sollte sich hüten, diese Vorgänge zu verharmlosen."*[16]

Gegen beide Strömungen stellt Ratzinger die aus seiner Sicht nach wie vor zu leistende Auseinandersetzung mit dem Konzil und dessen Texten, in denen er das *„wahre Erbe"*[17] des Konzils sieht:

„Die wirkliche Rezeption des Konzils [hat] noch gar nicht begonnen. Was die Kirche der letzten Jahrzehnte verwüstete, war nicht das Konzil, sondern die Verweigerung seiner Aufnahme. [...] Die Aufgabe lautet daher nicht: Aufhebung des Konzils, sondern Entdeckung des wirklichen Konzils und Vertiefung seines wahren Wollens im Angesicht des jetzt Erfahrenen."[18]

„Was wir bis jetzt sagen können, ist dies, dass das Konzil auf der einen Seite Wege eröffnet hat, die aus mancherlei Abzweigungen und Vereinseitigungen wirklich in die Mitte des Christlichen weisen. Aber auf der anderen Seite müssen wir auch selbstkritisch genug sein, um anzuerkennen, dass der naive Optimismus des Konzils und die Selbstüberschätzung vieler, die es trugen und propagierten, die finsteren Diagnosen früherer Kirchenmänner über die Gefahr von Konzilien auf eine erschreckende Weise rechtfertigt."[19] Ob das Konzil zu einer echten Erneuerung von Glauben und Kirche führt, ist für Ratzinger darum noch nicht ausgemacht. *„Der endgültige Entscheid über den geschichtlichen Wert des II. Vatikanischen Konzils"*[20] liegt für Ratzinger nicht bei den Theologen, sondern *„hängt von den Menschen ab, die das Wort in Leben umsetzen"*[21].

Denn: „*Alles, was ein Konzil beschließt, kann nur ein Anfang sein, der erst durch die Übersetzung in die Wirklichkeit des kirchlichen Alltags seine wahre Bedeutung gewinnt.*"[22]

Das Konzil und sein sichtbarster Ausdruck: die Liturgiereform

Die Reform der Liturgie machte den Anspruch des Konzils, den Glauben zu „verheutigen", für jede katholische Christin, jeden katholischen Christen konkret erfahrbar. Nicht zuletzt deshalb zählt sie bis heute zu den umstrittensten Folgen des Konzils. Während von traditionalistischer Seite die Legitimität einer solchen Liturgiereform grundsätzlich angezweifelt oder bestritten wird, geht der Streit auf der anderen Seite um die Art und Weise der konkreten Umsetzung. Wie sehr eine Reform der vorkonziliaren Liturgie auch von dem Konzilsberater Ratzinger als notwendig empfunden wurde, dokumentiert das von Ratzinger geäußerte Unbehagen angesichts der „*schier endlosen Dauer der Zeremonien zur Eröffnung des Konzils*"[23], die für ihn einen tiefer gehenden Mangel enthüllt:

„*Der Feier der Eröffnungsliturgie fehlte die alle mit einbeziehende Gemeinsamkeit und ihr fehlte die innere Geschlossenheit. Ist es denn normal, dass 2500 Bischöfe, von den vielen anwesenden Gläubigen ganz zu schweigen, zu stummen Zuschauern einer Liturgie verurteilt sind, in der außer den amtierenden Liturgen nur die Capella Sistina das Wort hat? War es nicht ein Symptom eines der Überwindung bedürftigen Zustandes, dass die aktive Mitwirkung der Anwesenden nicht gefordert war? [...] Man hatte unverbunden zwei Liturgien nebeneinander gestellt und dadurch sehr deutlich den gefährlichen Archäologismus zu erkennen gegeben, in dem seit dem Tridentinum die Messliturgie eingeschlossen wurde, so dass man den realen Sinn ihrer einzelnen Teile kaum noch empfand [...]. Dem Betrachter musste unwillkürlich der Gedanke kommen, dass ein Symptom für das Gelingen des Konzils sein würde, inwieweit sich die Schlussliturgie von derjenigen des Eröffnungstages unterscheide*".[24]

Dementsprechend betont Ratzinger am Ende des Konzils die herausragende Bedeutung der Liturgiereform und der mit ihr verbundenen Anliegen:

„*In den Hoffnungen und Fragen, welche die Liturgiereform einschließt, sind zugleich entscheidende Hoffnungen und Fragen der Kirchenreform überhaupt vorwegge-*

nommen: *Wird es gelingen, den Menschen von heute neu in Beziehung zur Kirche und durch sie hindurch zu Gott zu setzen? Wird es gelingen, den Zentralismus aufzulösen, ohne die Einheit zu verlieren? Wird es gelingen, vom Gottesdienst her auch zu einem neuen Verständnis der Christen untereinander zu gelangen?*"[25]

Die 1965 für Ratzinger noch mit großen Erwartungen verbundenen Fragen werden ihm mit dem Erleben der konkreten Durchführung immer mehr zu kritischen Rückfragen. Zwar hält er auch später immer fest, dass eine "*einschneidende*" Reform der Liturgie "*sinnvoll*" und "*mit recht vom Konzil*" angeordnet war, dass das "*neue Missale in Vielem eine Verbesserung und Bereicherung*" brachte.[26] Die spätere Umsetzung aber, "*die vielerorts als Ermächtigung zur 'Kreativität' aufgefasst*"[27] worden sei, geht aus seiner Sicht über das Konzil hinaus. Die Liturgiereform gleicht für ihn darum weniger der Renovation eines Gebäudes, sondern eher dem "*Abriss*" des alten, anstelle dessen ein neues und anderes Gebäude gebaut wurde, wenngleich "*freilich weitgehend aus dem Material des Bisherigen und auch unter Verwendung der alten Baupläne*".[28] Das aber lässt sich nur schwer mit dem in Einklang bringen, was für Ratzinger wesentlicher Teil von Liturgie und ihrem Ritus ist: Die "*Unbeliebkeit*" der Liturgie, in der zum Ausdruck kommt, "*dass hier auf mich zukommt, was ich nicht selber mache, dass ich in ein Größeres eintrete, das letztlich aus Offenbarung stammt*"[29]. Die Umsetzung der nachkonziliaren Liturgiereform dagegen ließ in der Wahrnehmung Ratzingers, vielfach den "*Eindruck entstehen, Liturgie werde 'gemacht', sie sei nichts Vorgegebenes, sondern etwas in unserem Entscheiden Liegendes. Und dann ist es wiederum logisch, dass [...] zuletzt jede 'Gemeinde' sich ihre Liturgie selber geben will. Aber wo Liturgie nur selbst gemacht ist, da eben schenkt sie uns nicht mehr, was ihre eigentliche Gabe sein sollte: die Begegnung mit dem Mysterium, das nicht unser Produkt, sondern Ursprung und Quelle unseres Lebens ist.*"[30]
Mehr noch als die konkrete Umsetzung hält Ratzinger das faktische Verbot des alten Ritus für problematisch. Denn "*es ist überhaupt nicht einzusehen, was [an dem tridentinischen Ritus] gefährlich oder unannehmbar sein sollte. Eine Gemeinschaft, die das, was ihr bisher das Heiligste und Höchste war, plötzlich als strikt verboten erklärt, stellt sich selbst in Frage*".[31] Das 2007 veröffentlichte, nicht unumstrittene Motu proprio "Summorum pontificum" "*über die römische Liturgie in ihrer Gestalt vor der 1970 durchgeführten Reform*", in der Benedikt neben das von Paul VI. eingeführte Messbuch als "*außerordentliche*

Form" das „*vom heiligen Pius V. promulgierte und von Johannes XXIII. neu herausgegebene*" und „*niemals abgeschaffte*"[32] Messbuch stellt, ist so gewissermaßen nichts anderes als eine päpstliche Umsetzung der Überzeugung des Kardinals.

„Volk Gottes" und „Sakrament": Kirche und ihr Selbstverständnis

Gemeinsam mit der Liturgiereform gehört das vom Konzil v.a. an der Kirche der ersten christlichen Jahrhunderte (wieder-)gewonnene Verständnis der Kirche als *communio* zu den herausragenden Anstößen, die vom Konzil ausgingen. Nach Ablauf der zweiten Sitzungsperiode und im Anschluss an die damit verbundene Diskussion der Konstitution über die Kirche hebt Ratzinger hervor: „*Es ging um die Einsicht, dass Kirche nicht eine fertig abgeschlossene Größe ist, die ein für allemal definiert ist und dann sozusagen über Raum und Zeit steht, sondern dass Kirche ihrem Wesen nach unterwegs bleibt, dass sie die Geschichte Gottes mit den Menschen darstellt. [...] So sollte eine lebendige Sicht von Kirche gezeichnet werden, die, niemals fertig, Wanderschaft der Menschheit mit dem und zu dem sie rufenden Gott ist. [...] Wenn sie das Unterwegssein der Menschheit mit ihrem Gott darstellt, wenn sie die wesentlich unfertige ist, die ihr Ziel noch nicht erreicht hat, dann heißt das ja auch, dass sie als die noch Unvollendete die noch sündigende Kirche ist, die immer wieder der Erneuerung bedarf, immer wieder abstreifen muss, was sie zu sehr ans Irdische heftet und zu sehr ihrer selbst gewiss werden lässt.*"[33] Der von Ratzinger hier betonte Gedanke des geschichtlichen Wesens der Kirche wird von der vom Konzil verabschiedeten Kirchenkonstitution „Lumen Gentium" in der Rede von der Kirche als „Volk Gottes" zum Ausdruck gebracht. Mehr als zehn Jahre später konstatiert Ratzinger, dass sich zwar „*das Stichwort ,Volk Gottes' in Windeseile ausbreitete*", während sich der dieses tragende Gedanke der Kirche als Sakrament, das heißt das Verständnis der Kirche als „Zeichen und Werkzeug für die innigste Vereinigung mit Gott und für die Einheit des Menschengeschlechts" (Lumen Gentium [LG] 1) „*in der Breite nicht hat durchsetzen können*".[34] Das von Lumen Gentium vorgestellte Verständnis der Kirche als „Sakrament der Einheit" bringt aber für Ratzinger gerade den „*innersten Kern des Kirchenbegriffs*" zum Ausdruck: „*Kirche ist Communio; sie ist das Kommunizieren Gottes mit den Menschen in Christus und so der Menschen untereinander und damit Sakrament, Zeichen und*

Werkzeug des Heils."[35] „Diese communio-Ekklesiologie ist das eigentliche Herzstück der Lehre des Zweiten Vatikanums über die Kirche".[36] Der Begriff des „Volk Gottes" ist darum erst dann „christlich verwendet", wenn er an die „Christus-Gemeinschaft und an das Leben wie Christus und mit Christus" angebunden ist.[37]

„Wir sind Volk Gottes nicht anders als vom gekreuzigten und auferweckten Christus her [...] nur in diesem Kontext hat das Wort einen Sinn."[38]
Ähnlich wie bei der Liturgiereform sieht Ratzinger in der alleinigen Rezeption des „Volk Gottes"-Begriffes die Gefahr, dass dieser einseitig als Ermächtigung zum „Wir bestimmen"[39] verstanden und dabei vergessen wird, dass „Volk Gottes" zuerst ein „Relationsbegriff"[40] ist, der auf den Geber dieser Beziehung, Gott selbst, verweist. „Kirche kann man nicht machen, nur empfangen, und zwar empfangen von dort her, wo sie schon ist und wo sie wirklich ist: aus der sakramentalen Gemeinschaft seines durch die Geschichte hindurchgehenden Leibes."[41] Kirche lebt „aus der Identität aller Generationen, in ihrer zeitübergreifenden Identität".[42] Sich in diese Gemeinschaft mit „ihrem Beitrag" einzureihen, ist jeder Generation neu aufgegeben. Das aber kann sie „nur tun, indem sie diese große Kontinuität annimmt und sich in sie hineinlebt".[43]
„Erneuerung der Kirche", bemerkt Ratzinger in einem 1965 vor der katholischen Studentengemeinde in Münster gehaltenen Vortrag, „will folglich nicht ein Weniger, sondern ein Mehr an Christsein".[44] „Die wahre Reform ist jene, die sich um das verdeckte wahrhaft Christliche müht, sich von ihm fordern und formen lässt; die falsche Reform ist jene, die [....] das Christentum in einen schlecht gehenden Krämerladen umwandelt, der um Kundschaften schreit".[45]

Die Kirche und ihre Ämter

Nicht nur das Selbstverständnis der Kirche wurde vom Konzil neu an der alten Kirche ausgerichtet. Auch die kirchlichen Ämter wurden neu gestaltet. Zum einen erinnert das Konzil daran, dass Amt Dienst (ministerium) ist (LG 18). Amt soll seinem Wesen nach dazu dienen, dass „Christus herein treten kann und das Wort Gottes verkündigt wird".[46] Der Amtsträger sollte ein „Dienender sein, der für die Leute zur Verfügung ist und der eben in der Nachfolge Christi sich zum Fußwaschen bereithält".[47]

Daneben überwindet das Konzil eine Jahrhunderte lange Engführung von kirchlichem Amt und Priesterweihe und stellt heraus, dass die Fülle dieses Dienstamtes im Bischof vorliegt, an dem Priester und Diakone unterschiedlich Anteil haben (LG 20). Es weist so den Weg aus der Identifikation von kirchlichem Amt und Amtspriestertum und ruft in Erinnerung, dass kirchliches Amt, „*Amt in der Mehrzahl*"[48] ist. Damit verbunden ist die Wiedereinführung des Diakonates als beständig und dauerhaft ausgeübten Dienst, der nach dem Willen der Konzilsväter auch in der Ehe „bewährten Männern" offensteht (LG 29). Der junge Professor sieht darin eine große Chance:

„*Das Diakonenamt ist von seinem Ursprung her der Ausdruck einer dynamischen Reaktion auf neue Anforderungen; es bietet die Möglichkeit, ähnliches wieder zu tun, und umschreibt einen Rahmen, der weit genug ist, um beträchtliche Variationsmöglichkeiten nach den unterschiedlichen Bedürfnissen der verschiedenen kirchlichen Regionen zuzulassen. Überdenkt man dies alles, so wird man vorab zwei wichtige positive Elemente in dem Verlangen nach der Wiedererrichtung des Diakonates [als dauerhaft ausgeübten Dienstes; Anm. MM] unschwer erkennen können. Zunächst drückt sich darin ein tiefer Hunger nach dem Worte Gottes aus, zu dessen wirksamer Verkündigung nach neuen Wegen gesucht werden muss. [...] Zum anderen meldet sich der Wille an, das geistliche Amt wieder beweglicher und dynamischer zu machen, [und] durch die Schaffung eines nicht-zölibatären geistlichen Amtes [...] den Radius der Berufungen zu erweitern, der vielfach beträchtlich zurückgegangen ist.*"[49] Anders als beim Diakonat hält das Konzil jedoch an der westkirchlichen Praxis fest, Priester nur aus dem Kreis der zölibatär lebenden Diakone zu bestellen. Für Ratzinger ist das 1966 eine Frage, die „*angesichts der Priesternot, die in vielen Teilen der Kirche in immer noch wachsendem Maße sich bemerkbar macht*", „*eines Tages*" einer näheren Prüfung bedarf, „*der auszuweichen mit der Verantwortung für die Verkündigung des Wortes des Heils an unsere Zeit nicht vereinbar wäre*".[50] Dreißig Jahre später hält Ratzinger zwar weiterhin ausdrücklichen „*offen*", welche Formen priesterlichen Dienstes sich in Zukunft ausbilden werden. Doch im Anschluss an die vom Konzil im „Dekret über den Dienst und das Leben der Presbyter" gemachte Feststellung, dass zwischen Zölibat und Priestertum eine „vielfältige Übereinstimmung" (Presbyterorum Ordinis 16) besteht, betont er jetzt besonders die „*tiefe innere Zusammengehörigkeit von Ehelosigkeit und Priestertum*" und versteht unter dem „*vir probatus*" weniger den in der Ehe „bewährten Mann" als vielmehr den „*aus einem anderen Beruf*" kommenden.[51]

Schwierige Verhältnisbestimmung: Offenbarung, Schrift und Tradition

Als Joseph Ratzinger als Seminarist Theologie studierte, war das Verständnis von Offenbarung noch weitgehend von einer starren neuscholastischen Theologie bestimmt. Diesen Ansatz suchte die Mehrheit der Konzilsväter in der „Dogmatischen Konstitution über die göttliche Offenbarung *Dei Verbum*" (DV) zu überwinden. In die mit diesem Text verbundenen spannungsgeladenen Diskussionen auf dem Konzil hat sich Ratzinger – auch in Zusammenarbeit mit Karl Rahner – selbst stark eingebracht.[52] Trotz auftretender Differenzen waren sich die beiden Konzilstheologen einig in dem Willen, das Offenbarungsverständnis eines „*neuscholastischen Intellektualismus zu überwinden, für den Offenbarung hauptsächlich die Vorlage geheimnisvoller, übernatürlicher Lehren bedeutete, womit von selbst auch der Glaube sich weitgehend auf die Zustimmung zu diesen übernatürlichen Erkenntnissen reduziert*".[53]
Dieses letztlich ungeschichtliche Verständnis von Offenbarung als „*Erlass göttlicher Dekrete*"[54] bricht „Dei Verbum" auf, zugunsten einer Sicht von Offenbarung, die diese als einen „*Realdialog*" zwischen Gott und Mensch versteht, „*der den Menschen in seiner Ganzheit trifft, nicht nur seinen Verstand herausfordert, sondern entsprechend dem Wesen des Dialogischen sein Du als solches angeht, ja es wahrhaft zu sich selber führt*".[55]
Analog dazu sucht das Konzil auch zu einer „*dynamischen Konzeption*" der kirchlichen Tradition bzw. Überlieferung zu kommen – trotz „*entschiedenen Widerstands*" von „*ganz entgegen gesetzten Richtungen*".[56] So wurde die Rede des Konzils vom „*Leben und Wachsen der Offenbarung*" zum einen von Vertretern einer „*traditionell-neuscholastischen Theologie*", mit dem Hinweis auf die „*Unveränderlichkeit der ein für allemal abgeschlossenen Offenbarung*", abgelehnt. Genauso kritisch aber wurde sie aus „*ökumenischen Gesichtspunkten*" heraus angefragt, da hier die „*strikte Bindung der Kirche an das Gotteswort, das nicht wächst, sondern immer nur neu angeeignet werden kann*", gefährdet sei.[57]
Ratzinger verteidigt demgegenüber den Konzilstext – obschon er ihm selbst mit Blick auf die kritische Funktion der Schrift gegenüber der Tradition nicht weit genug geht[58].
Die Frage nach einer angemessenen Schriftauslegung bzw. genauer die Frage nach Ort und Rolle der historisch-kritischen Methode versucht das Konzil in DV 12 zu klären. Der Offenbarungskonstitution geht es hier nach Ratzinger

darum, das theologische „*Verstehen*" der biblischen Texte und deren „*histori-sches ‚Erklären'*" in einen „*ausgewogenen Zusammenhang zu bringen*".[59] Bemer-kenswert daran war v.a. das Herausstellen des „*Rechtes, ja der Notwendig-keit der historischen Methode*".[60] Auch Ratzinger hält die historisch-kritische Methode „*von der Struktur des christlichen Glaubens her [für] unverzichtbar*".[61] Doch sieht er auch deren Grenze, die in ihrer notwendigen Beschränkung auf das „*Menschenwort als menschliches*" liegt.[62] Das Ganze der Schrift als „Gotteswort in Menschenwort" kann die historisch-kritische Methode so für ihn gerade nicht in Blick bekommen. Die historisch-kritische Schrift-auslegung verweist von daher „*aus ihrem eigenen Wesen heraus über sich hinaus*": Im „*vergangenen Wort wird die Frage nach seinem Heute vernehmbar, im Menschwort klingt Größeres auf*".[63]

Das „*Lesen der einzelnen Texte der Bibel in deren Ganzheit*", wie es in der soge-nannten „*kanonischen Exegese*" versucht wird, ist für Ratzinger darum eine „*wesentliche Dimension der Auslegung, die zur historisch-kritischen Methode nicht in Widerspruch steht, sondern sie organisch weiterführt und zu eigentlicher Theo-logie werden lässt*".[64] Aus diesem Ansatz heraus sind nicht zuletzt die beiden bisher erschienen Jesus-Bücher des Papstes geschrieben. Das schwierige Zueinander von Offenbarung, Schrift und Tradition fasst Ratzinger 1997 wie folgt zusammen: „*Offenbarung, das heißt das Zugehen Gottes auf den Menschen, ist immer größer als das, was in Menschenworte gefasst werden kann, größer auch als die Worte der Schrift. [...] Die Schrift ist das wesentliche Zeugnis von der Offen-barung, aber Offenbarung ist etwas Lebendiges, größer und mehr – zu ihr gehört auch das Ankommen und Vernommenwerden, sonst ist sie eben nicht Offenbarung geworden. Die Offenbarung ist nicht ein auf die Erde gefallener Meteor, der nun als Gesteinsmasse irgendwo herumliegt, wovon man Gesteinsproben nehmen, ins Labor tragen und dort analysieren kann. Die Offenbarung [...] ist nicht vom leben-digen Gott ablösbar, und sie verlangt immer nach dem lebendigen Menschen, bei dem sie ankommt. Ihr Ziel ist es immer, die Menschen zu versammeln, zu verei-nigen – darum gehört Kirche zu ihr. Wenn es aber diesen Überhang von Offenba-rung über Schrift hinaus gibt, dann kann nicht Gesteinsanalyse – historisch-kriti-sche Methode – das letzte Wort über sie sein, sondern dann gehört der lebendige Organismus des Glaubens aller Jahrhunderte zu ihr. Genau diesen Überhang von Offenbarung über Schrift [...] nennen wir ‚Überlieferung'.*"[65]

160

Ökumene und andere Religionen

Johannes XXIII. hatte von Anfang an an der ökumenischen Ausrichtung des Konzils keinen Zweifel gelassen, die Einladung von Konzilsbeobachtern anderer christlicher Konfessionen war dafür ein sichtbares Zeichen. Trotzdem war immer auch klar, dass das Konzil „die volle Vereinigung mit der Christenheit noch nicht herbeiführen können"[66] wird. „Aber es wird", so wenigstens die Hoffnung des jungen Konzilstheologen, „neu bewusst zu machen vermögen, wie viel schon gemeinsam ist und wie sehr wir im Grunde schon einig sind, wenn wir uns nur die Mühe machen, es zu sehen, und statt auf die Gräben zu starren, die uns trennen, das Viele zu beachten, das uns eint".[67]

Dieser von Anfang an gegebene Wille zu einer Neuordnung des Verhältnisses der katholischen Kirche zu den anderen christlichen Kirchen und Gemeinschaften drückte sich nicht zuletzt in der Kirchenkonstitution „Lumen Gentium" aus. In dieser würdigt das Konzil ausdrücklich, dass sich auch in den anderen, nicht in Gemeinschaft mit dem Bischof von Rom stehenden christlichen Kirchen und Gemeinschaften „Elemente der Heiligung und der Wahrheit finden" (LG 8). Zugleich ersetzte das Konzil die identifizierende „Totaldeckung"[68] der „einzigen Kirche Christi" mit der katholischen Kirche[69] zugunsten der Formulierung, dass diese „in dieser Welt" in der katholischen Kirche „existiert" (lat.: „subsistit") (LG 8).

Die Formulierung in Lumen Gentium ließ zumindest Raum für eine Lesart, nach der die eine Kirche Jesu Christi sich nicht nur in der katholischen Kirche „verwirkliche". Gegen eine solche Interpretation wandte sich im Jahr 2000 die Erklärung „Dominus Iesus" der Kongregation für die Glaubenslehre unter Federführung ihres Präfekten Joseph Ratzinger. Danach ist die „authentische Bedeutung des Konzilstextes", dass die eine Kirche Jesu sich „einzig" in der katholischen Kirche verwirkliche.[70] Daraus ergibt sich, dass „die Kirchen, die zwar nicht in vollkommener Gemeinschaft mit der katholischen Kirche stehen, aber durch engste Bande, wie die apostolische Sukzession und die gültige Eucharistie, mit ihr verbunden bleiben", etwa die orthodoxen Kirchen, als „echte Teilkirchen" zu bezeichnen sind.[71] Dagegen sind die „kirchlichen Gemeinschaften", „die den gültigen Episkopat und die ursprüngliche und vollständige Wirklichkeit des eucharistischen Mysteriums nicht bewahrt haben", dazu gehören die aus der Reformation hervorgegangenen Kirchen, „nicht Kirchen im eigentlichen Sinn". Diese „Wiederholung"[72] von LG 8 löste nicht nur im Stammland der Reformation ein sehr kritisches Echo aus und festigte Ratzingers Ruf als „Sprengmeister" der Ökumene.[73] Ratzinger selbst sieht in der Erklärung zweierlei aufs Neue in Erinnerung gerufen: Zum einen, dass es die Kirche Christi *wirklich* gibt, „nicht nur Fetzen davon", dass sie „nicht eine nie zu erreichende Utopie [ist], sondern [...] konkret" ist.[74] Zum anderen, dass „es kirchliche Realität auch außerhalb der katholischen Gemeinschaft [gibt], und gerade dieser scheinbare Widerspruch die stärkste Nötigung [ist], nach der Einheit zu suchen".[75] Der Präfekt der Glaubenskongregation löst hier ein, was der junge Konzilstheologe forderte: Dass „'ökumenisch' nicht heißen [sollte]: Verschweigen von Wahrheiten, um die anderen nicht zu verstimmen".[76]

Ähnliches gilt für das Verhältnis der katholischen Kirche zu den anderen Religionen. Auch hier setzt das Zweite Vatikanum ganz neue Akzente. Nicht nur konnten sich die anderen Religionen in der Formulierung von LG 8 über die „Elemente der Heiligung und der Wahrheit" außerhalb der katholischen Kirche wiederfinden. Das Konzil machte sich auch die Religionsfreiheit zu eigen (LG 36 u.ö.). Nach den Auseinandersetzungen der katholischen Kirche mit der Moderne und der Aufklärung v.a. im ausgehenden 19. Jahrhundert stellte dies einen kaum zu unterschätzenden Schritt dar. Entsprechend bemerkt Ratzinger: „Die Debatte über die Religionsfreiheit wird man in späteren Zeiten wohl zu den wichtigsten Ereignissen des Konzils rechnen."[77] Denn: „Ein Glaube, der aus seinem universalen Anspruch heraus die universale Freiheit für sein Wort in allen Völkern und inmitten ihrer angestammten Religionen fordert, muss die Freiheit des religiösen Bekenntnisses als Grundform religiöser Verwirklichung wollen, wenn er sich nicht selbst widersprechen soll."[78]

Ohne dies in Abrede zu stellen, wird Ratzinger nicht müde immer wieder zu betonen, dass der „Gott, dem der Christ glaubt, [...] in Jesus Christus sein Gesicht und sein Herz gezeigt" hat.[79] Im Angesicht dieser „Konkretheit Gottes" ist für Ratzinger der Weg einer Anerkennung anderer Religionen als gleich wahre und als gleichermaßen berechtigte Wege zum Heil verbaut. Der Ansatz Friedrich II., dass „jeder auf seine Facon selig werden solle", heute vertreten durch die Pluralistische Religionstheologie, lässt für ihn den „Relativismus unweigerlich durch die Hintertür wieder herein: Die Frage nach der Wahrheit wird aus der Frage der Religionen und aus der Heilsfrage ausgeschieden. Die Wahrheit wird durch die gute Absicht ersetzt; Religion bleibt im Subjektiven, weil das objektiv Gute und Wahre nicht zu erkennen ist."[80] Das damit zugleich gegebene Auseinanderbrechen von Glaube und Vernunft hält Ratzinger für den Glauben wie für die Vernunft für gefährlich, da es beide „*pathologisch*" werden lässt. Auf der einen Seite „*verlieren Ethos und Religion ihre gemeinschaftsbildende Kraft und verfallen der Beliebigkeit*".[81] Andererseits wird eine „*Vernunft, die dem Göttlichen gegenüber taub ist und Religion in den Bereich der Subkulturen abdrängt, unfähig zum Dialog der Kulturen*".[82]

Beide Fragestellungen, das Zueinander von katholischer Kirche und den anderen christlichen Kirchen und Gemeinschaften wie das Verhältnis von Christentum und anderen Religionen, entscheiden sich an der Frage nach der Wahrheit. Deren Konkretheit und Erkennbarkeit aber ist für Joseph Ratzinger unaufgebbar.

Anstelle eines Schlusses

Über Kardinal Joseph Frings sagte Joseph Kardinal Ratzinger am Ende seines „Buchstabe und Geist des Zweiten Vatikanums in den Konzilsreden von Kardinal Frings" überschriebenen Vortrages anlässlich dessen 100. Geburtstages: „*Kardinal Frings ging es um diese katholische Liberalität, die in radikalem Widerspruch zum ideologischen Liberalismus steht. Er wollte über allen äußeren Autoritätsgehorsam hinaus zu einer Treue hinführen, die in der Einsicht des gläubigen Gewissens die Quelle ihrer Kraft hat. [...] Ob er damit die geschichtlichen Kräfte richtig eingeschätzt hat, die im Konzil aufeinander stießen, ist eine andere Frage. Seine tragenden Intentionen sind davon unabhängig.*"[83]

Eine Charakterisierung vielleicht, die auch etwas von Leben und Theologie des einstmaligen Konzilsberaters und heutigen Papstes spiegelt.

Hinweise

1 Joseph Ratzinger, Die erste Sitzungsperiode des Zweiten Vatikanischen Konzils. Ein Rückblick, Köln 1963, 57.

2 Vgl. Guiseppe Alberigo, Das Zweite Vatikanische Konzil (1962-1965), in: ders. (Hg.), Geschichte der Konzilien. Vom Nicaenum bis zum Vaticanum II, Wiesbaden 1998, 414-470, 418.

3 Joseph Ratzinger, Aus meinem Leben. Erinnerungen (1927–1977), Stuttgart-München 1998, 101.

4 Ebd., 103.

5 Ebd., 103.

6 Ausdrücklich betont Johannes XXIII. in seiner Eröffnungsansprache, dass es eine der grundlegenden Aufgaben des Konzils sei, zu einer „angemessenen Erneuerung (aggiornamento)" des Glaubens
   beizutragen. Vgl. Johannes XXIII., Rede zur Eröffnung des 2. Vatikanischen Konzils am 11. Oktober
   1962, in: Herder Korrespondenz 17 (1962/63), 85-88 (zit. nach: http://www.ub.uni-freiburg.de/
   fileadmin/ub/referate/04/semapp/konzil.html vom 5.5.2011).

7 Joseph Ratzinger, Aus meinem Leben, 103.

8 So betont Johannes XXIII. in seiner Eröffnungsansprache, dass neben der Aufgabe einer „angemessenen Erneuerung (aggiornamento)", es angesichts der „heutigen Notwendigkeiten angemessener
   [ist], die Kraft ihrer Lehre ausgiebig zu erklären, als zu verurteilen" – „wie es einem Lehramt ent
   spricht, dessen Wesen vorwiegend pastoral" ist, – und es die „katholische Kirche als ihre Pflicht
   ansieht, alles Erdenkliche zu tun", um die Einheit der „gesamten christlichen Familie" wiederherzu
   stellen. Vgl. Johannes XXIII., Rede zur Eröffnung des 2. Vatikanischen Konzils.

9 Joseph Ratzinger, Die erste Sitzungsperiode des Zweiten Vatikanischen Konzils, 44-47.

10 Joseph Ratzinger, Die letzte Sitzungsperiode des Konzils, Köln 1966, 74-75.

11 Joseph Ratzinger, Salz der Erde. Christentum und katholische Kirche an der Jahrtausendwende.
   Ein Gespräch mit Peter Seewald, Stuttgart-München 1996, 79.

12 Ebd., 79 f.

13 Joseph Ratzinger, Bilanz der Nachkonzilszeit – Misserfolge, Aufgaben, Hoffnungen, in: ders.,
   Theologische Prinzipienlehre. Bausteine zur Fundamentaltheologie, München 1982, 386.

14 Ebd., 408.

15 Joseph Ratzinger, Der Weltdienst der Kirche. Auswirkungen von ‚Gaudium et Spes' im letzten
   Jahrzehnt, in: ders., Prinzipienlehre, 407.

16 Ebd., 407.

17 Joseph Ratzinger, Salz der Erde, 81.

18 Joseph Ratzinger, Bilanz der Nachkonzilszeit, 409.

19 Ebd., 395.

20 Ebd., 394.

21 Ebd., 395.

22 Joseph Ratzinger, Die erste Sitzungsperiode des Zweiten Vatikanischen Konzils, 82.

23 Ebd., 9.

24 Ebd., 9-11.

25 Joseph Ratzinger, Ergebnisse und Probleme der dritten Konzilsperiode, Köln 1965, 22.

26 Joseph Ratzinger, Aus meinem Leben, 173.

27 Papst Benedikt XVI., Brief des Heiligen Vaters an die Bischöfe anlässlich der Publikation des Apos-
    tolischen Schreibens „Summorum Pontificum" vom 7. Juli 2007 (Verlautbarungen des Apostolischen
    Stuhls Nr. 178), 25. Vgl. dazu auch Joseph Ratzinger, Der Geist der Liturgie. Eine Einführung, Frei-
    burg 2000, 141, wo Ratzinger die gegenwärtig stattfindende „weitgehende Auflösung des Ritus, der
    durch die ‚Kreativität' der Gemeinden ersetzt werden soll" kritisiert.

28 Joseph Ratzinger, Aus meinem Leben, 173.

29 Joseph Ratzinger, Der Geist der Liturgie, 142.

30 Joseph Ratzinger, Aus meinem Leben, 173f.

31 Joseph Ratzinger, Salz der Erde, 188.

32 Papst Benedikt XVI., Apostolisches Schreiben „Summorum Pontificum" (Verlautbarungen des
    Apostolischen Stuhls Nr. 178), Nr. 1., 18.

33 Joseph Ratzinger, Das Konzil auf dem Weg. Rückblick auf die zweite Sitzungsperiode des Zweiten
    Vatikanischen Konzils, Köln 1964, 28-29.

34 Joseph Ratzinger, Die Kirche als Heilssakrament, in: ders., Prinzipienlehre, 47.

35 Ebd., 55.

36 Joseph Ratzinger, Die Ekklesiologie des Zweiten Vatikanischen Konzils, in: ders., Kirche, Ökumene
    und Politik. Neue Versuche zur Ekklesiologie, Einsiedeln 1987, 17.

37 Joseph Ratzinger, Salz der Erde, 200.

38 Joseph Ratzinger, Die Ekklesiologie des Zweiten Vatikanischen Konzils, 26.

39 Joseph Ratzinger, Salz der Erde, 201.

40 Ebd. 199.

41 Joseph Ratzinger, Die Ekklesiologie des Zweiten Vatikanischen Konzils, 19.

42 Joseph Ratzinger, Salz der Erde, 201 f.

43 Ebd., 202.

44 Joseph Ratzinger, Das neue Volk Gottes. Entwürfe zur Ekklesiologie, Düsseldorf 1969, 270.

45 Ebd., 271.

46 Joseph Ratzinger, Salz der Erde, 205.

47 Ebd.

48 Joseph Ratzinger, Ergebnisse und Probleme der dritten Konzilsperiode, 26.

49 Joseph Ratzinger, Das Konzil auf dem Weg, 38 f.

50 Joseph Ratzinger, Die letzte Sitzungsperiode des Konzils, Köln 1966, 67.

51 Joseph Ratzinger, Salz der Erde, 272.

52 Vgl. Joseph Ratzinger, Aus meinem Leben, bes. 130 f.

53 Joseph Ratzinger, Einleitung und Kommentar zum Prooemium, zu Kap. I. Die Offenbarung,
    zu Kap. II. Die Weitergabe der göttlichen Offenbarung, der Dogmatischen Konstitution über die
    göttliche Offenbarung, in: LThK.E II. (²1967), 498–528, 507.

54 Ebd., 506.

55 Ebd., 507.

56 Ebd., 520.

57 Ebd.

58 Vgl. ebd., 519 f.

59 Joseph Ratzinger, Schriftauslegung im Widerstreit. Zur Frage nach Grundlagen und Weg der Exegese heute, in: ders. (Hg), Schriftauslegung im Widerstreit. Freiburg 1989 (QD 117), 15-44, 19.

60 Ebd.

61 Joseph Ratzinger/Benedikt XVI., Jesus von Nazareth. Erster Teil. Von der Taufe bis zur Verklärung, Freiburg 2007, 14 f.

62 Ebd., 16.

63 Ebd., 16 f.

64 Ebd., 18.

65 Joseph Ratzinger, Aus meinem Leben, 129-130.

66 Joseph Ratzinger, Die erste Sitzungsperiode des Zweiten Vatikanischen Konzils, 60.

67 Ebd., 60 f.

68 Joseph Ratzinger, Es scheint mir absurd, was unsere lutherischen Freunde jetzt wollen. Die Pluralität der Bekenntnisse relativiert nicht den Anspruch des Wahren. Ein Interview mit Christian Geyer in der FAZ zur Erklärung „Dominus Iesus". FAZ Nr. 221 (22.9.2000), 51 f., zit. nach: Michael J. Rainer (Hg.), „Dominus Iesus." Anstößige Wahrheit oder anstößige Kirche? Dokumente, Hintergründe, Standpunkte und Folgerungen, Münster 2001, 29–45, 33.

69 In diesem Ansatz „ist" (lateinisch: „est") die katholische Kirche die eine Kirche Jesu Christi, so formuliert etwa noch Pius XII. in der Enzyklika „Mystici corporis" von 1943.

70 Vgl. Kongregation für die Glaubenslehre, Erklärung „Dominus Iesus" vom 6. August 2000. Über die Einzigkeit und Heilsuniversalität Jesu Christi und der Kirche (Verlautbarung des Apostolischen Stuhls Nr. 148) Nr. 16 und 17, bes. Anm. 56.

71 Vgl. ebd. Nr. 17.

72 Joseph Ratzinger, Es scheint mir absurd, was unsere lutherischen Freunde jetzt wollen, 32.

73 Vgl. Jochen Hilberath/Robert Leicht, Wer ist die wahre Kirche? Ein neues Vatikanpapier sprengt die Ökumene, in: Michael J. Rainer (Hg.), „Dominus Iesus.", 286-302.

74 Joseph Ratzinger, Es scheint mir absurd, was unsere lutherischen Freunde jetzt wollen, 33.

75 Ebd.

76 Joseph Ratzinger, Die erste Sitzungsperiode des Zweiten Vatikanischen Konzils, 44-47.

77 Joseph Ratzinger, Ergebnisse und Probleme der dritten Sitzungsperiode, 31.

78 Joseph Ratzinger, Die letzte Sitzungsperiode des Konzils, 21.

79 Joseph Ratzinger, Es scheint mir absurd, was unsere lutherischen Freunde jetzt wollen, 35.

80 Joseph Ratzinger, Glaube – Wahrheit – Toleranz. Das Christentum und die Weltreligionen, Freiburg 2003, 164.

81 Benedikt XVI., Glaube, Vernunft und Universalität. Erinnerungen und Reflexionen – Vorlesung des Heiligen Vaters, in: Apostolische Reise seiner Heiligkeit Papst Benedikt XVI. nach München, Altötting und Regensburg 9.-14. September 2006. Predigten, Ansprachen und Grußworte (Verlautbarungen des Apostolischen Stuhls Nr. 174), 69-71, 81.

82 Ebd., 83.

83 Joseph Ratzinger, Buchstabe und Geist des Zweiten Vatikanums in den Konzilsreden von Kardinal Frings. Hg. v. Presseamt des Erzbistums Köln, Neuss 1987, 31.

Die spontane Dynamik des Glaubens

Zum Miteinander von Amt und Laien bei Joseph Ratzinger/Papst Benedikt XVI. [1]

Martin Wichmann

Das Miteinander von Amt und Laien zählt gewiss zu den sensiblen Fragen der katholischen Kirche im deutschsprachigen Raum. Wo das christliche Engagement in und mit der Kirche als beglückend und erfüllend erlebt wird, verbindet sich das nicht selten mit der Erfahrung eines gelungenen Miteinanders von Amtsträgern und Laien. Zugleich entzünden sich an diesem Miteinander vielerorts und immer wieder Konflikte, sowohl im konkreten Leben von Pfarrgemeinden und in der Arbeit von ehrenamtlichen oder hauptberuflichen Mitarbeiterinnen und Mitarbeitern als auch im grundsätzlichen Verständnis von Kirche. Sofern innerhalb einer kirchlichen Gruppe oder Gemeinschaft (aber auch zwischen solchen Gruppen und Gemeinschaften!) Unterschiede im ekklesiologischen Verständnis bestehen, zeigen sich diese auch als verschiedene Standpunkte in der Frage des Miteinanders von Amt und Laien. Das gilt auch umgekehrt: Verschiedene Auffassungen über das rechte Miteinander von Amt und Laien sind ein verlässlicher Indikator für grundlegende ekklesiologische Differenzen – seien es reflektierte, bewusst getroffene Entscheidungen oder eher intuitive Auffassungsunterschiede. Insofern gehören das Miteinander von Amt und Laien, seine Chancen wie das darin enthaltene Konfliktpotential zu den zentralen Aspekten einer Kirche auf dem Weg in die Zukunft.

Fragt man nach dem Miteinander von Amt und Laien in den Äußerungen von Benedikt XVI., wird man zunächst zwei Unterscheidungen näher betrachten müssen, die mit dieser Fragestellung markiert sind. Es braucht erstens ein Verständnis dafür, auf welche Weise Benedikt Amt und Laien unterscheidet – und wie er die Einheit dieser Unterscheidung versteht. Zweitens gilt es den Unterschied (und die Identität) von Joseph Ratzinger und Benedikt XVI. zu beachten. Dass diese Unterscheidung (in einer Person) sinnvoll getroffen werden kann, dafür sprechen u.a. die populären Jesusbücher, die Joseph Ratzinger in seiner Amtszeit als Papst Benedikt unter beiden Namen veröffentlichte und die darin liegende Differenz ausdrücklich benennt.[2] Auch beim Unterschied von Amt und Laien und dessen konkreter Gestaltung, also dem ‚Miteinander', wird man Benedikt wohl nicht ohne Joseph Ratzinger verstehen können.

Benedikt XVI.

Mit seiner Wahl zum Papst ließ sich Joseph Ratzinger in den Dienst an der Tradition der Kirche nehmen. Insofern wird man alles, was die römisch-katholische Kirche in jüngerer Zeit zum Miteinander von Amt und Laien sagte, insbesondere in den Aussagen des II. Vatikanums, auch Benedikt zurechnen dürfen, zumal der Einfluss des jungen Peritus Joseph Ratzinger an der Seite von Kardinal Frings auf zumindest einige Konzilstexte[3] von niemandem bestritten wird. Auch wird man annehmen dürfen, dass das apostolische Schreiben über die Berufung und Sendung der Laien in Kirche und Welt („Christifideles laici" 1988) sowie die „Instruktion zu einigen Fragen über die Mitarbeit der Laien am Dienst der Priester" (1997) seines Vorgängers Johannes Paul II. nicht am damaligen Präfekten der Glaubenskongregation vorbei veröffentlicht worden sind. Doch sind diese Texte als amtliche Verlautbarungen Frucht eines Redaktionsprozesses, aus dem sich der Beitrag Einzelner nicht herausdestillieren lässt. Daher werden hier nicht kirchliche Verlautbarungen zu Amt und Laien dargestellt, sondern jene Aussagen berücksichtigt, auf die sich Benedikt ausdrücklich bezieht – oder die bereits Joseph Ratzinger kommentiert hatte[4]. So erinnert Benedikt etwa an das Konzilsdekret „Apostolicam actuositatem", wenige Tage vor dem vierzigsten Jahrestag seiner Veröffentlichung, mit dem Hinweis, dass „*das Konzil doch nachdrücklich auf die Bedeutung des organisierten Apostolats*"[5] verwiesen habe. Vor dem zwanzigsten Jahrestag von „Christifideles laici" hebt er den für die Laien charakteristischen ‚Weltcharakter' hervor: „*Die Welt im Modell des Familien-, Arbeits- und gesellschaftlichen Lebens ist theologischer Ort, Umfeld und Mittel für die Verwirklichung ihrer Berufung und Sendung.*"[6]
Neben solchen, eher allgemeinen Aussagen zu den Laien, unterscheidet Benedikt zwei Formen des Miteinanders. Einmal gibt es Herausforderungen, die sich allen Katholiken, ob geweiht oder nicht, in gleicher Weise stellen. Dass darin ein echtes Miteinander verschiedener Berufungen liegt, wird

deutlich, weil er statt der naheliegenden Formulierung ‚alle Katholiken‘ ausdrücklich die einzelnen kirchlichen Stände aufzählt, die unterschiedslos vor der gleichen Aufgabe stehen. So haben auch in unserer Zeit „*Priester, Ordensmänner, Ordensfrauen und Laien*"[7] durch das Martyrium in der Mission das höchste Zeugnis der Liebe für Christus erbracht. Benedikt verwendet diese Aufzählung wiederholt[8] für die Mission[9], am Tag für die Märtyrermissionare auch um „*Bischöfe*" ergänzt.[10] Die paulinische Ermahnung (1 Kor 3,5), dass „alle" Diener Jesu seien, bezieht er ausdrücklich auch auf sich: „*Dieses Wort gilt auch heute für alle, für den Papst genauso wie für die Kardinäle, die Bischöfe, die Priester, die Laien.*"[11] Die formelhafte Reihung der kirchlichen Stände (neudeutsch würde man sagen: top-down, mit Joseph Ratzinger wohl eher: von innen nach außen) macht deutlich, dass Benedikt ungeachtet sonstiger ekklesiologischer Differenzen in diesen Fragen eben gerade keine Unterschiede machen will.

Auch der bereits genannte ‚Weltcharakter‘ der Laien ist nicht auf diese beschränkt, er kommt ebenso Ordensleuten und Priestern[12] zu:

„*Der Herr beruft die Priester, Ordensleute und die Laien, hineinzugehen in die Welt und ihre vielschichtige Wirklichkeit, und dort am Aufbau des Reiches Gottes mitzuwirken. Sie tun das in einer großen und bunten Vielfalt: in der Verkündigung, im Aufbau von Gemeinden, in den verschiedenen pastoralen Diensten, in der tätigen Liebe und gelebten Caritas, in der aus apostolischem Geist geleisteten Forschung und Wissenschaft, im Dialog mit der uns umgebenden Kultur, in der Förderung der von Gott gewollten Gerechtigkeit und nicht weniger in der zurückgezogenen Kontemplation des dreifaltigen Gottes und im gemeinsamen Gotteslob ihrer Gemeinschaft.*"[13] „*An der Sendung Christi haben […] alle Glieder des Volkes Gottes auf verschiedene Art durch die Gnade der Taufe und der Firmung Anteil. Ich denke an die geweihten Menschen, die die Gelübde der Armut, der Jungfräulichkeit und des Gehorsams ablegen, ich denke an die christlichen Eheleute und an […] die gläubigen Laien, die sich in der kirchlichen Gemeinschaft und in der Gesellschaft sowohl individuell als auch organisiert in Vereinigungen engagieren.*"[14]

Zum anderen unterscheidet Benedikt ein Miteinander von Amt und Laien, bei dem beiden Seiten je verschiedene, spezifische Aufgaben zukommen. Insbesondere in der Pfarrgemeinde können Laien „*den Pfarrern wirksame Hilfe leisten*". Er denkt gemäß can. 537 CIC „*an die Pastoralräte und an die Räte für die Vermögensverwaltung*", die hilfreich sein können, „*um die Bedürfnisse der Gemeinde festzustellen und Möglichkeiten für entsprechende Berücksichtigung zu* finden", „wenngleich sie nur beratende und keine Entscheidungsfunktion haben"[15]. Nachdrücklich ermahnt er die Pfarrer, diese Mitarbeit auch zuzulassen: *„Der Pfarrer kann nicht alles machen! Das ist unmöglich! Er kann kein ‚Solist' sein, er kann nicht alles machen, sondern braucht Mitarbeiter in der Pastoral. [...] Der Pfarrer soll nicht nur ‚machen', sondern auch ‚delegieren'. Sie müssen lernen, sich wirklich zu integrieren in die gemeinsame Pfarrarbeit."*[16] Der Pfarrer „*muss einerseits die Verantwortung für die Gesamtheit der ihm anvertrauten Seelsorgeeinheit behalten, darf aber nicht darauf reduziert werden, in erster Linie ein koordinierender Bürokrat zu sein. Er muss jemand sein, der die wichtigsten Fäden in der Hand hält, der aber auch Mitarbeiter hat. [...] Der Pfarrer darf nicht als übergeordneter Koordinator isoliert sein, sondern er muss uns wirklich als Hirte zur Seite stehen bei den gemeinsamen Arbeiten."*[17]

In der deutschen Kirche befürchtet Benedikt hingegen Spaltungen (1 Kor 1,10). „*Wir müssen uns reinigen. Bemüht Euch also um die Überwindung der Schranken.*" Die Glaubwürdigkeit des kirchlichen Zeugnisses sei nur gegeben, „*wenn das Zeugnis der Laien in Einheit mit dem Papst und den Bischöfen erfolgt.*" Das schließe die lebendige Vielfalt nicht aus, „*wenn sie nicht in Beliebigkeit zerrinnt*".[18] Er verwahrt sich gegen den Vorwurf, „*die Laien könnten sich in der Kirche nicht genug einbringen*" und erinnert an „*das weite und offene Feld des dringend notwendigen Laienapostolats [...]: die Verkündigung der Frohbotschaft an Millionen von Mitbürgern, die Christus und seine Kirche noch nicht kennen; die Katechese für Kinder und Erwachsenen in unseren Pfarrgemeinden; die karitativen Dienste; die Medienarbeit sowie das gesellschaftliche Engagement für einen umfassenden Schutz des menschlichen Lebens, für die soziale Gerechtigkeit und in christlichen Kulturinitiativen*". Benedikt beobachtet bei den deutschen Laien „*eine verengende Fixierung auf die Mitarbeit in kirchlichen Leitungsgremien, auf hauptamtliche Stellen in kirchlich finanzierten Strukturen oder auf die Ausübung bestimmter liturgischer Funktionen*". Diese Bereiche hätten „*selbstverständlich ihre Bedeutung*", doch fehle es ja nicht „*an Aufgaben für engagierte katholische Laien [...], aber vielleicht mangelt uns heute manchmal der missionarische Geist, die Kreativität und der Mut, um auch neue Pfade zu beschreiten*"[19].

Joseph Ratzinger

Am 19. April 2005, drei Tage nach seinem 78. Geburtstag, war Joseph Ratzinger ein für das höchste Amt der kirchlichen Hierarchie vergleichsweise spät Berufener. Dem derzeit sechsjährigen Pontifikat Benedikts geht ein sechzigjähriges, temporeiches Leben als Priester, Theologe, Bischof und Kardinal voraus, wie es für heutige Verhältnisse kaum mehr vorstellbar ist. Ein Jahr nach Kriegsende nimmt der 19-Jährige das Studium der Theologie und der Philosophie auf, als 24-Jähriger empfängt er die Priesterweihe, die Promotion folgt mit 26 Jahren, die Habilitation mit 30. Als 31-Jähriger erhält Joseph Ratzinger seinen ersten Ruf, mit 35 Jahren ist er offizieller Berater beim II. Vatikanischen Konzil, mit 39 Jahren tritt er seine bereits vierte Professorenstelle an. Mit fünfzig Jahren empfängt er die Bischofsweihe, wird wenige Tage darauf Kardinal, nimmt 51-jährig an den beiden Konklaven von 1978 teil und folgt mit 54 Jahren (offenbar eher widerstrebend[20]) der Berufung seines Vorgängers im Papstamt zum Präfekten der Glaubenskongregation. Dort blieb er vergleichsweise lange 24 Jahre, ehe er 2005 einem dritten Konklave sogar als Kardinaldekan vorsteht – und als Papst daraus hervorgeht.

Diese knappe biographische Skizze mag illustrieren, auf welcher Seite des Miteinanders von Amt und Laien Joseph Ratzinger zeitlebens seinen Platz suchte – und fand. Die biographische Entscheidung bildet sich auch in seinen Veröffentlichungen ab, das Verhältnis von Amt und Laien ist ein Randthema. „Ratzingers Theologie […] kreist […] um den Zusammenhang von Schrift, Tradition und Kirche, um den Geist der Liturgie und nicht zuletzt um das christliche Gottesbild."[21] In seiner Ekklesiologie „nehmen das Bischofsamt und das Papstamt einen großen Raum ein".[22] Zum Verhältnis von Amt und Laien hingegen finden sich nur wenige verstreute Bemerkungen. Das bis heute anerkannte Standardwerk zum Laien hat früh ein anderer geschrieben[23], Ratzinger hat es höflich und leidenschaftslos rezensiert[24], ohne sich je zu einer eigenen Darlegung gefordert zu sehen. Sein Schülerkreis[25] dokumentiert bis zur Papstwahl über 1500 Einzeltexte, das dreizehnseitige Sachregister nennt für „Laie" genau neun Verweise. Selbst seine scharfen Kritiker, die jede Entscheidung Ratzingers, jeden umstrittenen Text und jede seiner Auseinandersetzungen mit anderen Theologen kritisch analysieren[26]und (manchmal unerträglich polemisch[27]) kommentieren, haben zum Verhältnis von Amt und Laien bei Joseph Ratzinger kaum etwas beizutragen.

Unterscheidungen

In frühen Texten betont Ratzinger die „*Grenzaufhebungen im Innern der christlichen Brüderlichkeit*"[28] (mit dem damals noch nicht obligaten Hinweis, „*dass es [...] ein ausschließlich christlicher Sprachgebrauch ist, ‚dass neben dem ‚Bruder' mit gleichem Recht die ‚Schwester' steht'*"[29]). Auch will er nicht „*verschweigen, dass das Neue Testament [...] mit gutem Grund seinen besonderen Weg geht. Es nennt die Amtsträger niemals Priester und das Amt niemals Amt. [...] Man kann und darf das neutestamentliche Amt [...] in keiner Weise mit dem religionsgeschichtlichen Phänomen des Priestertums, wie es in anderen Religionen auftritt, identifizieren.*"

Daher gebe es „*in der Kirche kein Amt [...] denn den Dienst, und dass alles Amt nur Ordnung des Dienstes ist*"[30], wie es – anders gewendet – „*in der Kirche in einem letzten Sinn keine ‚Laien'*"[31] gebe. Dazu passt auch die mehrfach verwendete Feststellung, dass Jesus, „*der religionsgesetzlich ein Laie war, kein Amt im Kultdienst Israels innehatte, [...dennoch] der einzige wahre Priester der Welt*"[32] war. Ratzinger konstatiert aber auch, dass spätestens seit dem 3. Jahrhundert die Anrede „Bruder" unter Christen zurückgegangen sei. „*Es ist sehr lehrreich für das Verständnis der inneren Entwicklung [...der Kirche], den doppelten Ausgang des Wortes zu sehen.*" Cyprian beziehe „*Bruder*" in der Einzelanrede „*nur noch auf Bischöfe und Kleriker*", was „*viel eher an das bekannte weltliche Motiv der Brüderlichkeit unter Fürsten [... erinnert], das sich später in der Abstufung [sic!] der gegenseitigen Titulaturen von Bischöfen, Presbytern und Laien sehr deutlich bemerkbar machen sollte.*" Nur in den „*klösterlichen Gemeinschaften*" lebte der „*Bruder- und Schwesterbegriff*" noch fort, „*nachdem er in der unüberschaubar gewordenen Großkirche versiegt ist.*"[33] Er scheint diese Entwicklung zu bedauern und kommt zu für heutige Verhältnisse irritierenden Schlussfolgerungen: „*Bruderschaft kann und muss zunächst einmal sich in der Ortsgemeinde, konkret: in der jeweiligen Pfarrei verwirklichen.*" Dies sei die „*Norm*"(!) „*der möglichen Größe einer Pfarrgemeinde [...]: Sie darf nur so groß sein, dass jeder den anderen noch kennen kann.*" Der Gedanke einer in der Kultfeier sich erfüllenden Kirche „*zwingt dazu, die Eucharistie auch konkret als Bruderkult im responsorialen Dialog zu feiern und nicht einen einsamen Hierarchen einer Schar von Laien gegenüberstehen zu lassen*"[34]. An anderer Stelle akzentuiert Ratzinger vor allem auch im Ton anders.

„*Die Unterschiede zwischen Laie und Priester, zwischen Mönch und Nichtmönch werden auch weiterhin bestehen bleiben: es gibt verschiedene Dienste und verschiedene Wege innerhalb der Kirche, und das eine ist nicht das andere. Gleichmacherei wäre nicht nur falsch, sondern töricht.*"[35] „*Unter Theologie des Laien versteht man heute immer mehr den Kampf um eine neue Form des kirchlichen Amtes, was doch wohl ein Widerspruch in sich selber ist. Denn der Laie ist entweder Laie oder er ist es nicht. Eine Theologie des Laikats, die als Kampf um den Proporz in der Kirchenregierung ausgetragen wird, ist eine Karikatur ihrer selbst und bleibt es, auch wenn dieses Missverständnis mit dem Begriff eines synodalen Kirchenregiments kaschiert wird.*"[36] Doch nicht nur das „Kirchenregiment", sondern auch die „*theologische Arbeit*" selbst scheint er dem Amt vorbehalten zu wollen. Wo er diesen Verdacht zu zerstreuen sucht, bestätigt er ihn indirekt durch die gegebenen Beispiele der Laienmitarbeit.[37] „*Die Aufgabe des Laien wird weniger das Kritisieren auf den eigentlichen theologischen Gebieten sein, sondern das verantwortungsvolle, freie und kritische Mitdenken auf den verschiedenen Ebenen des Weltbezugs der Kirche.*"[38]

Wenn man etwas schematisch, in fortschreitender Differenzierung, (a) die Menschheit in religiöse und unreligiöse Menschen einteilen würde, (b) die Religiösen wiederum in Christen und Nicht-Christen, (c) die Christen in Katholiken und andere Konfessionen und (d) schließlich die Katholiken in Amtsträger und Laien, so hat Ratzinger jeweils auf der ‚positiven' Seite[39] der ‚Form' angeschlossen. D. h., er reflektiert über den religiösen Menschen, über den Christen – und nutzt die jeweils ‚andere Seite' der Unterscheidung (den unreligiösen Menschen, den Nicht-Christen) zur näheren Bestimmung des ‚Besonderen', in das dann weitere Unterscheidungen eingeführt werden: den Katholiken, den Amtsträger. Auch bei den Differenzierungen innerhalb des katholischen Weiheamtes, also (e) dem Verhältnis von Bischof und Priestern sowie (f) dem ‚Miteinander' von Papst und Bischöfen, schließt er beim ‚Spezifischen' an. Insofern sind auch die Laien gewissermaßen ‚das Andere' (J. Lacan), von dem Ratzinger das kirchliche Amt, und darin eingebunden auch sich selbst, abgrenzt, um zur Identität der Kirche zu gelangen. Die darin liegende ‚Asymmetrie', „*dass das Wort ‚Laie' sozusagen nur einen gemeinsamen Negativraster darstellt*"[40], benennt er ausdrücklich.

Die Kirche „*umgreift nicht nur die heiligen Vorgegebenheiten, durch die sie dem Einzelnen vorausliegt und ihm als ‚Mutter' erscheint, sondern sie umgreift auf der anderen Seite auch eben diese Einzelnen selbst und wird so zur hl. ‚Brüderschaft', in der alle zusammen das Wir der Kirche bilden. Die Sendung des Laien muss von hier aus, nicht aus einer Konkurrenz zum Amt und auch nicht erstlich durch eine Beteiligung an den Aufgaben des Amtes verstanden werden; sie liegt in der Ordnung des 'Lebens', der je konkreten Imperative, die nicht aus der 'Struktur', d. h. aus dem Amt ableitbar sind*[41]. Die konsequent durchbuchstabierte Unterscheidung von Amt und Laien mag für manchen drastisch und schroff klingen, sie ist jedoch systematischer Natur. Ratzinger hält *„die Dreiergliederung in Priester, Ordensleute und Laien für grundlegend: Sie ergibt sich aus der Struktur der Kirche und wird daher auch in Zukunft entscheidend sein"*, obwohl auch er *„zwischen diesen drei Ständen eine stärkere Kommunikation"* beobachtet und daher zugestehen kann, *„dass man unter den verschiedenen Berufungen neue Formen des Miteinanders und der Zusammenarbeit gefunden hat"*.[42]

Einheit

Die für das (im deutschsprachigen Raum verbreitete) Kirchenverständnis entscheidende Differenz liegt im Primat der Liturgie[43], konkret in der kirchenstiftenden 'Funktion' der Eucharistiefeier. Dieses Thema kann hier nicht näher entfaltet werden[44], doch wird Ratzinger nicht müde, die eucharistische „Versammlung", die *„zusammenkommt, nicht um selbst zu beschließen, sondern um zu hören, was Gott beschlossen hat, und dazu ja zu sagen"*[45], als das eigentliche Kirchenkonstitutiv herauszuarbeiten. In diesem ekklesiologisch verstandenen Prärogativ der Eucharistie[46] liegt ein auch systematischer Unterschied zur pastoraltheologischen Rede von den drei sachlich ebenbürtigen Grundfunktionen der Kirche. Die Eucharistiefeier ist nach Ratzinger (in heutige Sprache übersetzt) jene 'kommunikative Grundoperation' (ihre *„Erstform"*[47]), die das 'System' Kirche allererst 'erzeugt' und – als immer neu zu feiernde – auch am Leben hält. In dieser Sicht begründet sich die Alternativlosigkeit der Eucharistie, für die es kein 'funktionales Äquivalent' geben kann, und die *„Unersetzlichkeit des priesterlichen Amtes"*[48], für das es der *„Aufnahme in die Sendung der Apostel durch die Einbeziehung in die Gemeinschaft der Zeugen hinein"*[49] bedarf. Die *„Handauflegung ist als kirchliches Sakrament [...] Ausdruck für die Überlieferungsstruktur der Kirche"*.[50] In dieser amtlich verbürgten Überlieferungsstruktur liegt der Unterschied zu einer Volksversammlung[51], wie sie schon die Griechen als 'polis' praktizierten. In dieser Differenz gründen auch die Auffassungsunterschiede im Verständnis des Volk-Gottes-Begriffs, der nach Ratzinger eben gerade nicht ,von unten‘, sondern vom Leib Christi her[52] zu verstehen ist[53] und „*der Teilung von Laien und Amt vorausliegt*"[54], also die ,Einheit‘ der beiden Seiten darstellt und nicht etwa nur für die Laien stehe.

Wer in solchen Positionen klerikale Selbstermächtigung zu erkennen meint, sollte Ratzinger lesen. „*Das Amt sollte möglichst lautlos funktionieren und nicht primär sich selbst betreiben.*"[55] Die Freiheit der Gläubigen im „*Credo der Kirche ist der Schutz vor der privaten Willkür der Pfarrer*".[56] „*Die Menschheit braucht nicht Priester, die [...] in Wahrheit nur sich selber weiden; sie braucht ,Bedienstete der Kathedralen‘, deren selbstloses und reines Dasein Gott glaubhaft macht.*"[57] Als „*persönliche Bemerkung*" kritisiert er scharf ein „*Mißverständnis des priesterlichen Auftrags, das heute weithin festzustellen ist*", und gesteht, „*vor Gottesdiensten in einer fremden Kirche ein stilles Unbehagen*" zu verspüren, weil er fürchtet „*wunderliche und abgeschmackte Privatmeinungen irgendeines Priesters [...] über sich ergehen lassen [zu] müssen, von den privaten liturgischen Erfindungen ganz zu schweigen. [...] Wer solchermaßen sich selbst verkündet, überschätzt sich [...]. Wenn ich in die Kirche gehe, dann um dem zu begegnen, [...] was als der die Jahrhunderte umspannende Glaube der Kirche allen vorgegeben ist*"[58].

Es ist diese ,kirchenkonstituierende‘ Wirkung der Eucharistie[59], auf die die Laien (nicht die Gemeinden!) ein auch kirchenrechtlich verbürgtes Recht haben[60], die Ratzinger die „*neuen Ersatzämter*" und die „*priesterlosen Sonntagsgottesdienste*"[61] kritisieren lässt: „*Kirche ist [...] Gemeinschaft derer, die zusammen den Herrenleib empfangen; wer nicht kommuniziert [...] ist nicht im Leib Christi, in der Kirche.*"[62] Für die daraus erwachsenden Notlagen und Versuchungen zeigt Ratzinger durchaus Verständnis: „*Natürlich kann man verstehen, dass die Kirche, wenn ihr auf längere Zeit geistliche Berufungen versagt werden, in Versuchung gerät, sich sozusagen einen Ersatzklerus rein menschlichen Rechts zu schaffen.*"[63] Doch würde die eigentliche Not der Kirche damit nur verschleiert, da das „*autorisierte und authentische*" Bezeugen etwas anderes ist „*als die Fachkenntnis des Spezialisten*"[64]. „*Wir brauchen einerseits Priester, auch ,hauptamtliche‘ Laien*"[65], doch gelte es, „*die Abwertung des Weiheamtes und eine ,Protestantisierung‘ [... sowie] die Gefahr einer ,Klerikalisierung‘ der Laien zu vermeiden.*" Dies geschieht vor allem „*durch das Zunehmen einer Art parallelen Dienstes durch ,Pastoralreferenten‘ [...], denen die gleichen Titel gegeben*

176

werden wie den Priestern, nämlich: ‚Pfarrer, Seelsorger'. Sie üben die Rolle von Gemeindeleitern aus, tragen bei den Gottesdiensten liturgische Gewänder und unterscheiden sich nicht sichtbar von den Priestern."[66]

Differenzen

Die Vorbehalte, die Joseph Ratzinger auch diesseits liturgisch-ästhetischer oder sakramentaler Fragen gegenüber einer Mitarbeit der Laien hegt, haben unübersehbar deutsche Wurzeln. In einem 2000 erschienenen Nachwort zur Neuauflage von „Demokratie in der Kirche" (von 1970) benennt er zunächst Aspekte modernen Demokratieverständnisses, zählt die kirchlichen Rätestrukturen, die Diözesansynoden, die ‚Basisbewegungen' von ‚Kirche von unten' bis zu den neuen geistlichen Bewegungen auf, verweist auf Entwicklungen bei kirchlichen Verfassungsorganen, auf die territoriale Strukturierung der Diözesen und auf das breit gestreute Ordenswesen mit seinen Autonomien[67] – um sich dann den Räten zuzuwenden.

Deren Wirken sei *„um so weniger umstritten, je näher sie am praktischen ortskirchlichen Leben angesiedelt sind"*. Die Pfarrgemeinderäte seien *„kaum noch wegzudenken"*, auch Diözesanräte seien *„zu einer wertvollen Kraft geworden"*. Bei Synoden und Diözesanforen hingegen *„ist die Versuchung groß, der Schlagwortpastoral zu erliegen und ihre Standardforderungen nachzureden: Zölibat, Frauenordination, Kommunion für geschiedene Wiederverheiratete usw."* Ratzinger erkennt *„die Gefahr, dass geübte Gremienspezialisten die Herrschaft an sich reißen und die weniger Redekundigen zum Verstummen bringen"*, und nimmt den Bischof in die Pflicht, *„rhetorische Monopole [...] in die Schranken zu weisen"*. Ohnehin sei *„vieles, was diese Gremien erörtert und produziert haben, [...] Papier geblieben [...]. Aber man wird nicht leugnen dürfen, dass trotz vieler unnötiger Worte und trotz mancher Torheiten auch hilfreiche Impulse von diesen Begegnungen ausgegangen sind."* Das Problem wird für ihn dort *„fühlbar, wo sich die einzelnen Elemente zu einer Art von oberster Instanz [...] bündeln sollen, im Zentralkomitee der deutschen Katholiken (ZdK)"*. Heute sei dort *„eine Verschmelzung mit Parteiaspekten fast unvermeidlich"*, *„obgleich man sich müht, auch SPD-Vertreter mit an Bord zu haben"*, weshalb *„das politisch Erreichbare [...] zum Maßstab"* werde. Zugleich *„dominieren automatisch innerkirchliche Auseinandersetzungen [..., die] seit dem Konzil beträchtlich vermehrten innerkirchlichen Streitigkeiten"*. Das ZdK kreise um sich selbst, stelle sich als *„eine*

Art Gegenlehramt" dar und sei „*mit sich selbst beschäftigt […], in einer Zeit, in der […] auch viele Getaufte nur noch sehr vage Vorstellungen vom Glauben haben*". Römischen Lehrentscheidungen folge „*prompt eine schroffe Gegenerklärung des ZdK*". Der „*theologischen Rechtfertigung [..], seit dem II. Vatikanum hätten auch die Laien in der Lehre mitzureden*", erteilt Ratzinger eine ebenso schroffe Absage: „*Für lehramtliche Aktivitäten ist kein Auftrag erteilt.*"[68]

Ratzingers Argumentation durchzieht wie ein roter Faden die Kritik an der Legitimität des „*Mehrheitsprinzips*" in „*Abstimmungskörperschaften*"[69]: „*In der Tat ist der Glaube seinem Wesen nach dort aufgehoben, wo er dem Mehrheitsprinzip unterworfen wird.*" An dieser Stelle drängt sich die Frage auf, ob Ratzingers Affekt wirklich primär antidemokratisch grundiert[70] ist oder nicht vielmehr antifaschistisch. Könnte die ekklesiologische Frage des 73-jährigen Kardinals nicht auch die rückblickende Reflexion des 23-jährigen Philosophiestudenten von 1950 sein: „*Warum sollte ich verpflichtet sein zu glauben, was heute eine Mehrheit verabschiedet, die morgen schon vielleicht durch eine entgegengesetzte Mehrheit abgelöst wird? Entweder liegt im Glauben der Kirche eine andere Ermächtigung als diejenige menschlichen Meinens oder nicht. Wenn nicht, dann gibt es eben keinen Glauben.*"[71] Wen meint Ratzinger letztlich, wenn er sich gegen „*einen bestimmten Typ von Einheitsmeinung*"[72] verwahrt und dagegen die kirchenrechtlichen Möglichkeiten des freien Zusammenschlusses als kirchlicher Verein herausstellt, „*in dem auch Nichtkatholiken Mitglieder sein können*"[73]? Welche politischen Verhältnisse fürchtet er tatsächlich, wenn er unter der Überschrift „*die totale Demokratie*" von einem Vorfall aus seiner Tübinger Zeit[74] berichtet, bei der eine kleine Gruppe seine „*stark besuchte Massenvorlesung*"[75] sprengte?

Asymmetrie

Aus solchen Differenzerfahrungen grundsätzliche Abneigungen abzuleiten, würde Benedikt XVI. wie Joseph Ratzinger vermutlich nicht gerecht werden. Ratzinger hat darauf hingewiesen, dass es sich bei Amt und Laien um „*Relativbegriffe*" handelt, „*die aber asymmetrisch liegen*". Diese Asymmetrie prägt das Miteinander von Amt und Laien: „*Der Priester ist durch seine Beziehung zu den Laien definiert. Er ist dafür da, ihnen zu dienen. Aber der Laie ist nicht durch seine Beziehung zum Priester definiert, er ist nicht dazu da, um den Priestern zu dienen,*

178

sondern er lebt in einem viel weiteren Geflecht von Beziehungen. Diese Weiträumigkeit bedingt es, dass man vielleicht seine Aufgaben weniger genau definieren kann, aber gerade dieses Weniger an Normen und Weniger an Definition zeigt auch das Mehr an Eigenverantwortung und an spontaner Dynamik des Glaubens."[76]

Hinweise

1 Ich danke Friederike Schmidt für ihre Unterstützung bei der Erstellung dieses Textes.

2 Vgl. etwa J. Ratzinger / Benedikt XVI., Jesus von Nazareth. Erster Teil, Freiburg 2007, 22.

3 Vgl. ders., Aus meinem Leben. Erinnerungen (1927-1977), München 1998.

4 Vgl. ders., LThK Bd. 6, Freiburg ²1961, 313-353; M. Lohmann, Ohne ein Amt frei für die Welt, Christ und Welt 1987, Nr. 46, 24; J. Ratzinger, Jedem seine Aufgabe. Einige Bemerkungen zur „Instruktion zu einigen Fragen über die Mitarbeit der Laien am Dienst der Priester", L'Osservatore romano, Wochenausgabe in deutscher Sprache 19, 1998, 6.

5 Beim Angelus am 13.11.2005 unter Verweis auf Apostolicam actuositatem 18.

6 Bei einer Ansprache für die Teilnehmer des Päpstlichen Rates für die Laien am 15.11.2008 unter Verweis auf Christifideles laici 15–17.

7 Botschaft zum Weltmissionssonntag vom 22.10.2006.

8 Vgl. Botschaft zum Weltmissionssonntag vom 27.05.2007.

9 Jeder Bischof ist verpflichtet, zur *„Entsendung von Priestern und Laien in andere Kirchen zum Dienst an der Evangelisierung beizutragen"*, Botschaft zum Weltmissionssonntag am 26.10.2008, datiert vom 11.05.2008.

10 Am 25.03.2007, nach dem Jahrestag der Ermordung des Erzbischofs Oscar Romero.

11 Generalaudienz am 31.01.2007.

12 Vgl. auch „Alles tue mit Beratung", Ansprache beim traditionellen Neujahrsempfang der Räte am 13.01.1978 in München, in: G. L. Müller (Hg.), J. Ratzinger. Gesammelte Schriften. Bd. 8 Kirche – Zeichen unter den Völkern, Freiburg 2010, 471.

13 Ansprache bei der Vesper in Mariazell, 08.09.2007.

14 Predigt in Brindisi, 15.06.2008.

15 An die polnischen Bischöfe am 17.12.2005; vgl. dazu auch J. Ratzinger, Das neue Volk Gottes, Düsseldorf 1969, 221.

16 An die Priester der Diözese Albano, Castelgandolfo, 31.08.2006.

17 An den Klerus der Diözesen Belluno-Feltre und Treviso, Auronzo di Cadore, 24.07.2007.

18 Zum 96. Katholikentag in Saarbrücken, 21.05.2006.

19 An die deutschen Bischöfe, 18.11.2006.

20 Vgl. K.-R. Mai, Benedikt XVI., Bergisch-Gladbach 2005, 173 f.

21 U. Ruh, J. Ratzinger – der Kritiker der Moderne, in: F. Meier-Hamidi / F. Schumacher (Hg.), Der Theologe J. Ratzinger, Freiburg 2007, 119.

22 H. J. Pottmeyer, Primat und bischöfliche Kollegialität in der Eucharistischen Communio-Ekklesiologie J. Ratzingers, in: ebd. 105.

23 Vgl. Y. Congar, Der Laie. Entwurf einer Theologie des Laienamtes, Stuttgart 1957.

24 Vgl. Wort und Wahrheit 13 (1958), 718.

25 Vgl. J. Ratzinger/ Papst Benedikt XVI., Das Werk. Bibliographisches Hilfsmittel zur Erschließung des literarisch-theologischen Werkes von J. Ratzinger bis zur Papstwahl, Augsburg 2009.

26 Vgl. J. L. Allen, J. Ratzinger, Düsseldorf 2002.

27 Vgl. R. Corell / R. Koch, Papst ohne Heiligenschein? Frankfurt 2006.

28 J. Ratzinger, Die christliche Brüderlichkeit, München 1960, 78.

29 Ebd. 80, mit einem Zitat von K.H. Schelke, Art. Bruder.

30 Ebd. 84 f.

31 Ders., Das neue Volk Gottes, 151.

32 Ders., Einführung ins Christentum, München 1968, 235; vgl. ders., Das geistliche Amt und die Einheit der Kirche, Catholica (Münster) 1963, 169; vgl. ders., Das neue Volk Gottes, 109.

33 Vgl. ders., Die christliche Brüderlichkeit, 58 f.

34 Ebd. 83 f.

35 Ders., Das neue Volk Gottes, 290.

36 Ders., Die anthropologischen Grundlagen der Bruderliebe. Vortrag bei der Festfeier zum 75jährigen Bestehen der katholischen Mädchenschutzvereine in Bayern, am 25.04.1970, in: G. L. Müller (Hg.), a.a.O. 111 f.

37 Vgl. ders., Demokratisierung der Kirche?, in: Ders./H. Maier, Demokratie in der Kirche, Möglichkeiten und Grenzen, Limburg-Kevelaer 2000, 37 f.; vgl. M. Lohmann, Ohne ein Amt frei für die Welt, a.a.O.

38 Ders., Kritik an der Kirche? Dogmatische Bemerkungen: Kirche der Heiligen – Kirche der Sünder (1962), in: G. L. Müller (Hg.), a.a.O. 492 f.

39 Vgl. ders., Das Konzil auf dem Weg. Rückblick auf die zweite Sitzungsperiode des II. Vat. Konzils, Köln 1964, 42.

40 M. Lohmann, Ohne ein Amt frei für die Welt, a.a.O.

41 J. Ratzinger, Art. Kirche, in: LThK Bd. 6, Freiburg [2]1961, 177.

42 Ders., Die Bewegungen, die Kirche, die Welt (1999), in: G. L. Müller (Hg.), a.a.O. 395.

43 Vgl. zum folgenden H. Verweyen, J. Ratzinger – Benedikt XVI. Die Entwicklung seines Denkens, Darmstadt 2007, 135-143.

44 Vgl. S. Müller, Eucharistie und liturgisches Feiern als Lebensmittelpunkt der Kirche und kirchlichen Handelns, 92.

45 J. Ratzinger, Art. Kirche, in: LThK Bd. 6, Freiburg ²1961, 175.

46 Vgl. G. Jankowiak, Volk Gottes vom Leib Christi her. Das eucharistische Kirchenbild von Joseph Ratzinger in der Perspektive der Ekklesiologie des 20. Jahrhunderts, Frankfurt 2005.

47 J. Ratzinger, Demokratisierung der Kirche?, a.a.O. 40.

48 J. Ratzinger, Recht der Gemeinde auf Eucharistie? Die ‚Gemeinde' und die Katholizität der Kirche (1982), in: G. L. Müller (Hg.), a.a.O. 538.

49 Ders., Theologische Prinzipienlehre. Bausteine zur Fundamentaltheologie, Donauwörth 2005, 257.

50 Ebd. 259.

51 Vgl. ebd. 56 f.

52 Zur pastoralen wie theologischen Aktualität dieses Gedankens vgl. S. Mirbach, Ihr aber seid Leib Christi, Regensburg 1998.

53 Vgl. J. Ratzinger, Art. Kirche, in: LThK ²1961, 176.

54 Vgl. ders., Demokratisierung der Kirche?, a.a.O. 27.

55 Ebd. 20.

56 Ebd. 36.

57 Ders., Theologische Prinzipienlehre, 281.

58 Ebd. 298.

59 Vgl. ders., Demokratisierung der Kirche?, a.a.O. 40.

60 Vgl. ders., Recht der Gemeinde auf Eucharistie?, a.a.O. 542.

61 Ebd. 538.

62 Ders., Art. Kirche, in: LThK Bd. 6, Freiburg ²1961, 179.

63 Ders., Die kirchlichen Bewegungen und ihr theologischer Ort (1998), in: G. L. Müller (Hg.), a.a.O. 367.

64 Ders., Theologische Prinzipienlehre, 246.

65 M. Lohmann, Ohne ein Amt frei für die Welt, a.a.O.

66 Ders., Jedem seine Aufgabe, a.a.O.

67 Vgl. ders., Demokratisierung der Kirche – Dreißig Jahre danach, in: ders./ H. Maier, Demokratie in der Kirche, a.a.O. 79–83.

68 Ebd. 83–87.

69 Ebd. 92.

70 Vgl. U. Ruh, J. Ratzinger – der Kritiker der Moderne, 123.

71 J. Ratzinger, Demokratisierung der Kirche – Dreißig Jahre danach, 88.

72 Ebd. 91.

73 Ebd. 89.

74 Vgl. ders., Aus meinem Leben, a.a.O. 139.; vgl. auch J. L. Allen, J. Ratzinger, 96 f.

75 Ders., Demokratisierung der Kirche?, 12 ff.

76 M. Lohmann, Ohne ein Amt frei für die Welt, a.a.O.

Volk Gottes – Kirche – Israel

Blick auf ein Thema der Theologie Benedikts XVI.

Achim Buckenmaier

Volk Gottes – Erfolgsgeschichte eines Begriffes

In dem großen Kommentarwerk zum Zweiten Vatikanischen Konzil zieht Peter Hünermann zusammen mit den weiteren Kommentatoren im Rückblick auf die Rezeption des Konzils eine nüchterne Bilanz. Er macht in der Kirche am Beginn des 21. Jahrhunderts eine gewisse Stagnation aus. Als einen der Gründe nennt er: „Die Gemeinschaft der Glaubenden hat noch nicht realisiert, was es bedeutet, dass – nach dem II. Vatikanischen Konzil – Kirche als Volk Gottes unter den Völkern der Welt ist. Die tausendfünfhundertjährige Geschichte des Christentums, die vorausgeht, war eine Geschichte der Christenheit, in der christlicher Glaube zur öffentlichen Ordnung gehörte. In der modernen, globalisierten und pluralen Welt hat sich dies grundlegend geändert. Nur sehr mühselig und langsam wächst die katholische Kirche in diese neue Denkweise hinein."[1]

Diese Sicht mag auf den ersten Blick überraschen. Denn es scheint, dass wenig andere Begriffe des Konzils so sehr in das allgemeine Bewusstsein der Kirche gelangt sind, wie der vom „Volk Gottes". Hünermann spricht aber nicht von der *Verbreitung* des Begriffs, sondern von der *Realisierung* des Konzeptes Volk Gottes in der Kirche. Zusammen mit anderen Schlüsselworten wie „Kirche als *communio*" (Gemeinschaft), „Kirche als *familia Dei*" (Familie Gottes) oder „Kirche als Sakrament" ist auch das Wort vom „Volk Gottes" neben die älteren Worte für die Kirche wie „Leib Christi" oder *societas perfecta* (Kirche als vollkommene Gesellschaft) getreten. Der zunehmende zeitliche Abstand zum Vatikanum II zeigt die Rezeptionswellen, von denen diese ekklesiologischen Begriffe erfasst wurden. Der Rückblick nach 50 Jahren ermöglicht, stärker den inneren Zusammenhang sowohl der Bezeichnungen, die das Konzil für die Kirche verwendet, als auch der Entwürfe *vor* dem Zweiten Vatikanum zu sehen. Dass dem Begriff „Gottesvolk" eine gewisse Erfolgsgeschichte widerfahren ist, hat offensichtlich zwei verschiedene Gründe: Er hat auf den ersten Blick ein biblisches Fundament und es ist ihm ein dynamisches Element eigen, das sich gegen die Starre einer „perfekten Gesellschaft" wendet. Gelegentlich wird der dynamische Charakter noch durch das Attribut „pilgerndes Gottesvolk" verstärkt. „Volk Gottes" ist ein Grundwort, das es erlaubt, das große Gemeinsame aller Beteiligten zu sehen und erst nachträglich sich den Differenzierungen z. B. in Klerus und Laien zuzuwenden.

Das ganze Kapitel II der Kirchenkonstitution *Lumen gentium* ist dem Thema Kirche als Volk Gottes gewidmet. Hier beginnen allerdings bereits die Schwierigkeiten. Das Konzil hat zwar den Begriff verwendet, aber es konnte keine ausgefaltete biblische Lehre vom „Gottesvolk" vorlegen. Das liegt an einer doppelten Schwierigkeit: Zum einem erscheint der Begriff „Volk Gottes" in der Heiligen Schrift nur an einigen Stellen. Im 1. Petrusbrief, einem Schreiben am Ende des 1. Jahrhunderts, wird der größere biblische Zusammenhang deutlich: „Ihr aber seid ein auserwähltes Geschlecht, eine königliche Priesterschaft, ein heiliger Stamm, ein Volk, das sein besonderes Eigentum wurde, damit ihr die großen Taten dessen verkündet, der euch aus der Finsternis in sein wunderbares Licht gerufen hat. Einst wart ihr nicht sein Volk, jetzt aber seid ihr Gottes Volk; einst gab es für euch kein Erbarmen, jetzt aber habt ihr Erbarmen gefunden" (1 Petr 2,9 f.).

Der Verfasser zitiert mit dem Stichwort „besonderes Eigentumsvolk" aus dem Bericht über die Vorbereitung Israels auf den Bundesschluss mit JHWH: „Ihr habt gesehen, was ich den Ägyptern angetan habe, wie ich euch auf Adlerflügeln getragen und hierher zu mir gebracht habe. Jetzt aber, wenn ihr auf meine Stimme hört und meinen Bund haltet, werdet ihr unter allen Völkern mein besonderes Eigentum sein. Mir gehört die ganze Erde, ihr aber sollt mir als ein Reich von Priestern und als ein heiliges Volk gehören. Das sind die Worte, die du den Israeliten mitteilen sollst" (Ex 19,5).

Mit der Gegenüberstellung „einst: nicht sein Volk" / „jetzt: Gottes Volk" ruft er die prophetische Zeichenhandlung Hoseas und dessen Radikalkritik an Israel in Erinnerung (Hos 1,6.9). Eine Schwierigkeit liegt nun darin, dass die Kirchenkonstitution *Lumen gentium* zwar eine ausgesprochen heilsgeschichtliche Darstellung des Volk-Gottes-Gedankens bietet, es aber nur selten von Israel und dem jüdischen Volk und nie ausdrücklich von Israel als dem Gottesvolk redet. Dieses Prädikat scheint ausschließlich den Christen und der Kirche reserviert zu sein. Dies steht in einer seltsamen Spannung zum biblischen Befund. Denn wer nach dem Wort „Volk" (auch) im Neuen Testament forscht, findet es fast ausschließlich auf Israel bezogen. Noch in der Apostelgeschichte, in der bereits der Blick auf die Kirche gerichtet ist, ist das „Volk" und genauer das „Volk Israel" jener große Hintergrund, vor dem sich das Leben der jungen Gemeinden auf wunderbare Weise und trotz aller Widerstände entfaltet. Zugleich, in der Erinnerung an Jesu Botschaft und in der Praxis der Apostel, ist es der erste Adressat aller Verkündigung. Im Mund des Paulus bleibt es „mein Volk" (Apg 24,4.17) und als solches steht es den Heiden zuerst einmal gegenüber: „Das Volk und die Heiden" (Apg 26,17.23) ist eine feststehende Formel. Erst an der entscheidenden Wende wird auch auf die Heiden das Wort „Volk" angewendet. In der Jerusalemer Versammlung, die den Streit über die Beschneidung beilegt (Apg 15), argumentiert Jakobus mit der Verheißung des Propheten Jeremia. Gott stellt das zerfallene Israel wieder her, um die Heiden zu überzeugen: „Danach werde ich mich umwenden und die zerfallene Hütte Davids wieder aufrichten; ich werde sie aus ihren Trümmern wieder aufrichten und werde sie wiederherstellen, damit die übrigen Menschen den Herrn suchen, auch alle Völker, über denen mein Name ausgerufen ist – spricht der Herr" (Apg 15,16 f.). Jakobus führt mit dieser Vision das, was Petrus vor ihm als Tatsachen beschrieben hatte, ein und er spricht dabei vom Eingreifen Gottes, der aus den Heiden „ein Volk" für seinen Namen gewinnen will (vgl. Apg 15,14). Für die Nichtjuden erscheint der Begriff „Volk" nur in der theologischen Zuordnung zu Israel.

Joseph Ratzinger stellte dieses Phänomen bereits anhand der Theologie Augustins dar. In seiner Münchner Dissertation „Volk und Haus Gottes in Augustins Lehre von der Kirche"[2] hat der junge Theologe Ratzinger gezeigt, dass sich die Linie auch bei den Kirchenvätern durchzieht. Er hatte diese Aufgabe von seinem Lehrer Gottlieb Söhngen übernommen, der an der Frage interessiert war, inwiefern der Begriff „Volk Gottes" der Grundbegriff von Kirche sein könnte. Ratzinger fand bereits im Neuen Testament, dass dort Volk Gottes nur an wenigen Stellen die Kirche, im Normalgebrauch das Volk Israel meint. Später ergänzte er diese Beobachtung noch durch die Untersuchungen Norbert Lohfinks, der gezeigt hatte, *„daß auch im Alten Testament das Wort ‚Volk Gottes' nicht einfach Israel in seiner empirischen Vorfindlichkeit bezeichnet"*[3]. Ratzinger schloss aus dieser Erkenntnis und aus der Beobachtung des neutestamentlichen Befundes, *„daß die Christen nicht einfach Volk Gottes sind"*.[4]

184

Wir sehen damit: Eine undifferenzierte Verwendung „Volk Gottes" für die Kirche zeigt sich als problematisch, weil sie am Zeugnis der Schrift vorbeigeht.

Eine Schwierigkeit: neues und altes Volk Gottes?

Es kommt aber noch eine weitere Frage hinzu. Sie zeigt sich in der späteren Formulierung vom „neuen Volk Gottes", einem Wort, das sowohl in die theologische Literatur als auch in die Liturgie, sogar in das allgemeine Liedgut der Kirche eingedrungen ist. Was ist mit dem „alten Volk Gottes", wenn es das „neue" gibt? Hier droht im modernen Gewand die alte Substitutionstheorie wieder aufzustehen, die Israel als durch die Kirche abgelöst und ersetzt erklärt. Israel und die Kirche scheinen ihren heilsgeschichtlichen Platz getauscht zu haben. Die Heiden werden zum Volk Gottes, das bisherige Volk Gottes verschwindet durch den Widerstand gegen den Gesalbten (*Christos*) Gottes aus der Nähe Gottes. Die Kirche beerbt Israel. Was ist dann aber mit dem Israel nach Jesus? Mit dem jüdischen Volk, das bis heute lebt? In diesen Fragen ist das ganze Drama des jüdisch-christlichen Verhältnisses enthalten, und man tut gut daran, den Begriff „Volk Gottes" nicht mit Skepsis, aber mit der Achtung zu verwenden, die um das Leidvolle weiß, das diese Geschichte für Tausende von Juden mit sich brachte.[5]

Wie in vielen anderen Ausführungen zeigen sich auch in der Frage nach dem „Volk Gottes" die großen bleibenden theologischen Linien Joseph Ratzingers, die ihren Ausgangspunkt in seinem frühen theologischen Schaffen nehmen. In einer Homilie Papst Benedikts XVI. am Pfingstfest 2005, also mehr als 50 Jahre nach den Augustinus-Studien zum Volk und Haus Gottes, fand die vertiefte Sicht auf Kirche und Israel ein Echo. Benedikt XVI. geht vom jüdischen Pfingstfest *Schawout* aus, an dem sich Israel des Bundesschlusses am Sinai erinnert. Erst der Bundesschluss am Sinai mit der Tora als Sozialordnung macht Israel im vollen Sinn zum Volk: „*Die Begegnung mit Gott am Sinai könnte als Fundament und Garantie seiner Existenz als Volk angesehen werden.*"[6] Das Ziel ist erreicht, wo Israel einen Raum für die Verwirklichung der Sozialordnung Gottes schafft. Joseph Ratzinger/Benedikt XVI. hat in Teil II seines Buches über Jesus von Nazareth dieses Verständnis von Volk aufgenommen, wenn er schreibt: „*So ist es Ziel des Versöhnungstages, Israel nach den Verfehlungen eines Jahres seine Qualität als ‚heiliges Volk' wiederzugeben, es neu in seine Bestimmung zurückzuführen, Gottes Volk inmitten der Welt zu sein.*"[7] Das *Neue* am „neuen Volk Gottes" ist deswegen in seiner Wirkung eine Weiterentwicklung des Sinaiereignisses und besteht im *universalen Verstehen* der apostolischen Predigt und in der so ermöglichten Sammlung der Heidenvölker zu einem Volk: *„Das Volk Gottes, das auf dem Sinai zum erstenmal Gestalt angenommen hat, wird jetzt erweitert, bis es keine Grenze mehr kennt. Das neue Volk Gottes, die Kirche, ist ein Volk, das aus allen Völkern kommt.*"[8]

Damit ist Benedikt XVI. auch an einem zentralen Gedanken angelangt, der viele seiner Homilien zu Pfingsten prägt bzw. den er immer wieder mit dem ersten Pfingstfest in Jerusalem in Verbindung bringt: der Katholizität der Kirche von Anfang an. Volk Gottes und Universalität gehören in der Dimension des neuen, weil geöffneten Volk Gottes zusammen. So kann Joseph Ratzinger/Benedikt XVI. weiter von der Kirche als dem „Volk Gottes" sprechen, ohne Israel auszuschließen.[9]

Um den Gewinn dieser Differenzierung sehen zu können, kehren wir noch einmal zu unserer Ausgangsfrage nach der Spannung zwischen „Volk Gottes" und „neuem Volk Gottes" zurück. Die Dramatik des Ganzen wird sichtbar, wenn man sich an die Disputationen erinnert, zu denen jüdische Theologen im Mittelalter gezwungen wurden. Sie sollten beweisen, warum sie nicht an Jesus als den Messias glauben. In ihrer Not stützten sie sich immer wieder auf ein Argument Moses Maimonides. Er hat sich gefragt, ob es ein größeres Hindernis für den Glauben an Jesus als Messias geben könne, als das, dass alle Propheten über den Messias als den Erlöser Israels geschrieben haben. Der Messias bringt, gemäß der prophetischen Verkündigung, die Juden in ihr Land zurück und sammelt es neu als Volk Gottes. Jesus habe es aber gerade dazu gebracht, dass die Juden zerstreut und erniedrigt wurden.[10]

Volk Gottes als konkrete Gemeinschaft

Wir haben gesehen: Das Wort „Volk Gottes" trägt die Problematik in sich, dass es einseitig die Kirche bezeichnen und Israel verdrängen kann. Eine zweite Schwierigkeit betrifft das Verständnis von „Volk". In der Bibel hat „Volk" durchgehend eine reale, konkrete Bedeutung. Israel ist ein Volk. Die theologische Qualifizierung als Volk *Gottes* drängt zur sichtbaren Gestalt des Volkes als sozialer Größe. Zur Konstitution als Volk gehören auch für Israel die Menschen, die dieses Volk bilden, eine Sozialordnung, die sie einhalten müssen, und ein Land, in dem dieses Volk lebt. Aus diesem Grund ist ein Großteil der Tora Gesetzeswerk und besteht aus Regelungen zur sozialen Ordnung im Gottesvolk. Der Tenach, das sogenannte Alte Testament, ist im Wesentlichen eine Sozialordnung Gottes und zugleich die theologische Reflexion des Experimentierweges, den eine Gruppe von Menschen, ein Volk, Israel, im Versuch, diese Sozialordnung zu leben, zurücklegt. Der englische Rabbiner Lionel Blue sagt in einem Buch, in dem er Judentum für Christen erklärt, über das Alte Testament: „Die Tora berichtet von gelegentlichen religiösen Erfahrungen, großartig, aber lakonisch, und verweilt nicht dabei. Über den brennenden Dornbusch zum Beispiel werden nicht viele Worte gemacht. Der religiösen Geschichte gilt nicht das Hauptinteresse der Tora. Ihr wirkliches Interesse gilt Steuern, sozialer Fürsorge, kommunaler Organisation, dem Erbrecht, den Verbrechen, der Autorität und den Verfahrensweisen. Die Tora ist leidenschaftlich an Details interessiert. […] Es gibt Vorschriften für Vogelnester, Verkaufswaagen, Infektionskrankheiten und Umweltschutz. […] Das Judentum ist nicht eine Theologie oder ein Frömmigkeitssystem. Auf diese Weise hat sich Gott bei der Begegnung nicht offenbart. Das Judentum ist eine Aufgabe, ist eine Aktivität, und Arbeit ist der Schlüssel dazu."[11]

Es scheint mir entscheidend zu sein, den Begriff des Gottesvolkes von der Geschichte Israels her zu sehen, ja sogar, um ihn vor einer vorschnellen christlichen Verflachung zu bewahren, ihn auch zuerst dort zu lassen und streng auf Israel zu beziehen. Erst von daher kann man ihn, auch in seiner späteren Fortentwicklung verstehen, ohne dass man ihn entleert. Dieser Prozess hat in Israel selber begonnen. Das Volk ist nicht mehr als solches allein Ziel der Verheißung. Vielmehr geht es vor allem um ein Leben nach der Tora. Für eine Anwendung des Wortes „Volk" und „Volk Gottes" auf die Kirche ist immer diese Spannung mitzusehen: Der Weg, den die Jesus-Bewegung genommen hat, führte über das Land Israel hinaus. Sein Ziel war aber nicht eine Vergeistigung des Volk-Begriffes, sondern seine Universalisierung, seine Ausdehnung auf alle Völker. Der Verfasser des Johannesevangeliums kommentiert den Rat des Kajaphas, dass es besser sei, „wenn ein einziger Mensch für das Volk stirbt, als wenn das ganze Volk zugrunde geht" (Joh 11,50) ausdrücklich als prophetische Eingebung (Joh 11,51) und fährt mit Blick auf Jesus fort: „Aber er sollte nicht nur für das Volk sterben, sondern auch, um die versprengten Kinder Gottes wieder zu sammeln" (Joh 11,52). Im erwähnten zweiten Band seines Jesus-Buches ist dieser Gedanke anhand dieser Notiz der Passionsgeschichte entfaltet: „*Die Sammlung richtet sich nicht mehr auf ein geographisch bestimmtes Land, sondern auf das Einswerden der Kinder Gottes. […] Die zerstreuten Kinder Gottes sind nicht mehr bloß Juden, sondern Kinder Abrahams in dem tiefen Sinn, wie ihn Paulus entwickelt hat: Menschen, die wie Abraham Ausschau halten nach Gott.*"[12]

Diese Ausweitung, die Israel selbst bereits im Exil erfahren und als neuen, positiven Sinn der Diaspora verstanden hatte, war zwar nicht mehr direkt auf ein Land bezogen, sondern auf die Konkretheit des alltäglichen Lebens, das überall Land sein konnte, in dem die Tora gilt. Für Israel blieb allerdings auch durch 2000 Jahre hindurch die Hoffnung auf eine reale Rückkehr ins Land und so auf eine soziale Volkwerdung erhalten. Durch den Zionismus und in Folge der *Shoa* wurde im 20. Jahrhundert dieser Traum auch Wirklichkeit. Man muss sehen, dass vor allem die zionistische Jugendbewegung diese Verwirklichung getragen hat. Sie wurde auch von Martin Buber kritisch begleitet, der ihnen in den dreißiger Jahren die Summe seiner religiösen Erfahrung als kritisches Potential zur Verfügung stellte. Er warnte eindringlich vor der Illusion eines bloßen Gemeinschaftsgefühls, das nicht tragfähig sei, eine reale Herausforderung anzunehmen und die Last einer konkreten Lebensgestaltung als Gemeinschaft zu tragen. Als Bedingung dafür, dass konkrete, wirkliche Gemeinschaft entsteht, nannte er eine Mitte, die diese Gemeinschaft hat, die die Einzelnen an sich bindet; die Herausforderung durch die Not der Zerstreuung und der Situation, welche die Einzelnen als Anruf sehen und eine lebensmäßige, nicht nur geistige Verbindung:

„Wenn Menschen miteinander wirklich etwas zu tun haben, miteinander erfahren und miteinander auf diese Erfahrung lebensmäßig antworten, wenn Menschen eine lebendige Mitte haben, um die sie gereiht sind, dann entsteht Gemeinschaft zwischen ihnen. Wenn sie gar nicht ‚Gemeinschaft' meinen, wenn sie sich nicht einbilden, daß einer nur seinem Nebenmann zur Rechten und seinem Nebenmann zur Linken die Hand zu reichen brauche, damit ein Reigen um die ganze Welt geschlossen sei, wenn vielmehr alle, die sich miteinander verbinden, fühlen und wissen, daß in ihrer Mitte etwas ist, gleichviel ob sie es zu nennen vermögen oder ob es namenlos bleibt, dem sie durch ihr Zusammensein oder Zusammenkommen so dienen können, wie diese Mitte es von ihnen verlangt, dann entsteht Gemeinschaft."[13] Im Spiegel dieser aus biblischen Erfahrungen erstandenen Anforderung liest sich das Programm vom „Volk Gottes" noch einmal neu. Wo hätte die *christliche* Jugendbewegung etwas der Realität Israel Vergleichbares hervorgebracht? Ist sie nicht – mit der ganzen Kirche – beim Händereichen zur Rechten und zur Linken, bei verschiedensten geistigen „Reigen um die Welt" stehen geblieben?

Für uns ist wichtig, dass der Terminus Volk, auch durch die Existenz des modernen Israel, einen bleibenden Stachel in sich trägt, weil er die Frage stellt, inwiefern sich die Christen wirklich „Volk" nennen können, auch als „Volk *Gottes*". „Volk" jedenfalls steht in direkter Spannung zu aller spirituellen Konzeption einer unsichtbaren Kirche innerer Übereinstimmung oder geistiger Verwandtschaft und Verbundenheit ihrer Mitglieder. Diese Frage stellt sich auch immer dann, wenn von „geistlichen Bewegungen" und „geistlichen Gemeinschaften" die Rede ist. „Volk Gottes" trägt, von seiner biblischen Wurzel her ein kritisches, weil Konkretheit einforderndes Potential in sich.

Volk Gottes – auf Israel bezogen

Was wir als gewisse Schwäche des Volk-Gottes-Begriffes gesehen haben – eine Ungeklärtheit im Verhältnis zu Israel mit all den Gefahren – ist auch eine bleibende Stärke. „Volk Gottes" ist immer auf die Geschichte des jüdischen Volkes bezogen. Die (Wieder-)Entdeckung dieser Israel-Bezogenheit der christlichen Theologie als Teil eines „grundlegenden Umdenkens"[14] ist, nach der Katastrophe der *Shoa*, sicher einer der großen Gewinne des vergangenen Jahrhunderts.

Der gegenwärtige Papst hat zu dieser Wiedergewinnung nicht nur beigetragen, er ist als Theologe selber auch diesen Weg des Hinzulernens gegangen.[15] In der bisherigen Geschichte der Kirche wurde noch von keinem Papst eine Darstellung der Gestalt Jesu vorgelegt, die mit einer Auslegung des Buches Deuteronomium beginnt. Das Bild Jesu entfaltet Joseph Ratzinger von den Evangelien her, aber in Korrespondenz mit dem Glauben der Kirche, in dem die Gestalt Jesu lebendig wird und präsent bleibt. Zu dieser Korrespondenz gehören für Benedikt XVI. die Theologen der frühen Kirche, die Heiligen, in deren radikalem Leben der Nachfolge das Angesicht Christi aufleuchtet *und* die Theologie Israels, auch die rabbinischen Auslegungen der Zeit nach Jesus. Die Kenntnis Israels vermittelt nicht nur einen historischen, religionsgeschichtlichen oder kulturellen Hintergrund für die Botschaft Jesu. Sie ist die eigentliche Wurzel, aus der alles herauswächst. Das Christentum ist nicht eine neue Religion, sondern der Weg Israels, wie er sich aus der Jesus-Bewegung entwickelte. Ohne Kenntnis dieses Weges finden die Völker nicht zum Volk Gottes, können es nicht werden. Joseph Ratzinger hat dieses Wissen auch im Katechismus der Katholischen Kirche (= KKK) fest verankert:

„Die Epiphanie [Erscheinung des Herrn] ist die Offenbarung Jesu als Messias Israels, als Sohn Gottes und Erlöser der Welt bei seiner Taufe im Jordan, bei der Hochzeit von Kana und bei der Anbetung Jesu durch die ‚Sterndeuter aus dem Osten' (Mt 2, 1). In diesen ‚Weisen', den Vertretern der heidnischen Religionen der Umwelt, sieht das Evangelium die Erstlinge der Nationen, welche die frohe Botschaft vom Heilsereignis der Menschwerdung empfangen. Daß die Weisen nach Jerusalem kommen, „um [dem König der Juden] zu huldigen" (Mt 2,2), zeigt, daß sie im messianischen Licht des Davidsterns in Israel nach dem suchen, der König der Völker sein wird. Ihr Kommen bedeutet, daß die Heiden nur dann Jesus entdecken und ihn als Sohn Gottes und Heiland der Welt anbeten können, wenn sie sich an die Juden wenden und von ihnen die messianische Verheißung empfangen, wie sie im Alten Testament enthalten ist. Die Epiphanie bekundet, daß ‚alle Heiden in die Familie der Patriarchen eintreten' (Leo d. Gr., serm. 23) und die ‚Würde Israels' erhalten sollen (Meßbuch, Osternacht 26: Gebet nach der 3. Lesung)" (KKK 528). Der Abschnitt ist sicher eine Spitzenaussage des gesamten Katechismus. Er ist vor allem darin wichtig, daß er das Wie der Heilsgeschichte beschreibt. Der Weg geht über Israel. Am Heil teilhaben heißt für die Heiden, an der Geschichte des Volkes Abrahams teilnehmen. In Israel selbst ist dieses Bewusstsein der Völker erst im Laufe der Geschichte gewachsen. Wichtig war dabei die Erfahrung der Diaspora, die erst langsam verstanden werden konnte. Die Propheten waren die Motoren für ein solches wachsendes Verständnis, dass die Not der Deportation zum Mittel Gottes werden konnte, die Tora und eine ihr entsprechende Lebensweise in der Welt bekannt zu machen und zu verbreiten. Was dies für die Zeit nach Jesu bedeuten konnte, zeigte Joseph Ratzinger in einem Vortrag in Jerusalem über das Verhältnis von Israel, Kirche und Welt nach dem Katechismus. Ratzinger betonte, *„daß alle Völker, ohne Aufhebung der besonderen Stellung Israels, durch die Einbindung in den Willen Gottes und das Annehmen des davidischen Königtums zu Brüdern und zu Mitteilhabern der Verheißungen des erwählten Volkes, selbst mit ihm Volk Gottes werden"*.[16] Die Brisanz dieser Aussagen liegt nicht nur in der Balance zwischen der

Erwählung Israels und der Berufung der Heidenvölker, sondern auch in der Konkretheit eines geschichtlichen Weges, dem man sich anschließen muss, um das Heil zu erreichen. Für die moderne pluralistische Religionstheologie ist dies der Stein des Anstoßes *par excellence*. Mit ihr ist die Vorstellung von „Volk Gottes" nur dann kompatibel, wenn man sie ganz von Geschichtlichkeit und Konkretheit entleert. In dieser Idee wäre dann „Volk" eher eine lose Prozession der Wahrheitssuchenden aller Zeiten. Wo sich der Volk-Gottes-Begriff aber von seiner Bezogenheit auf Israel ablöst, löst er sich auch in seiner Substanz auf. Für die Bewegungen und Gemeinschaften in der Kirche würde dies bedeuten, dass sie selber in einem wichtigen Punkt ihre Identität verfehlen. Die Frage, ob Volk Gottes lediglich ein letztlich unerreichbares Fernziel und nur ein Symbol für eine friedliche Menschheit *oder* eine gesellschaftliche Größe als geschichtliches Werkzeug Gottes ist, bildet das Kriterium, das Bewegungen, Initiativen und Gemeinschaften in ihren Begegnungen mit anderen Religionen und Strömungen zur Unterscheidung haben.[17]

Volk Gottes aus Personen

Für die Wahrnehmung des gegenwärtigen Pontifikates ist es entscheidend zu sehen, dass das Bild der Kirche als Volk Gottes für Joseph Ratzinger nie die alleinige Konzeption war. Das biblische Zeugnis aus dem Alten Testament und in den neutestamentlichen Schriften ist zu vielfältig, als dass es in einer einzigen Idee festgehalten werden könnte. Für unsere Frage nach dem Verständnis von „Volk Gottes" ist wichtig, dass Joseph Ratzinger besonders in der Verkündigung als Papst immer wieder auf die pastoralen Implikationen eines richtigen Bildes der Kirche zu sprechen kommt. Dabei betont Benedikt XVI. erstaunlich oft das Maß der Apostelgeschichte. Unabhängig von Einzelbeobachtungen des Pontifikates Benedikts XVI. kann man sagen, dass die Zeit seit 2005 eine Periode ist, in der die Bedeutung der Theologie enorm zugenommen hat. Von seinen Vorgängern übernahm er die Einrichtung, jeden Mittwoch die Pilger, die nach Rom kommen, zu einer allgemeinen „Audienz" einzuladen, mit immerhin pro Mittwoch 8.000-10.000 Teilnehmern im Winter und ca. 35.000 Personen im Sommer. An jedem dieser Mittwochvormittage hält Benedikt XVI. eine ungefähr zwanzigminü-

tige Katechese. Nach einer kurzen Zeit, in der Benedikt XVI. die Themen, die sein Vorgänger für diese Mittwoche gewählt hatte, noch zu Ende führte, begann Joseph Ratzinger über Personen der Kirchengeschichte zu sprechen. Dieses Thema entfaltete er bis Ostern 2011. Den Anfang bildeten die Apostel. Zuerst sprach er über die Berufung der Apostel und ihr Leben in Gemeinschaft, und dann stellte er jede Woche einen der Apostel dar, angefangen mit Petrus. Danach waren weitere Jünger das Thema, auch das Ehepaar Priszilla und Aquila und Frauen im Dienst am Evangelium. Von der apostolischen Zeit ging es in den Jahren ab 2007 zu den großen Persönlichkeiten der frühen Kirche. Die Mittwoche eines ganzen Jahres waren allein der Person des Paulus gewidmet, seinem Werdegang und seiner Theologie. Die Reihe der Biographien nahm Benedikt XVI. nach dem Paulusjahr wieder auf und führte es fort über die Kirchenväter, die Theologen des Mittelalters, die Ordensgründerinnen und – gründer, die großen Frauengestalten der Geschichte. Immer geht es darum, den Beitrag, den diese Personen durch literarische Werke, durch Reformen und Gründungen oder einfach durch ein evangeliumsgemäßes Leben der Kirche gegeben haben, für das Heute der Christen zu heben. Die Botschaft dieser Reihe ist klar: Die Kirche ist nicht auf eine Idee gebaut, nicht auf ein Prinzip und nicht auf einen zeitlosen Mythos, sondern auf eine geschichtliche Person, Jesus von Nazareth. Diese Aussage ist von derselben Art wie der Satz, der sich in einer Meditation Benedikts XVI. zur Bischofssynode für Afrika am 5. Oktober 2009 findet:
„Es ist wichtig, daß das Christentum keine Summe von Ideen ist, keine Philosophie oder Theologie, sondern ein Lebensstil."
Das Entscheidende sind nicht Institutionen, sondern Personen. Glaubwürdig sind nicht Papiere, sondern Leben. Die Geschichte Gottes wird weitergetragen von Personen. Für die Getauften ist die Form an der Kirche teilzuhaben, „Nachfolge". Es ist sicher das erste Mal, dass die Geschichte des christlichen Glaubens von einem Papst so konsequent als eine Personengeschichte verstanden und formuliert wird. Und: Die Lehre der Kirche, die Erfahrung des Gottesvolkes braucht weniger als eine Moral verstanden werden, die von außen an den Menschen herangebracht und von ihm in Appellen verlangt wird. Sie wird als Beispiel an konkreten Menschen sichtbar. Diese Geschichten von den Aposteln bis zu den Heiligen späterer Jahrhunderte, die in vielen Sprachen nachlesbar sind, sind entscheidend für das Verständnis, das man von der Kirche haben kann.

192

Neues Volk Gottes und Normativität des Anfangs

Ein besonderes Beispiel für dieses Bild der Kirche, das Joseph Ratzinger vor Augen hat, ist in der Katechese vom 7. Februar 2007 über das Ehepaar Aquila und Priszilla zu sehen. Aquila und Priszilla hatten ein Unternehmen für Zeltherstellung, also denselben Beruf wie Paulus, und konnten ihn darum auch an den verschiedenen Orten, an denen sie sich wegen Gemeindebildungen niederließen, besonders gut unterstützen. Benedikt XVI. sagte:

„Als der Apostel Paulus aus Ephesus seinen Ersten Brief an die Korinther schreibt, sendet er zusammen mit den eigenen Grüßen ausdrücklich auch die von ‚Aquila und Priska und ihrer Hausgemeinde‘ (1 Kor 16,19). So erfahren wir von der sehr bedeutsamen Rolle, die dieses Paar im Bereich der Urkirche spielte: Diese Rolle bestand darin, daß sie in ihrem Haus die Gruppe der ortsansässigen Christen aufnahmen, wenn sie sich versammelten, um das Wort Gottes zu hören und die Eucharistie zu feiern. […] Im Haus von Aquila und Priszilla versammelt sich also die Kirche, die Einberufung Christi, die hier die heiligen Geheimnisse feiert. Und so können wir die Entstehung gerade der Wirklichkeit der Kirche in den Häusern der Gläubigen sehen. […] Nachdem Aquila und Priszilla später nach Rom zurückgekehrt waren, übten sie diese so wertvolle Funktion auch in der Hauptstadt des Reiches weiter aus. Als Paulus nämlich den Römern schreibt, übersendet er genau folgenden Gruß: ‚Grüßt Priska und Aquila, meine Mitarbeiter in Christus Jesus, die für mich ihr eigenes Leben aufs Spiel gesetzt haben; nicht allein ich, sondern alle Gemeinden der Heiden sind ihnen dankbar. Grüßt auch die Gemeinde, die sich in ihrem Haus versammelt‘ (Röm 16,3–5). […] Dass Paulus der eigenen Dankbarkeit die aller Kirchen der Heiden hinzufügt, läßt, auch wenn die Formulierung ziemlich übertrieben anmutet, verstehen, wie weit ihr Handlungsradius und jedenfalls ihr Einfluß zu Gunsten des Evangeliums gewesen ist.

[…] Mit der Dankbarkeit jener ersten Kirchen, von denen der heilige Paulus spricht, muß auch unsere Dankbarkeit einhergehen; denn dank des Glaubens und des apostolischen Einsatzes von gläubigen Laien, Familien, Eheleuten wie Priszilla und Aquila ist das Christentum bis zu unserer Generation gelangt. Es konnte nicht nur dank der Apostel wachsen, die es verkündeten. Um im Boden des Volkes Wurzeln zu schlagen, um sich lebendig zu entfalten, war der Einsatz dieser Familien, dieser Eheleute, dieser christlichen Gemeinden, der gläubigen Laien notwendig, die den ‚Nährboden‘ für das Wachsen des Glaubens geliefert haben. Und immer wächst die Kirche nur auf diese Weise.“

Die Darstellung der beiden Personen lebt von der Nähe zu den Quellen, die aus dem Neuen Testament entnommen sind und ein farbiges Bild des Ehepaares zeichnen. Mehr als das ist aber interessant, dass Benedikt XVI. mit ihnen das Bild der Hauskirche aufruft und diesem geschichtlichen einmaligen Vorgang normativer Charakter zugemessen wird. Die Einmaligkeit der apostolischen Zeit wird nicht konserviert, sondern bleibt als Maß gültig, auch wenn sich soziologische Bedingungen und historisch-kulturelle Kontexte ändern. Die Dankbarkeit der heutigen Kirche für diesen einmaligen Anfang muss darin bestehen, dass sie anerkennt, dass sie nur auf die im Neuen Testament geschilderte Weise wirklich wachsen kann.

Es wäre für Joseph Ratzinger undenkbar, den ekklesiologischen Rekurs auf das Zeugnis des Neuen Testamentes als „Urgemeinde-Romantik" zu diffamieren. Er traut dem biblischen Befund, weshalb für ihn dort der bleibende Maßstab kirchlicher Verfassung zu finden ist. In seiner zweiten Katechese über den Theologen Johannes Chrysostomos sagte Benedikt XVI. am 26. September 2007:

„Johannes schlägt gerade in Konstantinopel in dem fortlaufenden Kommentar zur Apostelgeschichte das Modell der Urkirche (Apg 4,32–37) als Modell für die Gesellschaft vor, indem er eine soziale ‚Utopie' (gleichsam eine ‚ideale Stadt') entwickelt. Es ging in der Tat darum, der Stadt eine Seele und ein christliches Antlitz zu geben. Mit anderen Worten, Chrysostomus hat verstanden, daß es nicht ausreicht, Almosen zu geben, den Armen von Mal zu Mal zu helfen, sondern daß es notwendig ist, eine neue Struktur, ein neues Gesellschaftsmodell zu schaffen; ein Modell, das auf der Perspektive des Neuen Testaments beruht. Es ist die neue Gesellschaft, die sich in der entstehenden Kirche offenbart."

Das Modell, das Chrysostomos vor Augen hatte, war nicht nur zur Zeit der Apostel lebbar, sondern ist in jeder Zeit neu lebbar. Deswegen konnte der Papst bei einer Begegnung mit norditalienischen Priestern im Juli desselben Jahres sagen:

„Es gibt keine einheitliche Welt mehr. Vor allem bei uns im Westen sind alle anderen Kontinente, die anderen Religionen, die anderen Arten, das menschliche Dasein zu leben, vertreten. Wir leben in einer ständigen Begegnung, die uns vielleicht der frühen Kirche ähnlich macht, die sich in derselben Situation befand. Die Christen waren eine sehr kleine Minderheit, ein Senfkorn, das zu wachsen begann inmitten sehr unterschiedlicher Religionen und Lebensbedingungen. Wir müssen also das wieder lernen, was die Christen der ersten Generationen gelebt haben."

194

Dieses Motiv kehrt seit 2005 besonders in den Katechesen der Mittwochs-audienzen immer wieder. Für Joseph Ratzinger sind die Gemeinde der Apostelgeschichte und die Gemeinden der neutestamentlichen Briefe keine nachträglichen Retuschen einer ebenso unvollkommenen Kirche wie es die jetzige ist, sondern sie sind im wörtlichen Sinn Teil des Kanons, des Maßstabes, der angesichts der immensen Schwierigkeiten von außen und noch mehr von innen das Wunder des Entstehens der frühen Kirche beschreibt.

Volk Gottes als Ort der Schriftauslegung

Von diesen Überlegungen ausgehend, soll abschließend noch ein Blick auf eine weitere Linie in der Volk-Gottes-Theologie Benedikts XVI. geworfen werden. Im nachsynodalen Schreiben *Verbum Domini* (= VD) über das Wort Gottes im Leben und in der Sendung der Kirche vom 30. September 2010 wird besonders die hermeneutische Rolle des Volkes Gottes für das Verstehen der Heiligen Schrift hervorgehoben:
Das Volk Gottes ist das Subjekt der Heiligen Schrift.
„Die Bibel wurde vom Volk Gottes und für das Volk Gottes unter der Eingebung des Heiligen Geistes geschrieben. Nur in dieser Gemeinschaft mit dem Volk Gottes können wir wirklich mit dem ‚Wir‘ in den Kern der Wahrheit eintreten, die Gott selbst uns mitteilen will" (VD 30).
Weil die Kirche Altes und Neues Testament als Wort Gottes angenommen hat und in der Synode die Kirche sich versammelt hat, ist im Dokument von der Kirche als dem ursprünglichen Ort der Schriftauslegung die Rede. Dennoch ist klar, dass das geschichtlich durchgehende Subjekt das Gottesvolk aus Israel und Kirche ist. Damit ist im Sinne der Offenbarungskonstitution „Dei Verbum" (DV) des Zweiten Vatikanischen Konzils eine weitreichende Folgerung gezogen: Die Erforschung, das Studium und die Betrachtung der Heiligen Schrift kann, da sie Menschenwort ist, nicht auf die wissenschaftlichen Methoden der Textauslegung und des Verstehens verzichten. Aber sie stellt den Anspruch, dass ein adäquates Verstehen der Schrift nur in dem Raum möglich ist, in dem sie entstanden ist, im Volk Gottes. Mit anderen Worten: Der Ausleger und Forscher muss an dem Lebensraum teilhaben, in dem die Schrift gewachsen ist. Die Bibel kann natürlich auch außerhalb der Kirche erforscht werden, aber als Wort Gottes (und letztlich auch in ihrer

Einheit als „Bibel") ist sie nur gegenwärtig und verständlich im Gottesvolk. Auf die theologischen Wissenschaftler bezogen hat es Benedikt XVI. in seiner Ansprache an die Internationale Theologenkommission im Dezember 2010 zugespitzt:

„Man kann nicht Theologe in der Einsamkeit sein: Die Theologen bedürfen des Amtes der Hirten der Kirche, so wie das Lehramt Theologen braucht, die ihren Dienst bis ins Letzte tun – mit all der Askese, die das einschließt."

Dieser Zusammenhang war auch eine wichtige Botschaft der Reflexion über die Bedeutung des Wortes, die Benedikt XVI. während seines Frankreich-Besuches im Collèges des Bernadins in Paris am 12. September 2008 hielt. Der Kontext, die „Begegnung mit Vertretern aus der Welt der Kultur" ,erweiterte den Horizont über die innerkirchliche Frage hinaus und ließ die gestaltende Kraft des christlichen Lebensentwurfs sichtbar werden, der aus der Inkarnation des Logos hervorgewachsen ist. Das ehemalige Kolleg als Ort des Studiums und des gemeinsamen Lebens bot zu einer solchen Sichtung Anlass und führte den Gedanken in die Konkretheit kirchlicher Praxis. Der Papst sagte:

„Die Schrift bedarf der Auslegung, und sie bedarf der Gemeinschaft, in der sie geworden ist und in der sie gelebt wird. In ihr hat sie ihre Einheit, und in ihr öffnet sich der das Ganze zusammenhaltende Sinn. Noch einmal anders gewendet: Es gibt Dimensionen der Bedeutung des Wortes und der Wörter, die sich nur in der gelebten Gemeinschaft dieses Geschichte stiftenden Wortes öffnen. […] Das Wort, das den Weg der Gottsuche öffnet und selbst dieser Weg ist, ist ein gemeinsames Wort.[18] *Gewiß, es trifft jeden einzelnen mitten ins Herz (vgl. Apg 2, 37). Gregor der Große beschreibt dies wie einen jähen Stich, der unsere schläfrige Seele aufreißt und uns wachmacht für Gott. Aber es macht uns so auch wach füreinander. Es führt nicht auf einen bloß individuellen Weg mystischer Versenkung, sondern in die Weggemeinschaft des Glaubens hinein."*

Weggemeinschaft

Mit dem Stichwort „Weggemeinschaft des Glaubens" sind wir bei einer für Joseph Ratzinger typischen Umschreibung des Gottesvolkes. Die Personengeschichte, als die wir die Kirchengeschichte verstanden haben, führt zum Bild einer Gemeinschaft. Das „Volk Gottes" als „pilgerndes Volk" führt zum

Wort von der „Weggemeinschaft". Diese Sicht der Kirche als Gemeinschaft ist nicht denkbar ohne das Vertrauen, dass die eigentliche Mitte und der eigentliche Weggenosse Christus ist. Die Weggemeinschaft, in die er ruft, ist keine andere als die Nachfolge, die als Aufforderung die Apostel und Jünger traf, und im aus Israel und der Kirche entstandenen „Volk Gottes" unzählige Männer und Frauen aller Jahrhunderte trifft. Einen Großteil seiner theologischen Arbeit, gerade der Jahre seines Pontifikates, widmet Joseph Ratzinger der Darstellung dieses Weges, der nicht verbraucht und nicht zu Ende ist.

Wo Joseph Ratzinger als Theologe, Bischof und Kardinal auf Experimente in der Kirche gestoßen ist, die heute versuchen, „Weggemeinschaft" zu sein, war er interessiert und wurde, wenn er dazu eingeladen war, ratend, korrigierend und ermutigend selber Weggefährte.[19] Das hat viele verwundert, weil es nicht ins Bild des „Panzerkardinals" passte. Auf diese Weise und in der umfangreichen theologischen Arbeit hat Joseph Ratzinger/Benedikt XVI. den Begriff „Volk Gottes" jenseits der Moden aufgegriffen und dazu beigetragen, ihn in der Theologie zu verankern.

Bei diesem Durchgang durch die Theologie und Verkündigung haben wir gesehen, dass Benedikt XVI. das *munus docendi* des Bischofs von Rom weiter als kreativer Theologe ausfüllt. Das Neue dieser Art der Lehrtätigkeit und Verkündigung lässt sich dabei in drei Punkten zusammenfassen:

1. Benedikt XVI. entwirft die Ekklesiologie konsequent von den Anfängen des Christentums her. Er vollzieht damit nach, was in der Theologiegeschichte selber angelegt ist. Der Bezug gerade auf die Apostelgeschichte ist ein durchgehendes Motiv aller Ordens- und Gemeinschaftsregeln und ein Angelpunkt aller Reformbewegungen in der Kirche. Der Blick auf den Anfang der Kirche bewahrt auch davor, Israel zu vergessen. „Volk Gottes" bedeutet immer: Kirche und Israel. Nur in der ständigen Verschränkung von Altem und Neuem Testament kann die Theologie eine schriftgemäße Ekklesiologie formulieren, die als authentisches Bild für die kirchliche Praxis in den Pfarreien und Gemeinschaften tragfähig ist.

2. Die Zeit der Anfänge der Kirche wird dabei nicht in das Museum eines goldenen Zeitalters abgedrängt, sondern zugänglich gemacht für die Fragen der Gegenwart. Damit behauptet Benedikt XVI. aber auch, dass heutige Gene-

rationen vor dieselbe Frage wie die Jünger des Anfangs gestellt sind. Auch hier hat Joseph Ratzinger, gespeist durch die Erfahrungen der Geschichte der Kirche, ein bemerkenswertes Zutrauen in die „Zuverlässigkeit der Lehre", die in Schrift und Tradition enthalten ist. Begegnung mit dieser Geschichte bedeutet Nachfolge. Nachfolge heißt in der Zeit der Kirche: Sich dem Volk Gottes konkret anschließen. Für den Theologen bedeutet es: Theologie in der verfassten Gemeinschaft der Kirche betreiben und sie ihr zuordnen. Die Israel-Bezogenheit des Volk-Gottes-Begriffes bewahrt vor einer Spiritualisierung der Ekklesiologie und der religionspluralistischen Nivellierung der Aufgabe der Christen und Juden.

3. Die angeführten Beispiele zeigen, wie folgerichtig Benedikt XVI., besonders in den Katechesen, Kirchengeschichte als Personengeschichte darstellt. Auch diese Prägung geht auf seine frühe theologischen Beschäftigung mit Augustinus und noch mehr mit Bonaventura und dessen Geschichtssicht zurück[20]: Kirche ist eine Gemeinschaft von Personen. Ihre Geschichte wird von Personen, nicht von Ideen getragen. Sie wird nicht bloße Lehre, die als moralischer Anspruch eingefordert wird, sondern ist ein Lebensstil, der zur persönlichen Nachahmung einlädt. Der Primat der Personen drängt Benedikt XVI. auch dazu, den Wert der Heiligkeit hervorzuheben und den Beitrag der Heiligen zu betonen, die mit ihrer Erinnerung an das Maß des Anfangs und so als gelebte Kritik die wahren Reformer der Kirche wurden und immer neu werden. Dies erklärt auch seine Offenheit und seine Unterstützung neuer Wege gelebter Volk-Gottes-Theologie und sein erstaunliches Vertrauen in den Weg der Kirche.
‚Volk Gottes' ist ein vielleicht schwieriger, aber letztlich und dauerhaft geeigneter Name für Israel und die Kirche. Für Gemeinschaften in der Kirche, neue wie alte, für geistliche Bewegungen und andere gelebte Beiträge zur Reform der Kirche, für die Kirche als Ganze, ist er eine Herausforderung, deren Fragen erst langsam sichtbar werden. ‚Volk Gottes' ist mehr als ein Wort aus Kirchenliedern und Buchtiteln. Es ist – wie Joseph Ratzinger sagt – ein „*Gegenüber zu Gott, […] damit ein Raum sei für den ‚Bund', für das Ja der Liebe zwischen Gott und dem ihm antwortenden Menschen*".[21] Es ist ein Verdienst des Theologen Joseph Ratzinger, auch als Papst Benedikt XVI., die Konkretheit des Gottesvolkes, dessen Universalität und dessen bleibende Bezogenheit auf Israel immer neu als Maßstab für die Kirche zu benennen.

198

Hinweise

1 Peter Hünermann (mit Kommentatoren), Schlußwort. Eine „kalligraphische Skizze" des Konzils, in: Herders Theologischer Kommentar zum Zweiten Vatikanischen Konzil, Bd. 5: Die Dokumente des Zweiten Vatikanischen Konzils: Theologische Zusammenschau und Perspektiven, 447–467; 466.

2 Joseph Ratzinger, Volk und Haus Gottes in Augustins Lehre von der Kirche. Neuauflage St. Ottilien 2005.

3 Joseph Ratzinger, Die Ekklesiologie des Zweiten Vatikanums, in: IKaZ Communio 15 (1986), 41–52; 51; auch in: ders., Gesammelte Schriften, Kirche – Zeichen unter den Völkern, Band 8/1, Verlag Herder, Freiburg im Breisgau 2010, 258–282; 273.

4 Ebd.

5 Vgl. zum Ganzen: Walter Kasper, Juden und Christen – das eine Volk Gottes, in: IKaZ Communio 39 (2010), 418-427.

6 Alle Zitate Benedikts XVI. sind über die deutsche Version der Homepage des Vatikan www.vatican.va bezogen. Sie werden im Text mit Anlass, Datum und Ort angegeben und deswegen in den Anmerkungen nicht mehr einzeln nachgewiesen.

7 Joseph Ratzinger/Benedikt XVI., Jesus von Nazareth. II. Teil: Vom Einzug in Jerusalem bis zur Auferstehung, Freiburg – Basel – Wien 2011, 96.

8 Predigt am Pfingstsonntag, 15. Mai 2005, in Rom.

9 Im nachsynodalen Schreiben Verbum Domini ist „Volk Gottes" geradezu ein bevorzugtes Wort für Kirche. Vgl. z. B. auch den Brief Benedikts XVI. an die Katholiken Irlands vom 19. März 2010: „Mit diesem Brief möchte ich Euch alle, das Volk Gottes in Irland, ermahnen, die Wunden am Leib Christi zu betrachten."

10 Prof. Amnon Shapira, Israel, danke ich für die Hinweise.

11 Lionel Blue, Wie kommt ein Jude in den Himmel? Der jüdische Weg zu Gott, München 1976, 20 f.

12 A. a. O. 197 f.; im ersten Band des Jesus-Buches spielt das Thema Volk Gottes unter dem Blick des Verhältnisses der universal gültigen werdenden Botschaft Jesu zu Israel eine ebenso wichtige Rolle.

13 Martin Buber, Wie kann Gemeinschaft werden? in: ders., Worte an die Jugend, Berlin 1938, 48-64.

14 Kasper, Juden und Christen 419.

15 Vgl. Karl Heinz Menke, „Die älteren Brüder und Schwestern". Zur Theologie des Judentums bei Joseph Ratzinger, in: IKaZ Communio 38 (2009), 191–205.

16 Joseph Ratzinger, Israel, die Kirche und die Welt. Ihre Beziehung und ihr Auftrag nach dem „Katechismus der Katholischen Kirche" von 1992, in: ders., Die Vielfalt der Religionen und der eine Bund, Bad Tölz ²1998, 24; Hervorhg. AB.; abgedruckt in: ders., Gesammelte Schriften, Kirche - Zeichen unter den Völkern, Band 8/2, Freiburg im Breisgau 2010, 1085–6.

17 Vgl. Joseph Ratzinger, Kirchliche Bewegungen und ihr theologischer Ort, in: Joseph Ratzinger, Weggemeinschaft des Glaubens. Kirche als communio. Hrsg. vom Schülerkreis, Augsburg 2002, 151–179.

18 Im französischen Original ist es etwas plastischer: […] est une Parole qui donne naissance à une communauté.

19 Vgl. 30 Jahre Wegbegleitung. Joseph Ratzinger/Papst Benedikt XVI. und die Katholische Integrierte Gemeinde, hrsg. von Traudl Wallbrecher, Ludwig Weimer und Arnold Stötzel, Bad Tölz 2006.

20 Vgl. Hansjürgen Verweyen, Ein unbekannter Ratzinger. Die Habilitationsschrift von 1955 als Schlüssel zu seiner Theologie, Regensburg 2010.

21 Joseph Ratzinger/Benedikt XVI., Jesus II 96.

Lieferbare Bücher / Hörbücher von Joseph Ratzinger / Benedikt XVI.

Sachbücher

Benedikt XVI.
Licht der Welt
Der Papst, die Kirche und die Zeichen der Zeit. Ein Gespräch mit Peter Seewald
256 Seiten, gebunden mit Schutzumschlag und Leseband
ISBN 978-3-451-32537-3

Benedikt XVI.
Jesus von Nazareth
Erster Teil. Von der Taufe im Jordan bis zur Verklärung
448 Seiten, gebunden mit Schutzumschlag und Leseband
ISBN 978-3-451-29861-5

Benedikt XVI.
Jesus von Nazareth
Erster Teil. Von der Taufe im Jordan bis zur Verklärung
Geschenkausgabe
448 Seiten, Leinen mit Leseband, in Schuber
ISBN 978-3-451-29862-2

Benedikt XVI.
Jesus von Nazareth
Erster Teil. Von der Taufe im Jordan bis zur Verklärung.
Geschenkausgabe mit Audio CD
448 Seiten, Leinen mit Leseband, in Schuber
ISBN 978-3-451-29872-1

Joseph Ratzinger / Benedikt XVI.
Jesus von Nazareth
Zweiter Teil: Vom Einzug in Jerusalem bis zur Auferstehung
368 Seiten, gebunden mit Schutzumschlag und Leseband
ISBN 978-3-451-32999-9

Joseph Ratzinger / Benedikt XVI.
Jesus von Nazareth
Zweiter Teil: Vom Einzug in Jerusalem bis zur Auferstehung.
Geschenkausgabe
368 Seiten, Leinen mit Leseband, in Schuber
ISBN 978-3-451-32998-2

Joseph Ratzinger / Benedikt XVI.
Werte in Zeiten des Umbruchs
Die Herausforderungen der Zukunft bestehen
160 Seiten, gebunden mit Schutzumschlag
ISBN 978-3-451-28870-8

Joseph Ratzinger / Benedikt XVI.
Glaube – Wahrheit – Toleranz
Das Christentum und die Weltreligionen
224 Seiten, gebunden mit Schutzumschlag
ISBN 978-3-451-28110-5

Joseph Ratzinger / Benedikt XVI.
Zur Gemeinschaft gerufen
Kirche heute verstehen
160 Seiten, gebunden
ISBN 978-3-451-28828-9

Joseph Ratzinger / Benedikt XVI.
Der Geist der Liturgie
Eine Einführung
208 Seiten, gebunden
ISBN 978-3-451-29063-3

Joseph Ratzinger / Benedikt XVI.
Ein neues Lied für den Herrn
Christusglaube und Liturgie in der Gegenwart
240 Seiten, gebunden mit Schutzumschlag und Leseband
ISBN 978-3-451-29092-3

Joseph Ratzinger / Benedikt XVI.
Im Angesicht der Engel
Von der Musik im Gottesdienst
Hg. von Franz Josef Stoiber
200 Seiten, gebunden mit Schutzumschlag und Leseband
ISBN 978-3-451-29941-4

Meditationen / Gebete

Benedikt XVI.
Gott ist bei uns jeden Tag
Jahreslesebuch
Hg. von Franz Johna
400 Seiten, gebunden mit Leseband
ISBN 978-3-451-29916-2

Joseph Ratzinger / Benedikt XVI.
Wer glaubt, ist nie allein
Worte der Ermutigung
Hg. von Burkhard Menke
128 Seiten, gebunden mit Leseband
ISBN 978-3-451-28871-5

Benedikt XVI.
Sein Wort hören
Glaubensimpulse
Hg. von Lucio Coco
128 Seiten, gebunden mit Leseband
ISBN 978-3-451-29383-2

Benedikt XVI.

Führe uns auf unserem Weg

Gebete

Hg. von Edmondo Caruana

96 Seiten, gebunden mit Leseband

ISBN 978-3-451-31153-6

Benedikt XVI.

Worte der Hoffnung und Ermutigung

Hg. von Stefan von Kempis

160 Seiten, gebunden mit Leseband

ISBN 978-3-451-32313-3

Benedikt XVI.

Mit den Heiligen durch das Jahr

Meditationen

Hg. von Leonardo Sapienza

320 Seiten, Halbleinen mit Leseband

ISBN 978-3-451-32314-0

Joseph Ratzinger / Benedikt XVI.

Der Segen der Weihnacht

Meditationen

120 Seiten, gebunden mit Leseband

ISBN 978-3-451-28872-2

Joseph Ratzinger / Benedikt XVI.

Der Kreuzweg unseres Herrn

Meditationen

80 Seiten, gebunden mit Leseband

ISBN 978-3-451-28893-7

Benedikt XVI.

Maria voll der Gnade

Betrachtungen zum Rosenkranz

Hg. von Franz Johna

112 Seiten, gebunden mit Leseband

ISBN 978-3-451-29868-4

Joseph Ratzinger / Benedikt XVI.

Das Vaterunser

Meditationen über das Gebet des Herrn aus „Jesus von Nazareth"

128 Seiten, gebunden mit Leseband

ISBN 978-3-451-29829-5

Joseph Ratzinger / Benedikt XVI.

Diener eurer Freude

Meditationen über die priesterliche Spiritualität

112 Seiten, gebunden mit Schutzumschlag

ISBN 978-3-451-28921-7

Joseph Ratzinger / Benedikt XVI.

Auf Christus schauen

Einübung in Glaube, Hoffnung, Liebe

144 Seiten, gebunden mit Schutzumschlag und Leseband

ISBN 978-3-451-29091-6

Benedikt XVI.

„Bleibt in meiner Liebe"

Katechesen über die Apostel

208 Seiten, gebunden mit Schutzumschlag und Leseband

ISBN 978-3-451-29866-0

Taschenbücher

Joseph Ratzinger / Benedikt XVI.
Jesus von Nazareth
Erster Teil. Von der Taufe im Jordan bis zur Verklärung
448 Seiten, kartoniert
ISBN 978-3-451-06033-5

Joseph Ratzinger / Benedikt XVI.
Werte in Zeiten des Umbruchs
Die Herausforderungen der Zukunft bestehen
160 Seiten, kartoniert
ISBN 978-3-451-05592-8

Joseph Ratzinger / Benedikt XVI.
Wer hilft uns leben?
Von Gott und Mensch
Hg. von Holger Zaborowski
192 Seiten, kartoniert
ISBN 978-3-451-05680-2

Joseph Ratzinger / Benedikt XVI.
Credo für heute
Was Christen glauben
Hg. von Alwin Letzkus
224 Seiten, kartoniert
ISBN 978-3-451-05683-3

Joseph Ratzinger / Benedikt XVI.
Zur Lage des Glaubens
Ein Gespräch mit Vittorio Messori
208 Seiten, kartoniert
ISBN 978-3-451-05861-5

Benedikt XVI.
Liebe
Entdecke, was dich leben lässt
Hg. von Holger Zaborowski
160 Seiten, kartoniert
ISBN 978-3-451-05952-0

Enzykliken / Reden des Papstes – teilweise kommentiert

Benedikt XVI.
Eine menschlichere Welt für alle
Die Rede vor der UNO
Kommentiert von Gernot Erler, Udo di Fabio, Klaus Töpfer
112 Seiten, gebunden mit Schutzumschlag und Leseband
ISBN 978-3-451-29942-1

Benedikt XVI.
Die Liebe in der Wahrheit
Die Sozialenzyklika „Caritas in veritate". Vollständige Ausgabe
Ökumenisch kommentiert von Wolfgang Huber, Augoustinos Labardakis, Robert Zollitsch
280 Seiten, gebunden mit Schutzumschlag und Leseband
ISBN 978-3-451-29966-7

Benedikt XVI.
Auf Hoffnung hin gerettet
Die Enzyklika „Spe salvi". Vollständige Ausgabe.
Ökumenisch kommentiert von Wolfgang Huber, Metropolit Augoustinos Labardakis, Karl Kardinal Lehmann
160 Seiten, gebunden mit Schutzumschlag und Leseband
ISBN 978-3-451-29851-6

Benedikt XVI.
Gott ist die Liebe
Die Enzyklika „Deus caritas est". Vollständige Ausgabe.
Ökumenisch kommentiert von Wolfgang Huber, Metropolit Augoustinos
Labardakis, Karl Kardinal Lehmann
144 Seiten, gebunden mit Schutzumschlag und Leseband
ISBN 978-3-451-29191-3

Benedikt XVI.
Wo war Gott?
Die Rede in Auschwitz
Mit Beiträgen von Elie Wiesel, Wladyslaw Bartoszewski, Johann Baptist Metz
64 Seiten, gebunden mit Schutzumschlag und Leseband
ISBN 978-3-451-29368-9

Benedikt XVI.
Glaube und Vernunft
Die Regensburger Vorlesung. Vollständige Ausgabe
Kommentiert von Gesine Schwan, Adel Theodor Khoury, Karl Kardinal Lehmann
144 Seiten, gebunden mit Schutzumschlag und Leseband
ISBN 978-3-451-29597-3

Benedikt XVI.
Der Besuch in Bayern
Die Predigten und Reden
Hg. von Friedrich Wetter
160 Seiten, gebunden mit Leseband
ISBN 978-3-451-29596-6

Benedikt XVI.
Gottes Revolution
Die Botschaft des Papstes an die Jugend der Welt
160 Seiten, gebunden
ISBN 978-3-451-29061-9

Hörbücher / Audio CD

Joseph Ratzinger / Benedikt XVI.
Jesus von Nazareth
Erster Teil. Von der Taufe im Jordan bis zur Verklärung
Gelesen von Hans-Peter Bögel
Audio CD
ISBN 978-3-7831-3012-6

Joseph Ratzinger / Benedikt XVI.
Jesus von Nazareth
Zweiter Teil: Vom Einzug in Jerusalem bis zur Auferstehung
Audio CD
ISBN 978-3-451-31709-5

Joseph Ratzinger / Benedikt XVI.
Werte in Zeiten des Umbruchs
Die Herausforderungen der Zukunft bestehen
Audio CD
ISBN 978-3-451-31511-4

Joseph Ratzinger / Benedikt XVI.
Wer glaubt, ist nie allein
Worte der Ermutigung
Audio CD
ISBN 978-3-451-31512-1

Joseph Ratzinger / Benedikt XVI.
Auf Christus schauen
Einführung in Glaube, Hoffnung, Liebe
Audio CD
ISBN 978-3-7831-3112-3

Joseph Ratzinger / Benedikt XVI.
Maria voll der Gnade
Meditationen zum Rosenkranz
Audio CD
ISBN 978-3-7831-3119-2

Joseph Ratzinger / Benedikt XVI.
Wenn du Gottes Sohn bist ...
Meditationen über die Versuchungen Jesu und den Weg zu einem erfüllten Leben
Audio CD
ISBN 978-3-7831-3130-7

Reihe: Joseph Ratzinger – Gesammelte Schriften

Volk und Haus Gottes in Augustins Lehre von der Kirche
Joseph Ratzinger, Gesammelte Schriften, Band 1
ca. 512 Seiten, gebunden mit Schutzumschlag und Leseband
ISBN 978-3-451-34053-6

Offenbarungsverständnis und Geschichtstheologie Bonaventuras
Habilitationsschrift und Bonaventura-Studien
Joseph Ratzinger, Gesammelte Schriften, Band 2
912 Seiten, Leinen mit Leseband
ISBN 978-3-451-30130-8

Kirche – Zeichen unter den Völkern
Schriften zur Ekklesiologie und Ökumene. 1. Teilband
Joseph Ratzinger, Gesammelte Schriften, Band 8/1
696 Seiten, gebunden mit Schutzumschlag und Leseband
ISBN 978-3-451-30218-3

Kirche – Zeichen unter den Völkern
Schriften zur Ekklesiologie und Ökumene. 2. Teilband
Joseph Ratzinger, Gesammelte Schriften, Band 8/2
816 Seiten, gebunden mit Schutzumschlag und Leseband
ISBN 978-3-451-33021-6

Auferstehung und Ewiges Leben
Beiträge zur Eschatologie
Joseph Ratzinger, Gesammelte Schriften, Band 10
ca. 512 Seiten, Leinen mit Leseband
ISBN 978-3-451-34121-2

Theologie der Liturgie
Joseph Ratzinger, Gesammelte Schriften, Band 11
758 Seiten, Leinen mit Leseband
ISBN 978-3-451-29947-6

Künder des Wortes und Diener eurer Freude
Joseph Ratzinger, Gesammelte Schriften, Band 12
Theologie und Spiritualität des Weihesakramentes
872 Seiten, Leinen mit Leseband
ISBN 978-3-451-33055-1

Stand: 2. Mai 2011
erstellt vom Verlag Herder-Freiburg

Bildnachweis

Liebe Leserinnen und Leser,

am Ende unseres Sammelbandes zu den leitenden Themen in der Theologie von Joseph Ratzinger/Benedikt XVI. aber auch im Blick auf den Band über seine Person und sein Amt möchten wir uns bedanken.

Dieser Dank gilt zuerst unseren Autorinnen und Autoren, die in einer sehr kurzen Bearbeitungszeit ihre Beiträge zu unserem Band beigesteuert haben. Wir wollten die Themen und Theologie von Joseph Ratzinger möglichst vielstimmig zur Sprache bringen und haben darum auf viele verschiedene Autoren gesetzt. Damit wollten wir auch das abbilden, was den Wappenspruch unseres Protagonisten ziert: „cooperatores veritatis" – die Wahrheit zeigt sich im Zusammenklang vieler Stimmen, im Zusammenfall (symbolum) vieler Meinungen. Dass die Autoren mit ihrer jeweiligen Interpretation durchaus untereinander mehrstimmig klingen, kann den theologischen Dialog nur kreativ voranbringen.

Unser Dank gilt aber auch der „libreria editrice vaticana", die die Urheberrechte des Papstes verwaltet und von uns vielfältig in Anspruch genommen wurde. In diesen Dank schließen wir die Mitarbeiter der Apostolischen Nuntiatur ein, die unter verschiedenen Vorzeichen Hilfe bei Urheberrechtsfragen geleistet hat. Schließlich möchten wir auf www.vatican.va verweisen, die Homepage des Vatikan, auf der die Impulse, Predigten und Diskussionsbeiträge von Benedikt XVI. gut dokumentiert sind und ohne die unsere Arbeit und die der Autoren zuweilen nicht möglich gewesen wären.

Um die Zitate von Joseph Ratzinger/Benedikt XVI. in den beiden Bänden besser zu kennzeichnen, haben wir uns entschlossen, diese und nur diese kursiv zu drucken. Auch hier bauen wir auf einen Zusammenklang, nämlich den von Original und Kommentar. Die Rechtschreibung in den Zitaten haben wir nicht den heutigen Regeln angepasst.

Zuletzt hoffen wir, dass die von uns zusammengeführten Beiträge zur Person und zum Amt von Benedikt XVI. sowie zu den zentralen Themen in der theologischen Arbeit seines Lebens Ihnen Anregung und Hilfe waren und bleiben.

Die Redaktion

Autorenverzeichnis

Dr. Achim Buckenmeier
Professor am Lehrstuhl für die Theologie des Volkes Gottes am Pastoralinstitut „Redemptor Hominis" der Päpstlichen Lateran-Universität, Rom

Marc Breuer, Dipl.-Soz., Dipl.-Theol.
Referent der Stabsstelle Grundsatzfragen beim Caritasverband für die Erzdiözese Freiburg e.V.

Dr. Thomas Dietrich
Leiter der Abteilung Sozialpastoral im Erzbischöflichen Seelsorgeamt Freiburg und Landvolkpfarrer der Erzdiözese Freiburg

Dr. Albert Käuflein
Leiter des Roncalli-Forums Karlsruhe (Bildungswerk der Erzdiözese Freiburg)

Dr. Franziska Knapp
Oberstudienrätin am Städtischen Gymnasium in Ettenheim mit den Fächern Deutsch und Katholische Religion; Dozentin für Dogmatik an der Fachakademie zur Ausbildung von GemeindereferentInnen, Freiburg

Dr. Karsten Kreutzer
Persönlicher Referent von Weihbischof Prof. Dr. Paul Wehrle im Erzbischöflichen Ordinariat; Dozent für Dogmatik an der Fachakademie zur Ausbildung von GemeindereferentInnen, Freiburg

Tobias Licht, Dipl.-Theol.
Leiter des Karlsruher Foyers Kirche und Recht und des Bildungzentrums Karlsruhe (Bildungswerk der Erzdiözese Freiburg)

Dr. Matthias Mühl
Studienrat am Kant-Gymnasium in Weil am Rhein mit den Fächern Deutsch und Katholische Religion; Dozent für Dogmatik an der Fachakademie zur Ausbildung von GemeindereferentInnen, Freiburg

214

Sabine Müller, Dipl.-Theol.
Pastoralreferentin in der Katholischen Hochschulgemeinde Mannheim

Dr. Ursula Nothelle-Wildfeuer
Professorin für Christliche Gesellschaftslehre an der Albert-Ludwigs-Universität Freiburg/Br.

Dr. Gregor Predel
Apl. Professor am Arbeitsbereich Dogmatik der Albert-Ludwigs-Universität Freiburg/Br.; Lehrbeauftragter am Institut für Katholische Theologie der Universität Koblenz-Landau in Landau

Dr. Georg Schwind
Studiendirektor, Abteilungsleiter für Schulentwicklung am Theodor-Heuss-Gymnasium in Freiburg mit den Fächern Katholische Religion, Geschichte und Philosophie

Dr. Tobias Speck
Pastoralreferent in der Seelsorgeeinheit Durmersheim-Au am Rhein

Dr. Magnus Striet
Professor für Fundamentaltheologie an der Albert-Ludwigs-Universität Freiburg/Br.

Dr. Martin Wichmann
Pastoralreferent in der Seelsorgeeinheit Lahr